本书系国家社科基金一般项目
"新型城镇化背景下集中农转居社区变迁与治理模式研究"
（项目批准号：15BSH116）
结项成果

资源、分化与竞争：
"集中农转居"社区治理模式比较

刘伟红◎著

中国社会科学出版社

图书在版编目（CIP）数据

资源、分化与竞争："集中农转居"社区治理模式比较／刘伟红著．
—北京：中国社会科学出版社，2022.3
ISBN 978 - 7 - 5203 - 9166 - 5

Ⅰ.①资… Ⅱ.①刘… Ⅲ.①农民—城市化—社区管理—研究—中国 Ⅳ.①D669.3

中国版本图书馆 CIP 数据核字（2021）第 187498 号

出 版 人　赵剑英
责任编辑　马　明　孙砚文
责任校对　许　惠
责任印制　王　超

出　　版　中国社会科学出版社
社　　址　北京鼓楼西大街甲 158 号
邮　　编　100720
网　　址　http://www.csspw.cn
发 行 部　010 - 84083685
门 市 部　010 - 84029450
经　　销　新华书店及其他书店

印　　刷　北京明恒达印务有限公司
装　　订　廊坊市广阳区广增装订厂
版　　次　2022 年 3 月第 1 版
印　　次　2022 年 3 月第 1 次印刷

开　　本　710×1000　1/16
印　　张　19.75
插　　页　2
字　　数　326 千字
定　　价　98.00 元

序　言

　　初识刘伟红教授是在一次社会学的年会上，那次她提交了一篇有关"村改居"社区治理的文章，尔后才知道她也做社区研究，跟我所关注的研究问题比较接近，如此说来，也算是早有相识。之后，有数次学术交流互动机会，便日渐熟识了解。

　　伟红教授是一位非常优秀的学者，专注于学术研究，功底深厚，成果丰硕。而《资源、分化与竞争："集中农转居"社区治理模式比较》是伟红教授主持的国家社科基金项目的结项成果，主要研究的是"集中农转居"社区变迁及治理问题。"集中农转居"社区是中国快速城镇化进程中出现的一种社会历史现象，相较其他社区类型其独特性是不言而喻的，不管是从社区变迁的历程还是从社区治理的现状而言，聚生于此类社区的多重复合性因素所建构的生态空间都极容易触动研究者的心弦，但是要把这个故事讲好，却不是一件容易的事。刘教授能够在数年之中持之以恒地对"集中农转居"社区展开深入研究，可见是深爱这个领域的，而本书的出版也是对她多年辛勤努力的一个见证。

　　对"集中农转居"社区的研究，面向非常多元，或以产权结构调整下的集体经济为讨论对象，或以责权划分下的自治组织职能转型为研究焦点，亦有部分学者在国家社会视角下讨论政府与社区的关系问题，因此，农转居社区只是为研究者提供了一个空间，如何在这个空间剥丝抽茧，从细节处窥得社会事物发展演化背后的逻辑方是关键。而这个逻辑关联往往是客观事实与主观建构"相遇"的结果。刘教授的研究，也是这一客观与主观"相遇"的结果。

　　不管作何种研究，研究者内在的价值选择始终是引导其理论建构的核心要素。在品读书稿的过程中，我也读到了这种价值选择，虽然这种价值选择没有在本书的题目中表现出来，但是却在书稿的字里行间与谋篇布局中呈现出来：历史是重要，它渗透于制度选择与制度执行的种种细节中。也正是因为这种价值选择，本书选择了在"国家社会同构化"语境中展开理论框架建构，以"拉—压—靠"为政府、社区组织、居民三方关系特点发展基本分析框架，将"集中农转居"社区划分为"自主发展的资源内聚型社区""上下结合发展的资源分隔型社区""由外而内发展的资源贯通型社区"三种，从而使整个书稿的写作有了统领的体系。

如果说历史的重要性是本书的核心价值，那么"资源"则是本书最为重要的核心线索。其重要性不仅表现在社区动迁过程中各类资源的再分配引发的社会关系重组，更重要的是它成为动迁完成后政府、社区组织及居民三方互动及基层治理体系建构的核心动力因素之一。资源的种类、资源的数量、资源分配的方式所形成的"组合拳"使三种类型的社区在形成之初与形成之后便表现出种种差异，这种差异使社区居民获得了明显不同的入住感受。在搬入新的居住小区之前，原村民对未来的新生活是充满了各种"美好想象"的，但现实却因为各种资源禀赋的差异而表现出不同。从社区治理的整体结构而言，资源结构的差异造成的影响更大，也更深入，如果沿用"历史很重要"的价值进行分析，三类社区未来的治理差异或会更加明显。面对这种差异，我们应该如何对待？抑或应该在何种程度上尊重这种差异？

群体的分化是发展的必然，"集中农转居"社区的分化也是如此，所不同的是分化的成因。原村之间、村民之间是有分化的，这种分化更多地与自然状态下个体的努力、市场的发展相关，而拆迁安置以不同以往的标准使村民之间、社区之间的分化发生了变异，这种变异不是内生的而是外生的，也恰恰是因为外生，更容易引发居民的情绪波动进而引发不满。因此，"集中农转居"社区的后续治理就显得更加任重而道远，而政府以何种方式介入基层资源分配会更加适恰？

"争"为会意字，金文字形，上为"爪"，下为"又"，中间表示某一物体，象两人争一样东西。"竞争"二字虽是多了一些现代汉语的意思，却也把政府、社区组织、居民三者间"拉—压—靠"的关系表达了出来。在三种类型的农转居社区中，政府、社区组织与居民间的关系表现出一定的差异性，但是"竞争"主要是在各社区治理体系的内部运行上表现出来的，在三方关系中，两两之间都在以各种形式"竞争"最有利于己方的"资源"。这种动态的竞争与基层治理秩序的建构在何种意义上达成平衡？

书读毕，意未尽。中国基层社会治理全面现代化的大幕正徐徐拉开，当"集中农转居"社区不再标有身份标签时，它会以何种面貌进入大众视野？我们拭目以待。

是为序。

林聚任

2022 年 1 月

目　　录

第一章　绪论

　　站在 21 世纪的开端，我们今天生活在这样一个世界，它既令人备感困惑，又充满了有关未来的非凡承诺。这是一个充满变革的世界，充斥着深刻的冲突、张力和社会分隔，以及现代技术对自然环境的巨大破坏。纵使如此，我们依然有能力控制自己的命运，改善我们的生活，直至前人无法想象的程度。①

　　从世界发展史看，现代文明的发展几乎是与城市的发展高度吻合的，现代化以浓缩的方式高度呈现于城市之中，世界各国城市化的发展水平也成为衡量其现代程度的重要标志之一，"十八世纪末，萨缪尔·约翰逊（Samuel Johnson）曾言，博斯威尔（Boswell）已经发现，当一个人厌倦了伦敦时，他也就厌倦了整个生活，因为，伦敦几乎承载着所有的生活要素"②。虽然城市化并不完全等同于现代化，城市发展的状态也不尽如人意，威廉姆·考伯特（William Cobbett）就曾将伦敦视为盗贼和娼妓的蔓生的肿瘤，是阻碍国家公共事业发展及通往幸福城邦的畸形障碍物。但这些问题依然不能否定城市像众多学者眼中的国家一样，成为一个民族、一个地区现代化发展的重要"集中器"之一，城市在走过了"资本肆意发展"的阶段之后，在人类社会特有的反思能力之下，正在日渐走向更加适合人类居住的状态。

　　由于对资源的高度吸纳及分工体系区域发展链条的逐步生成，城市已成为各种制度建制、技术创新以及时尚发展的前沿阵地，也因此勾画出个

---

　　① ［英］安东尼·吉登斯：《社会学》，李康译，北京大学出版社 2009 年版，第 1 页。
　　② Allen J. Scott, *The Constitution of the City*: *Economy*, *Society*, *and Urbanization in the Capitalist Era*, Springer Nature, 2017, p. 1.

体发展与城市发展更为紧密的关系。不管是从个体还是从群体的角度而言,城市或类城市的生活方式都成为绝大多数居民的向往所在,特别是曾经备受城乡二元结构隔离的区域,这种向往就更加热切。

但是,相对于社区而言,城市,这一体量庞大的"集中器"充满了各种不可预期的结果,特别是对那些尚未洗净脚上的泥土就被规划"上楼"的农民而言,这种渴望"进城",享有城市生活的期待与"上楼后"资源重组带来的冲击叠加在一起,形成了新的"农转居社区"居民特殊的公共偏好和私人行动逻辑。

"农转居社区"的建设不是一个自然城镇化的过程,但是,在经历了城镇化快速发展及其附带收益的多重校验之后,社区治理结构的形式已不再是起初规划的样子,即便是从形式上看保留着明显的规划色彩。集中之后的社区管理,是一个阶段性文化簇与制度要素错杂丛生的场域,需要也值得进行深入的研究。

第一节　中国新型城镇化的发展

城镇化,是中国语境下城市化的另一种表达方式,这种表达方式一方面与中国政策文件选择的表达范畴有关,另一方面,或者更加切实的原因是城镇化表达着中国基层治理中更有层次性的城市、市镇发展状态。与其他国家相比,中国的城市规模不但在数量上呈现出日渐庞大的趋势,在个体城市的人口规模上,也往往是其他国家的城市不能比肩的。2017 年美国 100 万以上的城市有 53 个,而中国有 161 个,几乎是美国的 3 倍,在中国,20 万人口的小城镇,在美国就是中等以上城市,充分展示出中国庞大的人口体量对城镇化发展的巨大影响。

自改革开放以来,中国城镇化的发展就一直处于高位推进状态,其间也出现了一些引发各方关注的问题,如人口城镇化与户籍城镇化明显分离的问题,"土地城镇化"快于"人口城镇化",生态环境问题突出,城镇化区域发展不均衡,等等。客观而言,部分问题是绝大多数国家在城镇化过程中普遍面临的问题,如过度追求经济效率引发的环境问题;部分问题则是中国所独有的,如人口城镇化与户籍城镇化分离的问题。如果这些问题不能得到良好的解决，中国城镇化的可持续发展就面临更大的障碍，也不符合最广大中国人民的根本利益。

"新型城镇化"一词最早是伴随党的十六大"新型工业化"战略提出的。[①]，2013 年 3 月，李克强总理在十二届全国人大一次会议举行的记者会上表示：我们强调的新型城镇化，是以人为核心的城镇化。现在大约有 2.6 亿农民工，使他们中有愿望的人逐步融入城市，是一个长期复杂的过程，要有就业支撑，有服务保障。城镇化不能靠摊大饼，还是要大、中、小城市协调发展，东、中、西部地区因地制宜地推进。还要注意防止城市病，不能一边是高楼林立，一边是棚户连片。尤为重要的是，新型城镇化必须和农业现代化相辅相成，要保住耕地红线，保障粮食安全，保护农民利益。[②] 一年后，中共中央、国务院印发《国家新型城镇化规划（2014—2020 年）》（以下简称《规划》），指出《规划》是今后一个时期指导全国城镇化健康发展的宏观性、战略性、基础性规划，而城镇化是现代化的必由之路，是解决农业、农村、农民问题的重要途径，是推动区域协调发展的有力支撑，是扩大内需和促进产业升级的重要抓手。

如表 1-1 所示，从新型城镇化的指标内容看，新型城镇化不仅是要在人口城镇化上实现发展，更是要在基本公共服务、基础设施、资源环境等维度上实现人与自然发展的和谐，使城镇成为更加宜居之地。实施《规划》，是要走出一条以人为本、四化同步、优化布局、生态文明、文化传承的中国特色新型城镇化道路。可见，这一次城镇化发展不是追求一维的增长，而是系统的、可持续的发展。

表 1-1　　　　　　　　　《规划》有关内容　　　　　　　　单位：%

新型城镇化主要指标			
指标/时间		2012 年	2020 年
城镇化水平	常住人口城镇化率	52.6	60
	户籍人口城镇化率	35.3	45

① 李程骅：《科学发展观指导下的新型城镇化战略》，《求是》2012 年第 14 期。

② http://politics.people.com.cn/n/2013/0317/c70731-20816854.html，最后访问时间：2020年 4 月 23 日。

续表

新型城镇化主要指标			
	指标/时间	2012 年	2020 年
基本公共服务	农民工随迁子女接受义务教育比例	≥99	≥99
	城镇常住人口基本养老保险覆盖率	66.9	≥90
	城镇常住人口基本医疗保险覆盖率	95	98
	城镇常住人口保障性住房覆盖率	12.5	≥23
基础设施	城镇公共用水普及率	81.7	90
	城市污水处理率	87.3	95
	城市生活垃圾无害化处理率	84.8	95
	城市社区综合服务设施覆盖率	72.5	100
资源环境	人均城市建设用地（平方米）	≤100	≤100
	城镇可再生能源消费比重	8.7	13
	城镇绿色建筑占新建建筑比重	2	50
	城市建成区绿地率	35.7	38.9
	地级以上城市空气质量达到国家标准的比例	40.9	60

2014 年 12 月 29 日，国家新型城镇化第一批综合试点名单正式公布，主要包括 2 个省：江苏省、安徽省；3 个计划单列市：宁波市、大连市、青岛市；7 个省会城市：石家庄市、长春市、哈尔滨市、武汉市、长沙市、广州市和重庆市主城九区；25 个地级市（区、县）：北京通州区、天津蓟县、山东威海市等；25 个县级市（区、县）：河北定州市、浙江义乌市、福建晋江市、江西樟树市等；2 个建制镇：浙江苍南县龙港镇、吉林安图县二道白河镇。2015 年底，按照《国家发展改革委员会关于扩大国家新型城镇化综合试点范围的通知》（发改规划〔2015〕1129 号）的有关要求，将北京市房山区等 59 个城市（镇）列为第二批国家新型城镇化综合试点地区，相关通知要求，第二批试点城市（镇）到 2017 年要与第一批试点地区同步取得试点任务的阶段性成果，形成可复制、可推广的经验。

截至 2017 年底，第一批试点的 62 个市镇的任务基本完成，发改委梳理总结了第一批试点的经验，主要包括五个方面：第一，加快了农业转移人口的市民化，主要解决落户问题，随迁子女的受教育问题，农业转移人口的住房需求等；第二，深化了农村产权制度改革，主要是明晰农村各类资产权属，建立统一规范的农村产权流转市场，用好用活农村集体经营性建设用地，探索农民合法、自愿有偿退出宅基地使用权、林权、土地承包权、集体经济收益分配权等"四权"等；第三，健全了城镇化投融资机制，主要是防范化解地方政府债务风险，合理设立城镇化政府引导基金，促进实体经济与金融联动发展等；第四，加快了城市要素下乡，主要是拓展农村融资渠道，引导工商资本下乡，搭建科技人才下乡平台等；第五，改革创新了行政管理体制，主要是深化行政审批"最多跑一次"改革，优化经济发达镇行政管理体制，使镇政府拥有更多资源支持，推动机构精简和职能相近部门合并等。①

2018 年 11 月 15 日，国家发改委总结推广第二批国家新型城镇化综合试点阶段性成果。第一，健全了农业转移人口市民化机制，这一点与第一批改革经验非常相似。第二，探索农民权益自愿有偿退出机制，除了继续发展第一批试点市镇的经验外，第二批试点在完善农村承包地"三权分置"，完善农村土地征收制度，缩小征地范围，规范征地程序上总结了新的经验。第三，健全新型城镇化建设投融资机制。与第一批试点相比，除了健全地方债券发行管理制度外，第二批试点市镇在地方政府债务问题及预算投资上更加强调投资的力度和精准性，加强了与城镇化项目规划及运营机构合作，并引导非公有制企业进入特许经营领域推动形成市场化可持续的城市建设投入运营机制。第四，建立健全城市间协同发展机制，以推动区域市场一体化为目标，拆除要素流动和商品流通的各类行政壁垒，探索行政审批跨行政区认可和异地办理。通过联合执法、构建利益成本分担机制等手段推动生态环境共保共治，为城市群高质量发展提供支撑。第五，建立健全城市高质量发展机制。推进绿色人文城市建设，建立行政管理创新和行政成本降低的新型行政管理模式，加快培育新生中小城市，探索非县级政府驻地的特大镇设市，优化市辖区规模结构，建立特色小镇和特色小城镇高质量发展机制。第六，建立健全城乡融合发展体制机制，第

---

① 参见《国家发展改革委办公厅关于印发第一批国家新型城镇化综合试点经验的通知》（发改办规划〔2018〕496 号），最后访问时间：2019 年 5 月 5 日，发展改革委网站。

二批试点市镇已经突破人才、资本局限，以缩小城乡差距为目标，坚决破除城乡分割的体制机制障碍，促进各类要素更多向乡村流动，推动公共服务向乡村延伸、社会事业向乡村覆盖，加快乡村基础设施提档升级，推动城乡要素配置合理化、基本公共服务均等化、基础设施联通化、产业发展融合化、居民收入均衡化，用更大力度、更精准措施。

2016年底，发改委、中央编办等11个部门联合印发《关于公布第三批国家新型城镇化综合试点地区名单的通知》，北京市顺义区等111个市（镇）列为第三批国家新型城镇化综合试点地区，至此，国家新型城镇化综合试点扩大到2个省和246个市（镇）。2019年3月5日，国务院总理李克强在发布的2019年国务院政府工作报告中提出，促进区域协调发展，提高新型城镇化质量。2019年4月8日，国家发改委发布了《2019年新型城镇化建设重点任务》，提出了深化户籍制度改革，促进大中小城市协调发展等任务。这对于优化中国城镇化布局和形态，进而推动新型城镇化高质量发展具有重大的积极意义。

就笔者调查的三个省份而言，山东省先后有三批14个地区入选国家城镇化综合试点，数量居全国之最，截至2018年底，山东新型城镇化综合试点围绕"人、地、钱"等关键要素，经过试点引路、强力推进，全省常住、户籍人口城镇化率分别达到61.18%和50.94%，新型城镇化工作取得明显成效。[①] 之后，山东省财政厅宣布将安排11.3亿元推动新型城镇化高质量发展。[②] 据江苏省人民政府2019年3月8日发布的《2018年江苏省国民经济和社会发展统计公报》，江苏省新型城镇化建设步伐加快，到2018年底，城镇化率达到69.61%。[③] 浙江省2018年的城镇化率也已经超过68%，习近平总书记在就任浙江省委书记时就提出了"绿水青山就是金山银山"的重要论断，拉开了"美丽中国、美丽浙江、美丽乡村"建设的序幕，当下，浙江的新型城镇化建设更加重视对村社的人文环境进行保

[①] http://www.jnnews.tv/guanzhu/p/2019-07/03/707307.html，最后访问时间：2020年6月25日。

[②] http://www.sdnews.com.cn/sd/yw/201907/t20190704_2578158.htm，最后访问时间：2020年6月25日。

[③] http://www.jiangsu.gov.cn/art/2019/3/8/art_34151_8258255.html，最后访问时间：2020年6月25日。

护，重视对村社生态环境的保护，尊重自然形态格局，注重历史文脉传承，促进城市建设与自然人文协调共生，形成符合实际、各具特色的城市化发展模式。[①]

据国家统计局 2019 年 2 月发布的《2018 年国民经济和社会发展统计公报》，"年末全国大陆总人口 139538 万人，比上年末增加 530 万人，其中城镇常住人口 83137 万人，占总人口比重（常住人口城镇化率）为 59.58%，比上年末提高 1.06 个百分点。户籍人口城镇化率为 43.37%，比上年末提高 1.02 个百分点"[②]。这意味着中国有 8.3 亿人长期居住于城镇之中，而这些人中，有 6 亿余人拥有城镇户籍。另据国家统计局年度数据显示，如图 1-1[③]所示：

指标 ⇕	2017年 ⇕	2016年 ⇕	2015年 ⇕	2014年 ⇕	2013年 ⇕
	☑	☑	☑	☑	☑
全部地级及以上城市数（个）	298	297	295	292	290
城市市辖区年末总人口为400万以上的地级及以上城市数（个）	19	17	15	17	14
城市市辖区年末总人口为200万—400万的地级及以上城市数（个）	42	43	38	35	33
城市市辖区年末总人口为100万—200万的地级及以上城市数（个）	100	96	94	91	86
城市市辖区年末总人口为50万—100万的地级及以上城市数（个）	86	90	92	98	103
城市市辖区年末总人口为20万—50万的地级及以上城市数（个）	42	43	49	47	52
城市市辖区年末总人口为20万以下的地级及以上城市数（个）	9	8	7	4	2

图 1-1　2013—2017 年中国地级及以上城市人口——城市数对应图

自 2013 年至 2017 年的 5 年间，中国地级及以上城市市辖区年末总人口为 100 万以上的三个区间的特大城市的个数都处于增长状态，其中 100 万到 200 万的城市数量增长更加明显，由 2013 年的 86 个，增长到 2017 年的 100 个，增幅为 14 个；同时，20 万—50 万的中等城市及 50 万—100 万的大城市的数量却在同步减少，尤其是大城市的数量，由 2013 年的 103

---

① http：//changjiang. chinadevelopment. com. cn/yyt/2019/01/1444963. shtml，最后访问时间：2020 年 6 月 25 日。

② http：//www. stats. gov. cn/tjsj/zxfb/201902/t20190228_1651265. html，最后访问时间：2020 年 6 月 25 日。

③ http：//data. stats. gov. cn/easyquery. htm？cn = C01，最后访问时间：2020 年 6 月 25 日。

个减为 2017 年的 86 个，减幅为 17 个；小于 20 万的地级市及以上城市个数则处于增长状态，由 2013 年的 2 个，增加到了 9 个。考虑到地级市本身总体规模的增长，即从 2013 年的 290 个增加到了 2017 年的 298 个，增加了 8 个，可见近五年来，中国地级及以上城市发展呈现出了更加明显的特大型城市扩张发展的态势，同时，小城市的发展处于相对舒缓的增长状态。可见，就对人口的吸引力而言，特大城市和小城市的吸引力都在增强。

从城市发展的动力看，特大型城市吸引人的主要着力点在其经济发展的庞大吸纳能力所带来的就业空间及现代文明、后现代文明引导下建构的生活方式所塑造的身份认知。而小城市的吸引力则在其传统要素与现代经济的适宜性连接，使生活于其中的"本地人"能够在不离乡离土的前提下享受到大部分的现代生活。可以说这两个端点满足了人们对现代生活的不同需求，是中国新型城镇化发展的基本导向引发的城镇发展的结构性成果之一。

第二节　"集中农转居"社区的社会空间坐落及相关研究

"集中农转居"社区，是拆迁安置社区的一种，是在城镇化进程中对原来的村庄或分散居住农户的原有住宅进行拆迁，并将其居民集中安置到统一建造的住宅小区而形成的社区。它不同于 1949 年后在城市中进行的城市拆迁，也在一定程度上不同于新农村建设。但是，由于部分农转居社区存在建成时间上的不接续，因此，在政策上，部分地吸收了城市拆迁安置以及新农村建设的成果。

一　现代化与"集中农转居"社区的社会空间坐落

"集中农转居"社区是中国城镇化进程中一个独特的社会现象，它不是完全的自发城市化带来的社会变迁，也不是完全的规划型社会变迁的结果，带有明显的复合性制度变迁的印记。

现代化对于中国人来说已经不是改革开放之初那般的神秘和令人向往，因为，在大多数中国人的经验中，现代化已经实现或者走在即将实现的路上，它已经不是遥在异国他乡的景象，也不是不知所措的奋斗目标，中国人已经越来越清楚中国的现代化应该是什么样的，虽然在实现的细节上还需要不断探索。

在中国漫长的古代社会中（以较为认可的 1840 年为界限），雷德菲尔德所谓的社会文化的大传统主要是在城市中生成并扩散的，虽然在大传统和小传统的结合上，中国的情况可能优于西方社会，从而较为顺畅地实现了国家权力在文化网络上的底层渗透。但是从社会网络和政治网络上看，国家对社会的控制更多的是体现在以城墙为边界的城市以内，城墙以外广大的乡村，更多的时候只是在文化形式上受到国家的控制，这种状态一直持续到清末民国，乡村都不在国家正式组织的网络系统里。

1949 年以后，鉴于当时的国内外环境以及对现代化发展的强烈追求，中国在城乡关系上继续了城乡二元分隔的历史发展路径，特别是在人民公社制度实行之后，农村支持城市发展的格局被高度强化，直到 20 世纪 70 年代末 80 年代初，农村的发展之路才部分突破城市包围的境况。20 世纪末，中国农村的发展在相对宽松的政策支持下主要通过两种力量带动：其一是乡镇企业及个体经营的发展，其二是第一代农民工打工收入的回流。就第一种力量而言，乡镇企业的发展在推动农村现代化的过程中发挥了积极的作用，且在一定程度上推动了农村地区的城镇化进程，其发展动力是内生性的；而第二种动力则是外生性的，是在外在约束逐步放松之后，以非正式的资源流动方式通过农民工打工剩余的方式输入农村，这种方式虽然也使部分现代化要素逐步流向农村地区，但是它明显不同于前一种的就地城镇化，并没有从根本上解决城镇化的问题。

但是不管是内生性的乡镇企业发展路径还是外生性的农民工资源回流，在对农村资源的吸取力上都无法与城市这一巨型的"吸纳器"相比。在现代化发展的进程中，城市对资源的聚合能力、推动能力都是乡村无法比拟的。现代文明与工业化、城市化的合体式发展已经成为现代化发展的"规范模式"，这种规范模式在资本的强力驱动下，已经把农村各种资源的储备视为其发展的"当然"后备，在这种情况下，农村的土地、农村的人力资源都成为核心城市"觊觎"的未来空间。

按直接驱动力的差异，城市发展可以分为两种理想形态，一种或者以工商业的推动为规模扩张的直接动力，被称为自发型城镇化；一种以政府的规划为直接动力，被称为规划型城镇化。受制度发展惯性及公共资源配置强政府导向的影响，中国城镇化的发展表现出更多的规划型发展的特点，这种规划性不仅体现在城镇发展的总体布局上，还体现在社会公共治理的各种制度建设过程中。伴随着新型城镇化的推进，在拉动内需，提升城乡协调发展水平等公共政策的推动下，各地"集中农转居"社区的建设与发展成为地方政府提升基层社区治理水平，提高居民生活质量，推动城乡基本公共服务均等化发展的重要路径之一。

应该说，集中化发展确实能够降低公共服务与公共设施的供给成本，让更多的人享受到现代化发展的成果。但是"集中农转居"社区是在急剧社会变迁下形成的居住空间，这个空间或因远离了原来的物理环境而使居民遭遇生产环节、居住环节与社会关系环节的多重变迁，或因拆迁空间的变迁改变了原有的生产、生活习惯而随之需要重构原有的社会关系连接方式，而这些变迁对于"集中农转居"社区及其住户而言都是一个艰难的适应过程：在文化与心理准备上，他们依然被高浓度地笼罩在村庄文化与农民个体认知上，但在需求预期上，他们又渴望成为理想中的"城里人"，而为他们所渴望的"城里人"却已经发生了多重的变化，这也使农转居社区的治理出现了多重"迷惑"。

"集中农转居"社区在城镇化进程中的社会空间应该被定在何处？

王铭铭曾对吉登斯的现代性理想形态的特征作了如下归纳：第一，从个人和文化之间的关系角度看，现代性的后果之一就是个人被直接置于国民化社会再生产，在传统社会中，社区生活与国家体系之间有一定的社会距离，社区依靠面对面的教育为社会文化的延存提供了重要的手段，而现代社会中，国家则通过普遍性知识的传授试图建设一种超地方的国民公共教育；第二，从社会组织的角度看，现代性的后果之一就是行政化时空制度和公民社会对社区性人际交往的取代，传统社会秩序的维持建立在家庭、亲属关系、地缘关系、友情关系的基础上，当人们遇到问题时，可以寻求社区中的家庭和邻居的帮助，而当现代性发展到一定程度时，人们大多会转向职业化的机构寻求支持，实际上是使人们离开了"家"的空间而进入了另一种等级关系和行为模式之中；第三，从经济的角度看，现代性的后果之一就是全球经济体系和社会交换对互惠和再分配交换的取代，在传统社会中，政治、经济、文化是相互嵌套的，而现代社会不仅发生了分离，还出现了金钱象征力量的扩大化及世界体系的等级化；第四，从政治和法权的角度看，现代化的后果之一就是民族—国家统治和正规法律把社会中的权力机制和关系协调原则推到"边缘"的"非正式制度"，这意味着现代化的重要标尺——"民主""法治"的目标是建立正规的与社会关系无涉的超个人秩序，其结果就是与社区生活直接相关的伦理秩序和习惯法逐步被消解；第五，从符号和宗教—仪式的角度看，现代性的后果之一就是民族主义在各种仪式和象征体系中支配地位的形成。①

在吉登斯的视野中，或者说在以吉登斯为代表的许多西方学者的视野中，传统与现代是如此界限分明地被理论的理想类型再建构，当某一理想类型的建构者努力说明他们的理想类型仅是理想的理论结构时，他们的模仿者已经走得更远，只留下了理想类型的比较价值，而往往忘却了这个类型并不存在于现实中。

作为后发现代化追求者的我们，往往容易被各种"对现代化进行解释"的理论迷惑，而现实往往并不纯粹，社会治理的各类主体应该密切关注文化遗留细节对具体实践产生的实质性影响，因为这些影响往往会在落地环节对"规范性"的制度产生实质性的改变，导致"精致的规划"最终仅仅是一场文字与思维的游戏，变成"形式主义"的具体演说者。当我们将现代化这一措辞应用于"集中农转居"社区研究时，也应该时刻提醒自己现实并不是理想类型的塑造物，现实是有生命延续能力的，它有惯性也有自我生发新的生命力的能力。因此，"集中农转居"社区的社会空间就不能仅仅是"过渡性"的，不能简单地、粗暴地为其设定所谓理想的发展目标，而应该在真实、慎重考查的基础上，遵从其自身发展的规律，积极总结现实经验，让农转居社区从规划中来，在自然与理解中理性成长，最大程度地发挥基层制度创新的积极性，从而成为基层治理制度发展新的增长点。

二　学界对"集中农转居"社区的相关研究

"集中农转居"社区的大规模出现是最近 15 年的事情，从整体上看，

---

① 王铭铭：《国家与社会关系史视野中的中国乡镇政府》，载马戎、刘世定、邱泽奇编译《中国乡镇组织变迁研究》，华夏出版社 2000 年版，第 56—59 页。

可以说是一个崭新的社会现象，其社会变迁的范围和深度在局部范围内几乎达到了近乎完全重塑的程度，许多问题都是基层治理过程中未有先例的，给基层治理带来了极大的挑战。

从发展过程看，"集中农转居"社区是在中国经济社会快速发展、基础设施与生态建设同步推进，公共产品和公共服务供给向农村地区倾斜的背景下发生与发展出的一种新的社会空间形态。其发展过程不仅受到国家法规、地方政策的高度影响，而且受到经济社会发展状态，基层社区历史性制度惯性和各种潜在文化要素的影响。而学界对这一领域的研究也高度分散，其研究的维度几乎就是缩小版的"国家治理"，可见，"社区治理"不是一个单纯的"社会治理问题"，而是一个"政治—社会治理问题"。

总结学界对"集中农转居"社区问题的研究成果可以对当前的研究作如下分类：第一，对土地征用、房屋拆迁及相关问题的研究；第二，对"集中农转居"社区或村改居社区党组织及自治组织转型及发展走势问题的研究；第三，对城镇化进程中社区集体性资产相关问题的研究；第四，对社区组织与基层政府关系问题的研究；第五，对社区内部权力博弈与组织权威问题的研究。

（一）对土地征用、房屋拆迁政策及相关问题的研究

从表面看，土地征用、房屋拆迁与农转居社区的治理有些距离，毕竟土地征用、房屋拆迁发生在"集中农转居"社区形成之前，且在时间、空间跨度上有明确的分离地带。但是，从课题研究的角度出发，土地征用、房屋拆迁政策及相关问题与农转居社区的治理却紧密相关：其一，土地征用、房屋拆迁是"集中农转居"社区形成的直接动因，虽然不是充分条件，但却是必要条件，农转居社区最终形成的地域位置、地域空间、人口规模等物理与社会要素都是在土地征用、房屋拆迁规划下达成的；其二，土地征用、房屋拆迁不仅仅是一次空间形态转化的过程，其间，各类资源的再度重置是其发生重大社会影响的深层原因，通过土地征用、房屋拆迁产生的资源重组，对个体村民间社会关系建构的影响甚至超过了市场调节的幅度，对社区内部社会关系的重构产生了深远的影响；其三，土地征用、房屋拆迁的历程充斥着各类组织、个体之间的博弈行为，是社区未来治理的制度前奏，在这一系列前奏中，社区未来的文化气氛、制度轨迹的走向都会受到程度不一的影响。

中国拆迁安置相关政策的发展历程几乎是与中华人民共和国的成立与发展同步。1953 年 12 月 5 日，政务院公布了中国第一部《国家建设征用土地办法》，后经 1957 年 10 月 18 日国务院全体会议第五十八次会议修正，并经 1958 年 1 月 6 日全国人民代表大会常务委员会第九十次会议批准，产生了《国家建设征用土地办法（修正）》（以下简称《办法》），这一《办法》在中华人民共和国成立之初至改革开放初期成为公有土地征用的基本法律依据。改革开放之后，国家层面有关拆迁安置的政策多是针对城市中的拆迁而言的，1991 年 1 月，国务院第七十六次常务会议通过并于 6 月 1 日实施的《城市房屋拆迁管理条例》，标志着中国城市房屋拆迁管理工作的开端，2001 年 6 月召开的国务院常务会对上述《条例》进行了修订，这次修订主要的改变在对拆迁标准的认定上，原来的《条例》是按照被拆迁房屋的面积及相关要素补偿，而修订后则主要按照户籍人口进行安置。① 鉴于当时中国城市中的房屋多是单位建房，在本质上等同于国有住房，这一拆迁标准的变化表现出更多的资源均等分配的趋势，在本质上是有利于社会基层人员的。但是如果把这一原则转而应用到农村的房屋拆迁中，却可能会产生截然不同的社会效果，因为农村建立于宅基地基础上的房屋建造更多的是出于对个人努力的回报，如果简单地采用城市按照人口配置资源的方式，可能会在很大程度上伤害资源公平分配的原则。

由于 2001 年的《城市房屋拆迁管理条例》并未区分商业性拆迁和公益性拆迁，更有拆迁主体上的强政府倾向，引发了学界的热烈讨论。这些讨论主要是在以下层面展开。

第一，在法律、制度、规则层面的研究。制度层面的讨论主要是在法学领域展开的，如蒲杰、余斌认为，"拆迁行为是否符合社会公共利益，是判定拆迁是否符合实体要件，以及是否被滥用的唯一标准。公共利益的层次性，是解决房屋拆迁权冲突的法理依据"。正是基于此种认识，他们提出"应当在房屋拆迁前实施行政听证制度，并允许拆迁当事人提出行政复议和行政诉讼"。② 王克稳也指出，中国的房屋拆迁是与中国独特的土地、房屋分离制度相适应的一种强制征收行为，而这种强制征收行为必须

---

① 白锐、刘洪科：《我国城市拆迁政策变迁分析》，《社会主义研究》2010 年第 4 期。
② 蒲杰、余斌：《房屋拆迁权的滥用与预防》，《现代法学》2002 年第 4 期。

基于公共的需要。① 学界的讨论与现实的困难，推动了法治层面的改革，2004 年春，十届全国人大二次会议通过的宪法修正案将土地征用和公民的私有财产征用作了区分，并明确了对公民私有财产征用需符合"公共利益"的基本原则。但是由于法律不溯及既往，许多拆迁利益冲突在宪法修正案实施后仍延续了相当长的时间。从实践上看，公共利益的简单表述，也不足以消解现实利益的复杂局面，冯玉军的研究指出，在具体的拆迁事件中，政府、开发商、法院、建筑商、被拆迁人等的各类利益错综交织在一起，在地方政府追求政绩、寻租、追求后续管理收益等动力的综合驱动下，加之各种制度、法律漏洞的存在，政府与开发商之间的利益连接在很大程度上超过了其与被拆迁户的连接，在各地根据《城市房屋拆迁管理条例（2001）》制定的地方实施细则中，往往出于谨慎的目的而对被拆迁户规定了较多的权利侵害举证责任，使被拆迁户在这场利益博弈中处于明显的劣势。② 王静提出，要改变目前房屋拆迁的困境，需要在制度上作出如下调整：明确区分公益拆迁和非公益拆迁；还原城市房屋拆迁的本质，完善拆迁补偿制度；重新设计拆迁程序；改革强制拆迁；完善被拆迁人权利救济制度等。③

　　拆迁安置政策文本的理论分析及现实问题的逐步复杂化，对后续的政策调整产生了影响，这在 2011 年国务院颁布的《国有土地上房屋征收与补偿条例》上有明确的体现。随着这一《条例》的出台，拆迁中政策环节的问题得到了很大程度的缓解。

　　随着拆迁范围的扩展和问题呈现方式的复杂化，拆迁政策与规则的问题也引起了社会学、公共管理学等相关研究领域的关注，如易成非、姜福洋在对 2012—2013 年 159 件媒体报道的非法拆迁事例的分析中发现：明规则与潜规则共生于拆迁的过程中，由于明规则本身存在的问题而使其无法避免潜规则的伴生，甚至导致了潜规则的盛行；而潜规亦不能脱离明规则而独生，它必须依附于明规则之上，方能获得掩人耳目的巨大收益。④

---

　　①　王克稳：《论房屋拆迁行政争议的司法审查》，《中国法学》2004 年第 4 期。

　　②　冯玉军：《权力、权利与利益的博弈——我国当前城市房屋拆迁问题的法律与经济分析》，《中国法学》2007 年第 4 期。

　　③　王静：《房屋拆迁纠纷解决机制存在的问题及完善》，《行政法学研究》2010 年第 1 期。

　　④　易成非、姜福洋：《潜规则与明规则在中国场景下的共生》，《公共管理学报》2014 年第 4 期。

黄忠华、牟志一、杜雪君、赵爽爽等则基于山东省日照市农户的问卷数据和选择实验法分析其对拆迁补偿政策的偏好及估值，研究认为，拆迁补偿应主要以产权置换为基础，将被拆迁户的长期利益与短期利益相结合，综合运用就业安置、提供养老保险、分享集体经济收益等政策保障被拆迁户的生存发展权，同时提高拆迁补偿政策的透明性和公平性，使拆迁补偿政策的福利效果最大化。[①] 吕斌等对北京市城乡接合部征地补偿安置政策进行了评议，他们的评论主要是针对《北京市建设征地补偿安置办法（2004）》展开的，他们认为在《北京市建设征地补偿安置办法（2004）》实施下，北京实现了大量农民的转居安置，重点村改造政策具有明显的优势，主要表现在农民转居上楼以后仍然可以享受剩余集体土地以及集体资产的收益，预留了集体产业用地，充分考虑了农民的就业安置需求，但是政策的实施也遇到了一些问题，主要是农民转居的意愿较低，其成因一方面与社会保障的转接轨有关，另一方面则与农村户籍转变后的政策优势不明显有关。因此提出，农转居征地拆迁政策应设置一定的阶段性的策略，减少社保转轨的限制等。[②]

拆迁中的政策设定是拆迁中各类行为发生的制度框架，其划定的边界在一定程度上决定着拆迁中各种资源流动的方向，对征地、拆迁中各方的角色归位也产生着明显的影响。

第二，对征用、拆迁过程中各种力量的动员、博弈问题的研究。施从美、宋虎从国家、社会二元关系理论视角出发，认为与惯常认知的"强国家—弱社会"认知不同，"当前中国农村的征地拆迁实践展现出了另一番鲜活的图景：'缠闹政治。'蕴含于其中的是一种'弱政—刁民'的互动模式与官民强弱关系倒置的场景和更深层次的'民弱'"。在这场看起来"奇怪"的互动中，却深层地蕴涵着被拆迁人的无奈"博弈术"。[③] 这一认识与詹姆斯·C. 斯科特关于弱者的武器的描述如出一辙。国内部分学者更是将其称为"韧武器"，罗兴佐、吴静认为，农民的"韧武器"不仅包

---

① 黄忠华、牟志一、杜雪君、赵爽爽：《农户拆迁补偿政策偏好实证研究：基于选择实验法的分析》，《山东农业大学学报》2017 年第 5 期。

② 吕斌、江南、胡映结：《北京市城乡结合部拆迁安置政策评议》，《中国土地》2015 年第 6 期。

③ 施从美、宋虎：《"缠闹政治"：征地拆迁中官民互动与博弈的现实场景——兼论枢纽型乡村治理结构的构建》，《江汉论坛》2014 年第 4 期。

括"缠闹"，还包括了"诉苦、种房、搞关系、泄愤"等多种方式，从策略上看，也不仅仅是"示弱"，还包含了更多的"理性"策略的成分，与被拆迁人的"韧武器"相对，政府则采用了更加实用的策略，如采取联合行动，加大奖励，并有效防止闹大。① 除了显性的策略外，居于强势地位的政府部门还采用了更加"私人化"的"强关系"介入拆迁的动员，海云志基于对三个案例的分析发现，为了拆迁工作的顺利，基层政府会采用间接动员的方式运用行政权力驱使公职人员利用亲属关系，形成强大的"关系型"动员强制机制，从而达到拆迁的目的。② 与上述认识中的"强—弱二元分立"分析不同，郭亮认为，拆迁过程主要由三方博弈构成，"地方政府、开发商与被拆迁人，作为中国式拆迁的主要利益主体，他们为了各自利益的最大化而展开激烈的博弈，从而使这场博弈呈现出复杂性……总体处于博弈弱势的被拆迁人在某些方面也可能具有优势"。从而出现了"象踏蚁亡"和"群蚁食象"两种现象并存的局面。③ 特别是在媒体介入的情况下，被拆迁人的弱势地位就可能发生逆转，而且部分被拆迁人也开始利用这种外部力量增强自己的博弈资本，赢取博弈的收益。借助媒体的力量，被拆迁人的社会角色由"刁民"的定位发展为"公民"的定位，被拆迁人与政府、开发商之间的博弈最终演化为一种博弈的表演，吕德文以宜黄事件为例，分析了由于媒介的介入和动员，基层政府拆迁政策的内在张力被呈现于公众视野之中，而被拆迁人则利用这一政治机遇结构，不断创新抗争表演，从而使宜黄事件发生规模转变和极化，最终使其成为一场要求保护弱势群体利益的专业化社会运动的过程。④ 郭小聪、代凯的研究指出，在政府与被拆迁人的博弈中，非常重要的一个因素是"贴现因子"，与公众相比，政府的贴现因子相对较小，即耐心较小，这种状态明显对被拆迁人的讨价还价有力。⑤

---

① 罗兴佐、吴静：《拆迁中政府与农民关系的博弈机制与调适策略》，《长白学刊》2016 年第 3 期。

② 海云志：《"关系型"强制动员——城市拆迁中私人关系网络的反向利用机制》，《青年研究》2011 年第 5 期。

③ 郭亮：《城市拆迁现象透析：利益冲突下的多方博弈》，《现代经济探讨》2011 年第 2 期。

④ 吕德文：《媒介动员、钉子户与抗争政治宜黄事件再分析》，《社会》2012 年第 3 期。

⑤ 郭小聪、代凯：《政府对公众参与的策略选择——一个"轮流出价博弈"的分析框架》，《中国人民大学学报》2014 年第 4 期。

拆迁安置中的行为博弈是各方利益与行为策略充分展开的过程，其间有"合谋"、有对抗，由于资源总量有限、各方追求的目标差异及博弈对社区资本的动态影响，往往不能从局部发展中预测博弈的结果，但是在这场"拼尽了全力"的行为互动中，博弈方的真实意图都会在最后的资源分配落定之后为各方所明白。但"明白"并不意味着具有了重开配置资源的权力，资源分配一旦落地，很难再发生改变，但是资源分配过程中展示出的各方"目的"及对规则的理解却会在社区建成以后直接影响社区治理秩序建构的"潜规则"。从这个意义上讲，一个不了解拆迁具体过程的基层管理者，在未来社区治理中会面临层层的"看不清事件"，导致因无法了解"历史连续的制度性"而影响社区治理的效果。

第三，对征用、拆迁引发的社会问题的研究。征地、拆迁是一次较大规模的资源重组的过程，近年来，对征地拆迁中被拆迁人的"舆论"支持一直占据主导地位，但是杨华的研究却提出了不同的见解，杨华"通过考察城郊农村征地拆迁前农民对征地拆迁的预期和态度，发现城郊农民非但不反对征地拆迁，反而盼望征地拆迁，积极地为即将到来的征地拆迁及其利益博弈做准备，并由此产生了一系列政治社会影响，包括村庄派性政治、地权冲突、人际关系瓦解等"。[①] 近郊农民对征地拆迁态度的转化可以看作其对前期各地经验的归纳总结，从这个意义看，农民期望通过征地改善生活质量的预期与中央希望通过新型城镇化、棚户区改造达到提升居民生活水平，平衡城乡公共产品供给状态的政策导向是一致的。但是征地拆迁不仅仅是对农民生活的改善，它也对社会空间的结构性再造产生了其他的深层影响，杨华、姜权权的研究指出，征地拆迁重构了农村的基层关系，拆迁前农村社会的五大阶层关系处于一种相对稳定的状态，中等阶层能够发挥一定的阶层整合关系，精英阶层与处于最底的贫弱阶层有一定的隔绝，但是拆迁之后各阶层之间的合作、整合关系被破坏，除了精英阶层达成联盟外，其他阶层的合作关系都发生了逆转，乡村内部矛盾凸显。[②] 鉴于房屋拆迁引发的社会阶层再划分带来的社会冲击，部分学者开始思考

---

① 杨华：《城郊农民的预期征地拆迁：概况、表现与影响——以荆门市城郊农村为例》，《华中科技大学学报》（社会科学版）2013 年第 2 期。

② 杨华、姜权权：《征地拆迁：一个农村阶层关系重构过程——基于湖北省荆门市城郊农村的调查》，《中南大学学报》2015 年第 2 期。

如何降低因拆迁带来的相对剥夺问题，张杨波通过对武汉市东湖村和晋城市凤城村的比较案例研究，指出拆迁补偿方案对产权界定原则的不同安排将会导致具有明显差异性的社会后果，优先考虑成员权的方案在确保每位村民的基本补偿面积后，对超出部分采取逐级递减的补偿标准，会适当缩小不同村民实际补偿面积的差距，优先考虑投资权的方案在强调村民村籍的同时，以现有房屋拆迁面积作为补偿依据的方案，看似公平合理，却在无形中拉大了村民之间的补偿差距，扩大了村民间的阶层差异。① 刘志鑫的研究也表达了拆迁安置中居民相对剥夺感造成的负面影响，提出"尽管相对剥夺感不同于绝对剥夺……但它在拆迁矛盾中的作用是不可忽略的，它……关乎人民的切身利益和社会公平……因此，在推动城市化进程中，应重视征地拆迁中居民相对剥夺感和公平缺失的问题"。② 郑谦则以扬州市H镇的公路拆迁为例，探讨了因为身份差异预期，同质群体预期等落空后，被拆迁人的相对剥夺感被激发而引发社会动员进而演化为社会抗争的行为。③

从当前学界研究的成果看，对征地、拆迁引发的资源重组及后继的社会问题聚焦的研究，还没有延伸至社区治理领域，而仅仅是停留在其直接的社会后果上。

（二）对社区发展困境及治理转型问题的研究

对"集中农转居"社区的研究多是在村改居或拆迁安置社区的类目下铺开的。在部分情境下，村改居社区并不等同于"集中农转居"社区，但是在社区面临的问题上，却往往具有共性。对于村改居社区建设面临的问题，陈晓莉归纳为以下几个方面：第一，社区建设规划缺失，往往是征一块地方，建一个社区，没有总体规划性；第二，就地安置于一村与社区的局限，导致管理成本过高；第三，政府管理与社区自治边界不清，职能混淆；第四，社区管理经费承担不合理；第五，社区组织关系不协调；第

---

① 张杨波：《产权界定、拆迁补偿与群体分化研究——一个来自对两个村庄的经验观察》，《山东社会科学》2017年第3期。

② 刘志鑫：《相对剥夺感：影响农民在征地拆迁过程中行为选择的心理因素分析》，《当代经济》2018年第11期。

③ 郑谦：《相对剥夺感塑造与资源动员耦合下的社会抗争分析——以江苏省扬州市H镇的社会冲突为例》，《公共管理学报》2015年第1期。

六，社区管理人才匮乏。① 吴莹认为，当前中国的村改居社区主要划分为城市扩张型、新城开发型和土地流转型三种类型，在空间叙事的国家与地方视角之间，国家的空间逻辑始终居于主导地位，并从空间变革的角度提出了当下中国村改居社区面临的治理困境：（1）农民"上楼"不是主动的行为，空间变化对农民身份认同具有破坏作用；（2）集中化以后的住房方式不利于农民的社会交往；（3）农民"上楼"与资本下乡改变了社区的治理结构；（4）原有乡村公共空间消失。面对以上困境，吴莹观察到村委会等基层社会治理组织的治理策略也发生了转型，集中体现在网格化、物业管理和对社区服务中心的使用三个方面。② 黄成亮则从村改居社区内生的传统性与现代城市化建设之间的矛盾入手，探讨村改居合区治理面临的种种困境，认为这些困境主要表现在：社区治理的主体权、责、利发生了分离；治理制度规章的落实不到位；社区共同体内在的凝聚力不够强大，并提出了构建社会治理重心下移的承接机制，疏通治理过程的互动渠道，打造社区共同体生活世界的平台等治理路径。③ 马光川、林聚任从城乡二元分隔的角度分析村改居社区发展的制度困境及其未来，他们认为在城乡二元的制度分割之下，身份差异意味着社会资源和生活机会差异，这往往是个人努力所无法弥补的，但是这种二元分隔的结构，正在不断被突破、相交融，城市边缘的郊区社区正在体现出"非城非乡，亦城亦乡"的特色。④ 周梦珂认为，由于"村改居"政策的"变通式落实"，村改居治理实践呈现出体制转变不力、城乡公共服务分配不均、农民市民化角色认同混乱等现实困境，而造成这种现实困境的是国家权威、地方政府、基层组织三方合谋的结果。⑤ 陈明通过对北京海淀区 Z 村的调查，总结了拆迁安置社区面临的治理困境，主要包括：正式治理体系的冗余，主要是拆迁安置之后增加了一些社区组织，导致社区出现了五套班子共存的局

---

① 陈晓莉：《新型城市化发展中村改居社区治理变革》，《求实》2013 年第 10 期。
② 吴莹：《空间变革下的治理策略——"村改居"社区基层治理转型研究》，《社会学研究》2017 年第 6 期。
③ 黄成亮：《村改居社区治理的现实困境及其破解》，《中州学刊》2019 年第 2 期。
④ 马光川、林聚任：《分割与整合："村改居"的制度困境及未来》，《山东社会科学》2015 年第 9 期。
⑤ 周梦珂：《国家与社会互构："村改居"政策"变通式落实"的实践逻辑——基于 Z 街道"村改居"的案例分析》，《浙江社会科学》2016 年第 5 期。

面；股份合作社运行中问题增生，表现为原来的“活钱”变成了现在的“死钱”；社区居民强认同与弱参与并存，不少居民直接变成了食利阶层，公共事务参与意愿非常低；原来村庄的依附性在社区时代得到了继续。结合上述问题，陈明认为，应该按照城市社区标准，理顺拆迁安置社区的管理体制；扩大社区的公共参与，提升以人为核心的城镇化水平，同时赋予股份合作社经营自主权，确立其市场主体地位。① 宋喆则是较少的从单位制控制向社区控制转型的角度讨论拆迁安置社区治理困境的学者之一，他以南京市 XL 农牧场转化为 S 新村社区为例，提出 S 新村的“社区制”完全替代“场带队”的“单位制”，既不具备现实条件，也不为社会成员所认可。社区与其成员之间并不存在资源约束或契约约束关系，社区里的公共事务还需要原来的“能人”来解决，同时，由于缺乏顶层规划与设计，社区居委会慢慢变成了“物业管理者”，社区管理者找不到合适的定位，工作积极性不高，与之相伴的则是居民也有明显的脱离“组织的感受”，需要建构新的社会支持网络。②

　　上述对“集中农转居”社区治理困境及转型问题的相关研究多是从面上展开的，涉及社区治理面临的多方面问题及挑战。除了在面上对社区治理的困境进行归纳以外，也有部分学者针对某些专有领域的问题进行探讨，其中有关社会资本的讨论就是其中非常突出的一个。社会资本是社会成员在长期的共同生活中建构起来的社会资源，尽管学界在概念界定上存在一定的分歧，但是就其网络性特点及其促进网络内的资源流动性而言，急剧的社会空间转化必然会影响社会资本的存量、影响范围及其影响层次。吴晓燕与关庆华的研究认为，在“村改居”社区，由于空间的转化、外来人口的涌入、人际网络密度的弱化等多重因素的影响，传统社会中的社会资本被不断消解，而现代社会中的社会资本却未能得以组建，导致社会信任的建构受到威胁。受到社会资本消解的影响，社区面临一系列治理的困境，这些困境包括：社区认同感缺失，集体合作陷入困境等，要化解这些困境，关键就是要提升社区的社会资本

---

① 陈明：《拆迁安置社区：治理困境与改革路径——基于北京市海淀区 Z 村的调查》，《农村经济》2018 年第 4 期。

② 宋喆：《拆迁安置社区治理结构变迁及其机制研究——以南京市 S 新村社区为例》，《南京农业大学学报》（社会科学版）2015 年第 3 期。

储量。①

从学界研究的情况看，集中化带来的问题主要是空间差异带来的冲击及其附带的就业、人际、生活方式的变迁，在这种变迁之下，作为"过渡形态"的"集中农转居"社区在治理结构上并没有成熟的样态应对这种转型，或者，根本不会发生这种成熟形态。在中国快速城镇化的进程中，许多社会治理问题皆阶段性的交叉呈现在世人面前，当然也有很多问题随着经济、社会发展的步伐慢慢地被时间消解，"集中农转居"社区治理的问题，说到底仍然是一个如何恢复局部社会秩序并使这一秩序融入社会发展进程的问题。

农转居社区以特有的形态呈现中国社会转型面临的治理问题，但这些问题却不是其独有的，它们只是在一个独特的镜头下让人们观察我们基层治理面临的制度困境，而这些困境的解决却往往会突破社区的空间范畴，扩展至国家公共治理的更高层面。

（三）对社区组织、管理体制变革及其运行机制的研究

不管是从理论还是从实践看，社区的核心要素是组织的存续，这一点在中西方语境中没有明显的差异，其差异之处主要在于是何种组织以何种方式存在。20 世纪 60 年代以来，在美国兴起的社区运动多是以建立适当的社区组织为标志，而社区之所以能够具有凝聚力，其主要的支撑也在社区组织的运行。从中国农转居社区的发展来看，社区中的组织主要有三种，一是社区党组织，即社区党支部及其各委员会；社区自治组织，主要是村（居）民委员会及村民小组、村务监督组织等；社区自发性组织，主要是社区内的居民娱乐性组织。

杨贵华认为，由于"村改居"社区的居民委员会不是基层组织自发演进的产物，而是城镇化进程中政府主导和推进的基层社会强制性制度变迁的产物，因而，"村改居"的居委会虽然是城市基层组织的建制，却带有明显的"亦城亦村"特色，甚至更多的是村委会的印记，存在着一些明显的建设问题，这些问题主要表现在以下两方面：第一，村委会向居委会的职能转化不到位，这种状态主要是因为集体经济管理体制转型缓慢、社区人口管理多元化的挑战突出、社区公共服务经费不足等引发的；第二，居

委会行政化色彩浓厚,自治不足,主要表现在居委会组织的科层化、自治与政府委托职责的倒置、权威来源的异化等。杨贵华提出,"村改居"的居委会应该在拓宽服务对象、提升居民参与社区公共活动的范围、落实新老居民的民主权利、规范社区民主议事和决策程序等方面发挥独特的价值。① 王碧红、苏保忠提出,"村改居"到底要改到什么程度才能算是真正意义上的"城市社区",村改居社区的发展方向和路径是什么的问题,并指出"村改居"的居委会与村委会在建构理念、居民的依赖程度、职责范围、经费来源等方面已经有所不同,但是与城市居委会相比也存在不同,主要是经济环境不同,居民状况不同,工作重心不同,并提出了"村改居"的方向是否就是城市居委会的问题。② 黄立丰的研究在认可当前"村改居"社区兼具"城社会"和"乡社会"特点的基础上,提出不断触发的基层社会在新旧边界的融合性调整上对基层党组织建设提出了挑战,在这种情况下,社区"双轨制"党建模式应运而生,"村改居"后社区仍延续原村级党组织的特定作用。如此,所呈现的"双轨"党组织之间的协调补位、共存互动、有序运行,实质上是一个系统性、动态化的逻辑变迁过程,并有成为一种常态化的发展态势。这种发展趋势不是一种消极的应对,相反,在应对城乡融合发展所带来的社会矛盾时,这种体制无疑是一种良好的应对机制。③

曹姮钥、康之国认为由于"村改居"社区组织难以适应转型对其治理能力的要求,导致社区治理面临基层服务型党组织建设薄弱、社区自治功能弱化、社区干部队伍的综合素质较低和管理理念滞后等问题,应采取针对性措施提升社区党组织的服务能力、股份合作经济组织的管理能力等。④ 罗新阳则从政党生态范式出发,研究了城镇化进程中"村改居"社区党组织的功能转型问题,发现"村改居"生态环境的变迁对其党建工作产生了明显的影响:社区党组织领导核心地位面临新挑战,对党组织发挥的统筹协调作用、服务能力及引导、推进社区治理的能力提出了新要求。因此,

① 杨贵华:《城市化进程中的"村改居"社区居委会建设》,《社会科学》2012 年第 11 期。

② 王碧红、苏保忠:《比较分析框架下的"村改居"社区居委会的治理研究》,《湖北社会科学》2007 年第 6 期。

③ 黄立丰:《断裂、延续与重构:"村改居"后新型农村社区党建模式的适应性转变——一个"双轨制"的分析框架》,《社会主义研究》2017 年第 4 期。

④ 曹姮钥、康之国:《后"村改居"时期的社区组织治理能力研究》,《天津行政学院学报》2015 年第 3 期。

党组织应努力转向政治核心与社会核心并举,纵向领导与横向服务互动,利益表达与利益整合并重,制度治理向民主协商转变的建设状态。① 部分学者也从选举程序中观察到了村改居社区组织存在的新的腐败问题,张善喜从"村改居"后候选人资格及两委工资的提高、选举方式的差异、政府干预选举的程度等因素入手,分析了"村改居"社区村委会选举中出现的新的贿选问题,并归纳了影响居委会选举及贿赂发生的主要因素:居委会成员候选人资格的设定,居委会的选举方式,基层政权机关和居委会的角色定位等。②

对社区管理体制变革的研究自 20 世纪 80 年代末以来就不曾停止过,但主要是针对城市社区而言的,对农村地区而言,往往是社区建设与发展的问题,而对"农转居""村改居"社区而言,则有相对丰富的有关"社区管理体制发展变革"的探讨。孙春燕、池慧灵、蒋舟俊对江苏省宜兴市宜城街道两个撤村建居的"村改居"社区的管理与服务现状作了系统梳理,发现两个社区在街道党工委与社区的通力合作下高标准建设了社区办公用房和硬件设施,建设和完善了社区公共空间;理顺了街道与社区的关系,调整和理顺了社区管理和服务的投入机制;通过组建社区居委工作班子,转变工作人员工作思路和观念,营造城市社区管理理念,为构建"村改居"社区管理和服务体制奠定了软件基础。③ 黄春蕾基于对济南市两个村改居社区的调查,发现近年来随着中国各地公共财政改革的推进,包括"村改居"环境整治在内的公共服务供给状况得到了明显改善,但传统村庄治理模式在公共服务的供给上仍然表现出强大的体制惯性,主要表现在集体经济组织的高度依赖、公共服务供给的封闭性、政府公共服务供给的责任不到位、社区自治能力水平不高等。④ 胡振光基于对广东省 N 区"村改居"案例的调查指出,当前地方政府对社区的治理逻辑已经不再是行政

---

① 罗新阳:《生态变迁与基层党组织功能转型——基于对城市化进程中"村改居"社区的分析》,《领导科学》2012 年第 11 期。

② 张善喜:《"村改居"社区居委会选举困境与治理路径——以城乡协调发展为视角》,《中国农村观察》2016 年第 4 期。

③ 孙春燕、池慧灵、蒋舟俊:《健全"村改居"社区管理和服务体制研究——基于宜兴市两个"村改居"社区的实证调研》,《江南论坛》2012 年第 6 期。

④ 黄春蕾:《我国新型城镇化背景下"村改居"社区公共服务供给转型研究——基于济南市的调查》,《天津行政学院学报》2015 年第 4 期。

力量单方生硬介入社区的威权逻辑，而是运用多种手段与策略影响社区的柔性运作逻辑①。

"村改居"社区、"农转居"社区的空间转化是村庄社区向城市社区转化的外部表现形式之一，而社区各类组织的职能转化则是社区治理发生转化的内在表现之一，是社区需求转型带来的客观结果，也是社区在身份上发生城乡转化的阶段性成果。由于中国基层政府对于"农转居"社区的治理并没有系统的规划，对社区治理中内在的社会资本等资源的利用也没有深入的思考，基层政府忙于如何使社区顺利过渡，不出现影响社会稳定的因素，同时又能使社区组织成为政府基层任务的有力支持体系，对于"农转居"社区的特色能够心知肚明却不能合理运用，社区的离心力在社区管理体制的各项变革措施面前皆没有明显的起色。或许，正如黄春蕾所言，社区的封闭性恰恰是"农转居"社区落后的表现之一。但是，封闭性又何尝不是社区自我保护的措施之一，现代市场经济也是讲究边界清晰的，如果社区获得收益不能在边界清晰的交易规则下进行发展，社区的封闭性也不啻为一种良好的产权保护措施。

（四）对城镇化进程中社区集体性资产相关问题的研究

社区集体资产是人类社会产生之后就存在的问题，在中国漫长的前现代社会中，社区集体资产在基层社会的稳定与社会流动上发挥了积极的作用，而产权问题却从来没有出现在任何一部史书上。产权的概念是随着市场的发展而出现的一个新概念，这一概念背后隐藏着的逻辑是个人的独立和理性计算，是独立的个人理性追逐个人利益最大化的意识呈现。如果把这一逻辑放到乡村社区进行宣传，社区公共权威的建构都会成为一个棘手的问题。在中国传统的文化认知中，私人利益的最大化自然是侵害集体利益的，而集体利益则是社会公益的基础。当下的"村改居""农转居"已经不是传统的乡村社区的模样，社区内居民的收入结构已经发生了巨大的变化。同时，限于中国《村民委员会组织法》与《居民委员会组织法》的差异，原村集体经济的经营方式转型问题就成为社区发展的必然。

---

① 胡振光：《行政嵌入："村改居"进程中的社区治理逻辑——基于广东省 N 区"村改居"案例的分析》，《社会科学动态》2018 年第 10 期。

张克俊、付宗平提出，在城镇化进程中，"村改居"社区集体经济的发展能为社区注入新的发展活力并成为未来社区发展经费的重要来源，具有极其重要的基础性价值，但是在统筹城乡发展的背景下，集体经济面临着一系列的困境，这些困境主要表现在：新型社区结构变化冲击集体经济基础；集体经济承载空间和政策支持受限；集体经济组织与自治组织关系不顺；资产运营封闭性和管理体制变革滞后；干部及群众发展集体经济动力不足；集体经济成员界定困难；集体资产量化操作难度大；等等，并提出了包括产权制度改革、股份制改革、集体资产的差别化处置、理顺关系等措施。① 姜磊基于公司法现代法人治理结构的视角，考查了内蒙古自治区呼和浩特市赛罕区 13 个"村改居"社区的集体资产管理情况，调查数据显示，"村改居"集体资产设立公司之后，债权债务关系多处于不明晰阶段，身份为股东的村民也因为多种原因无法真正享有股东权利，公司的管理权仍为原两委班子，但两委却往往没有公司经营的经验和管理能力，这些情况导致很多公司只是形式上存在，而实际上不运营，运营的公司存在众多的运行管理不规范现象。② 杨贵华认为，目前多数"村改居"社区在集体经济产权制度改革中选择了股份制模式，这一模式在确立社区成员的主人地位，适应市场化、城市化发展要求，使得社区成员普遍受益等方面体现出积极的制度价值。但也存在着一些不容回避的问题，主要表现在：政社企不分、产权不够清晰、股权设置不合理、股权流动受限制、治理结构不完善、监督机制不健全等，提出应该在完善内部治理结构基础上取消集体股，适度设置股权流转机制，推动社区股份合作社组织的地方立法，理顺股份合作社与"村改居"社区"两委"之间的关系。③

对于社区两委与集体经济管理权不清晰的问题，仝志辉曾撰文讨论村委会和村集体经济组织应否分设的问题，他的研究认为，就健全乡村治理体系，实现乡村治理目标而言，分设两者并明晰其职责是应然之事，但

---

① 张克俊、付宗平：《"村改居"集体经济面临的困境及出路——以成都市成华区为例》，《农村经济》2015 年第 9 期。

② 姜磊：《"村改居"社区集体资产科学管理路径研究——基于公司法现代法人治理结构的视角》，《法治与经济》2018 年第 5 期。

③ 杨贵华：《集体资产改制背景下"村改居"社区股份合作组织研究》，《社会科学》2014 年第 8 期。

是，就改善村庄治理的突出问题及提升现实治理能力而言，两者的分设在多数地方并不能直接有益于社区治理的现实。村集体经济组织为村民自治财力支持的发展提供内在机制，而分设应以不破坏这种机制为基本前提。因此，就当前阶段而言，可先在地方层面根据村庄的实际情况分别采取合二为一、适度明晰职责乃至分设的办法。① 郭圣莉和王兴基于对江苏省中部 L 村的调查发现，在村两委与村股份公司一体同构的情况下，体制外精英才会顺利地转化为体制内精英，并为社区的发展提供更多的体制外资源，从而完成社区内部凝聚力的聚拢，进而在社区整治、文化等各个领域完成制度建设的循环，达成独具特色的社区治理样态②。

集体经济是社区发展财力支撑的重要内在机制之一，没有良好的集体经济发展平台和发展集体经济的组织基础，社区自治的发展是无法想象的。当下，中国部分"集中农转居"社区在实现上楼的同时，也不同程度地实现了社区财政的政府预算化，但是大部分农转居社区并没有这个优遇。大部分社区只是在外在形态上像"城市小区"而已，在公共设施与社会保障体系的建构上仍然是农村式的。在这种情况下，纯粹分离式的"股份化"将居民更加"原子化"而没有相应组织重新聚拢的过程，其未来的发展都是令人担忧的。

综合学界当前的研究成果可以发现，学界和实践界对"集中农转居"社区的关注度较高，这一方面反映了中国城镇化进程中"集中农转居"社区规模和数量的庞大，已经成为一个备受社会各界关注的重要话题；另一方面也反映了"集中农转居"社区面临着多方面的治理挑战。在宏观上，农转居社区的发展是有国家政策指导的，但是在微观上却没有被纳入城市治理体系的整体规划，社区发展具有明显的偶然性和随机性特点，这种形成性特点必然导致后续的基础设施建设接入困难，甚至形成新的"城内二元结构"，而这种没有整体规划的状态不仅表现在社区物理层面，还通过拆迁安置政策的"随机性"影响了社区内部的资源再分配格局，在这个过程中，地方政府、社区组织与居民间的利益博弈充分暴露出了中国基层治

---

① 仝志辉：《村委会和村集体经济组织应否分设》，《华南师范大学学报》（社会科学版）2018 年第 11 期。

② 郭圣莉、王兴：《单位化村庄：合作经济模式下的村庄治理结构——基于江苏省中部 L 村的个案》，《华东理工大学学报》（社会科学版）2011 年第 4 期。

理缺乏法治深入调节的问题，也反映了中国城镇化快速推进带来的实践问题与应对制度建设不足的现实，这种状态符合韩博天所说的中国改革型治理与西方维护型治理的差异，中国的改革型治理在适应能力上是政策驱动的，这些政策具有临时性、周期性变动的特点，因而可以实现快速适应和"跨越"创新，而西方的维护型治理则要以预先制定的法律为基础，以市场为驱动，是渐进的"小步"调整。① 这个过程可以说是一个"双重适应性制度规划"的过程。

在社区物理环境形成、居民"上楼"之后，村民原来的生活空间被彻底抛入了历史的故纸堆，而新的生活空间并不是原来想象的样子，而是一个既有满足又有失落的空间，在这个空间中原来的生活成本已无法维持当下的生活方式，而原来的生产范式也往往无法继续维持，这种全方位的挑战使拆迁带来资源收益和乔迁新居的喜悦都在短暂的停留之后迅速消失了，新的需求和新的治理困境对社区的发展施加着越来越沉重的压力，社区组织转型、社区治理体系转型、社区集体经济重构等问题接踵而至，使社区面临一系列复杂组织问题的挑战：集中化的社区是全新的，而社区内居民的思维方式、社区组织的内部关系与外部连接却是不能割断历史的，社区组织转型面临一系列的制度惯性问题，社区居民原有的社会资本面临逐步摊薄的问题，社区集体资产的简单股份化面临集体经济如何助力社区自治的问题……

农转居社区的发展方向真的是当下的城市社区？学界的研究和追问并未给出清晰的回答。建立在西方发展轨迹之上的理论预设与中国当下的社区治理现实之间的"不接轨"困扰着实践中的基层治理者。

学界对拆迁安置政策、利益博弈及拆迁后的社会影响的研究与对"村改居""农转居"社区的治理困境及转型需求的研究、"村改居"组织治理体制改革的研究基本上是分离的，这种分离虽然不在绝对的意义上展开，但是却以自然分隔的方式呈现。在拆迁安置和后期的治理之间缺乏内在的连接机制，在某种程度上导致了社区治理的完整特性无法呈现的现实，并进而影响了社区治理的系统性规划。

---

① ［德］韩博天著：《红天鹅：中国独特的治理和制度创新》，石磊译，中信出版集团 2018 年版，第 34 页。

第三节　理论视角与研究工具

20 世纪初叶，社会学被引入中国之时，社区作为社会学领域重要的研究方法和研究内容为第一批社会学人所接纳并在实践中产生了众多的代表性成果。当时的社区研究是与人类学相对微观的社会及其组织的研究叠交在一起的。这在某种程度上呈现了中国社会学初建时期与人类学、社会学甚至民族学交融发展的现实。而近年来，随着民政部对社区问题的"介入"，社区研究发生了明显的主题逆转，也使社区研究突破了原来"大社会学"的领域而成为政治学、公共管理学、社会学交叉研究的领域。

马戎、刘世定老师第在其编译的《中国乡镇组织变迁研究》一书中曾将乡镇组织的研究框架分为以下三种类型：一个研究思路是"国家政权—社会关系"历史变迁的视角，它分析在现代化过程中，国家角色的转变和国家机构对社会控制的程度。从一般理论上讲，现代化国家对社会的（直接或间接）控制是在强化。另一个思路是在一个社会的现代化过程中，政府的行政管理职能和经济活动的管理职能这两者之间关系（重合或分离）的变迁。从理论上讲，政府对经济的管理应当是从直接管理过渡到利用非行政手段的宏观调节。第三个思路是在现代化进程中基层社区的组织与功能的演变，民众的教育水准、职业、收入、对外交流程度提高之后，将会有民主化和一些领域实行自治的要求，社区组织因此会有强化的趋势。[①]在社区研究领域也有类似的三种理论切入视角：第一种是"政府—社区"的二元关系视角，这种视角是"政府—社会"关系视角的变形；第二种视角是社区变迁的视角，从理论上说是制度变迁的具体化；第三种视角则是城乡社区发展二元关系协调的视角，从中国的具体实践看，就是在新型城镇化发展的过程中实现城乡之间发展的平衡的问题。

一　政府—社区二元关系的视角

在中国，政府—社区的二元关系是西方学界政府—社会二元关系理论

---

① 王铭铭：《国家与社会关系史视野中的中国乡镇政府》，载马戎、刘世定、邱泽奇编译《中国乡镇组织变迁研究》，华夏出版社 2000 年版，第 6 页。

入侵下产生的一个理论分支，就实践而言，这个视角并不能适恰地反映中国基层的政府—社会关系，有的学者也批评这种视角的简单化取向，并以西方社会的历史发展不同于中国而主张这种分析视角的"水土不服"。从西方国家，尤其是英美等早发现代化国家的历史看，社会与国家分离的过程不是一个各自独立而隔离的过程，而是一个从社会的母体中产生两兄弟的过程，只是这两个兄弟一个大一个小，而血脉与网络却是一直相连的，也正因为如此，国家与社会的相互制衡才能在基本价值体系一体相承的情况下得以发展。而中国的历史实践却与西方不同，当中国的历史走到国家与社会要发生分离的时候，国家治理的逻辑已经在"大一统"的治理结构下稳定了千年以上，这种时间积淀下的国家—社会关系，不是兄弟关系而是父子关系。这种父子关系将更多的资源和制度信任赋予了政府而对社会力量在意识形态上进行了自然的削弱。在这种情况下，甚至给人一种错觉：中国历史上是没有独立的社会力量的。

王斯福在其与王铭铭合作主编的《乡土社会的秩序、公正与权威》一书中有一篇名为《农民抑或公民——中国社会人类学研究的一个问题》的文章，文章中对中国传统中是否包含有民主和市民社会的问题进行了探讨，并列出了五条检验一个社会是否具有可以称为一种"民主"或"市民的"制度，在其对乡间的庙会象征戏的表演进行分析之后，倾向于认为中国传统社会中是有"市民的"空间的。① 或者我们是否可以理解为王斯福认为中国是有自己独特的"市民社会"的。虽然这一主张受到中国著名的市民社会研究学者邓正来等的质疑，但是笔者认为，随着国家力量的发展，国家对各类公共物品的供给已处于不断扩散的阶段，民间组织所提供的娱乐性的活动也正在成为国家组织提供的公共产品之一。国家与民间组织之间确立的权威类型、参与的方式虽有差异，但是从维护广义的社会发展而言，作用是相似的，市民社会并非一定要供给政治性的产品，从这个意义上，笔者倒是认为王斯福的观点很有意义。

从另一个角度而言，即便是西方理论界的国家—社会关系视角不能完全适应中国的情况，但是作为一种分析工具而言，仍然是可以借鉴的，这种状况其实已经在中国学界展开了多年，也在这种视角下产生了大量的值

---

① 王斯福：《农民抑或公民——中国社会人类学研究的一个问题》，载王铭铭、王斯福编译《乡土社会的秩序、公正与权威》，中国政法大学出版社1997年版，第1—17页。

得反思的新观点。

周黎安认为，基于"混合宪法"理论的"三层分析法"，更适合于分析中国中央政府、地方政府与民众之间的权力均衡关系。① 而周雪光基于对"黄宗羲定律"的解读，从关系角度探讨治理逻辑时，已从委托—代理关系、正式与非正式制度的共生关系、名与实的平衡关系概括了中国封建王朝的三维治理逻辑，并提出各级政府间的治理逻辑在政府与社会关系中得到了复制。② 这种复制在田雄、郑家昊对黄江县"秸秆禁烧"事件的研究中仅得到了部分的证明，田雄、郑家昊在融合了"国家人类学"与"制度与生活"理论的基础上，从国家、基层干部和农民三方的复杂互动中展示了国家治理逻辑与基层行动逻辑亦有非一致性的一面。③ 但田雄等人的研究并没有把农民中的"村（社）组织"分离出来，而是将农民作为一个群体来对待。这一分离，在吴毅的《小镇喧嚣：一个乡镇政治运作的演绎与阐释》一书中得以实现，吴毅以深描的方式勾画了村级组织与乡镇政府、村民之间的利益竞争与博弈策略，展示了村级组织处于国家与村民之间的独特利益格局和角色关系，④ 也为后续的研究提供了良好的切入视角。

不管是国家—社区的二元视角还是国家—社区组织—居民的三层视角，都是在国家与社会的不同单位之间讨论关系互动问题，问题的核心都在如何处理关系互动中的利益分配以达到基层治理秩序的目的。同时，不能否认的是，在全球化与现代化同步推进，各国之间的影响已深入社会生活的各个角落的当下，中国基层社会的治理已经不可避免地受到并将继续受到其他国家治理理论与带有一定意识形态印记的舆论的影响。当下，中国村级层面实行的基层自治并不仅仅是基于历史的继承或降低政府基层管理成本的考虑，还有一个更重要的原因是在民主制度已经深入人心的情况

---

① 周黎安：《转型中的地方政府：官员激励与治理》（第 2 版），上海人民出版社 2017 年版，第 12 页。

② 周雪光：《从"黄宗羲定律"到帝国的逻辑：中国国家治理逻辑的历史线索》，《开放时代》2014 年第 4 期。

③ 田雄、郑家昊：《被裹挟的国家：基层治理的行动逻辑与乡村自主——以黄江县"秸秆焚烧"事件为例》，《公共管理学报》2016 年第 2 期。

④ 吴毅：《小镇喧嚣：一个乡镇政治运作的演绎与阐释》，生活·读书·新知三联书店 2018 年版，第 49—51 页。

下，如何在基层治理中取得合法性的问题。

因此，在本书的论述过程中，国家—社会，或者说政府—社区的视角是一个重要的视角，而且也希望能够通过对调查资料的分析，对于中国基层政府与"集中农转居"社区的特殊关系作进一步的厘清，而不是简单地在各自独立的身份基础上"划"出边界。

二　社区制度变迁的视角：历史制度主义的分析

社区是社会温情的最后驻足地，也是传统历史文化的最佳实践场，如果说城市首先在现代化面前沦陷，那么乡村社区应该是最后在现代化面前沦陷的地带。但是沦陷本身并不等同于社会功能的退化，法国著名社会学家涂尔干甚至将之称为更加紧密的联系，也就是他的"有机团结"的概念。但是仍然不可否认的是，乡村社区的慢节奏以及现实和历史遗存的农业生活习惯仍然在演绎着传统社区的局部细节。

基层社会层面的治理与国家宏观、中观层面治理的最大差异在于其不能完全地实现科层化的建设，即便是在社区建立科层性的组织，其运行实践也不可能是规划性制度运行的模式。社区治理的制度建设表现出更多的"人治"因素，而"人治"并不等同于"私人治理"，它所强调的是通常所言的"非正式制度"的执行空间。这就使"文化基因"变量成为影响社区治理的重要因素之一。而文化最重要的特征之一就是历史的连续性。

强调历史的重要性，已经成为现代基层治理的重要趋势之一，徐勇在谈到其学术研究的三个发展阶段时曾言及，在 2010 年以后，试图将中国政治与农村问题置于历史的深处，从更为广阔的时空背景下发现中国乡村发展的独特性。[①] 马克思也说："人们自己创造自己的历史，但是他们并不是随心所欲的创造，并不是在他们自己选定的条件下创造，而是在直接碰到的、既定的、从过去承继下来的条件下创造。"

在对制度与历史的"联合开发"中，理论研究无法忽视历史制度主义的贡献。作为"制度被重新发现"之后，新制度主义发展出的代表性流派之一，历史制度主义有其独特的理论分析价值，与其并列的有理性选择制

[①]　徐勇：《乡村治理的中国根基与变迁》，中国社会科学出版社 2018 年版，第 1 页。

度主义、社会学的制度主义等。其中理性选择制度主义与历史制度主义的联系更为密切。理性选择制度主义的特点是将制度概念引入理性选择理论的框架，它不仅强调以个人偏好和理性选择来解释社会现象，还要对这些要素如何与制度的具体模式结合并产生社会结果进行解释，因此，理性选择制度主义认为，制度的具体模式作为个体行为的制约因素，比个体行为假定具有更为重要的意义。但是在制度的发生问题上，理性选择制度主义与历史制度主义有一定的分歧，理性选择制度主义认为，制度是有意识设计的结果，并假定为解决社会困境而制定的制度模式和功能，与社会成员的设计意图是一致的。① 历史制度主义则更加强调有意义行为和结构脉络的相互作用，在历史制度主义看来，行为者既是历史的客体，又是历史的主体。也就是说，一方面制度对行为产生约束作用；另一方面它又是人们意识或无意识的策略，以及冲突和选择的产物。同时，历史制度主义也并不否认个人理性选择的重要性。

凯瑟琳·西伦和斯温·斯坦默亦曾在其《比较政治学的历史制度主义》一文中对历史制度主义与理性选择制度主义的差异作出归纳：首先，历史制度主义学者通常认为，严格的理性假设过于狭窄，政治行动者并不是知道所有信息的理性最大化者，而是在更大程度上遵循"满意而止"的规则，也就是说人们在生活中的每一个决策面前并不会停下来反复考量自我利益最大化在何处的问题；其次，最为核心的是，两者对于个人偏好的形成原因是存在分歧的，理性选择制度主义认为，在策略选择面前偏好是既定的，而历史制度主义者则把个体和集团如何界定他们的自我利益也看成一个待定的问题，包括自我利益、行动者的策略和行动目标的设定皆受到制度背景的约束，行动者是在具体的制度环境中逐步形成自己的利益偏好的，也就是说对于历史制度主义而言，偏好是内生的。②

历史制度主义最为人所知的分析概念就是"路径依赖"，虽然这一概念并不是历史制度主义的首创，但它却成为历史制度主义最有解释力的概念之一。保罗·皮尔逊在其《汇报递增、路径依赖和政治学研究》一文

---

① [韩]河连燮：《制度分析：理论与争议》，李秀峰、柴宝勇译，中国人民大学出版社2014年版，第42—45页。

② [美]凯瑟琳·西伦、斯温·斯坦默：《比较政治学的历史制度主义》，载何俊志、任军锋、朱德米编译《新制度主义政治学译文精选》，天津人民出版社2007年版，第150—153页。

中，对路径依赖发生的基本过程进行了阐释，皮尔逊援引了玛格丽特·列维对路径依赖的界定，"路径依赖有着一种含义，如果它能有所指的话，一旦一个国家或地区沿着一条道路发展的话，那么扭转的成本将是非常昂贵的……也许最好的比喻是一棵树……在同一个树干上，有着许多不同的树杈和更小的树杈，尽管转向或从一个树杈爬到另一个是可能的……但是攀登者开始的树杈仍然是他倾向于一直爬下去的那一支"。而导致这种结果的内在因素则是"回报递增"，回报递增是一个自我增强或正反馈的过程。因而路径依赖非常重视顺序的重要性，因为顺序所界定的特殊道路所产生的每一个结果都会对下一步产生非常有吸引力的影响，随着这种效果的增加，自我强化的循环就会最终形成，从而达成一种制度锁定的状态，如此，老牌的制度产生强有力的引导，不断强化自身的稳定结构并促进制度的深化发展。①

李棉管曾以广东省佛山市 N 区的"村改居"项目为例，以历史制度主义的路径依赖过程作为基本的分析视角，将回报递增与体制锁定作为理论分析的具体路径，在制度成本、适应性预期、利益群体以及场域稳定性、场域规制性、场域内部各种制度的地位不平等为基本框架，探讨"村改居"社区制度创新与组织创新面临的问题。该项研究发现：由于村庄或社区公共服务的提供制度在其系统性的制度场域中明显处于依附地位，所以，"村改居"改革对农村制度场域的触动非常有限，在对回报递增逻辑进行更为深入的分析之后，可以发现，部分利益群体的期望在得到递增回报后会积极维护现行制度，而利益被剥夺者则往往希望发生进一步的制度变迁，从而使制度处于"变迁—延续"谱系的某一节点上。② 这一解释，使惯常理论界对历史制度主义过度强调制度稳定的诘难有所缓和，但是仍然不能完全化解历史制度主义对制度变迁的理论解释短板。

从历史制度主义的解释框架看，这一理论模式更加适应于相对和缓的制度变迁分析，如果在制度发展中介入了太多具有"革命性"或"类革命

---

① ［美］保罗·皮尔逊、瑟达·斯考克波尔：《当代政治科学中的历史制度主义》，载何俊志、任军锋、朱德米等编译《新制度主义政治学译文精选》，天津人民出版社 2007 年版，第 193—200 页。

② 李棉管：《"村改居"：制度变迁与路径依赖——广东省佛山市 N 区的个案研究》，《中国农村观察》2014 年第 1 期。

性"的因素，历史制度主义的解释则需要结合其他理论视角方能更好的理解现实。

三 城—乡社区二元关系的视角

城市与乡村的二元关系并不是 1949 年后中国农村与城市关系的特殊形态，而是全球范围不同历史阶段的各个国家皆会表现出来的政治、经济、社会的结构性分离形态。在大部分国家的前现代社会中，政治中心与经济中心往往表现出分离态势，政治中心如果在城市，其经济中心则在农村，但是国家或地方权威会通过各种税收手段从乡村汲取资源，城市是消费性的，而农村则是生产性的，这种状态自近代以来发生了明显的转变，其原因则是近代工商业的发展，其产值远远超过了传统的经济基础——农业。作为第一产业的农业在依然保持其基础性地位的同时，却在逐步丧失其支柱性产业的地位。就中国近代以前的社会治理模式而言，国家设立的政权机构也只是到县一级，是谓"皇权不下县、县下唯宗族"，县令作为一县的行政首脑通过雇用甚至指令的方式调动政府的附属人员征收"皇粮国税"，而广大乡村的公共治理则处于政府投入极度稀薄之地。

与历史上的政治—社会关系更为不同之处在于，工商业快速发展带动的城市化进程并不是一个单纯的国内资源重组的过程，而是一个更为明显的全球资源重组的过程，这个过程中的博弈支撑点更多处于城市经济的发展网节中，各国城市经济或工商业经济的发展在很大程度上决定了其在世界经济、政治体系中扮演的角色。上述情况使那些处于世界政治体系边缘的国家更加迫切地希望通过城市产业的发展赶超其他国家，从而尽快实现现代化，而中国就是这一赶超大军中的一员。1949 年之后，由于各种国内外因素的影响，现代化发展的集中地也基本上是在城市，国家各类资源的配置在相当长的一段时间内都是优先发展城市。

但是城乡二元结构的视角不仅是一个具体的理论分析工具，它还是一个社会变迁分析的现实基础。正如林聚任等所言，"城乡发展的这种不平衡是多数国家发展中存在的最基本问题之一"。[①] 而这一特点对于我们分析

---

① 林聚任、王忠武：《论新型城乡关系的目标与新型城镇化的道路选择》，《山东社会科学》2012 年第 9 期。

"集中农转居"社区的发展起点、制度变迁的路径选择以及面临的现实困境都具有积极的价值。

自1954年刘易斯提出城乡二元结构理论以来，国内外对于城乡二元经济结构的研究主要发展出四种思路，虽然这四种思路的内在观点有明显的差异，但是它们却均承认自近代以来，随着工业的发展，城市在资源聚集上对农村形成了更强烈的吸附效应，农村的资源不仅通过市场进入城市，还通过各种非经济手段进入城市，城乡之间的差别在工业发展的前期、中期都处于扩大的阶段，这种城乡差异，在中国不仅表现在经济结构上，而且表现在政治、文化与社会发展的其他层面。在这众多的差异性中，文化的差异性是最小的，甚至很多生活于城市中人仍然是信仰自然经济文化的。[①]

针对城乡发展二元结构的现实，中国学界发展出了具有中国特色的"城乡一体化"理论，这一理论认为，支撑中国二元社会结构的核心体制有三个：一是户籍制度；二是产权不明晰的土地制度；三是城乡不平衡的财政制度。因此，要实现城乡的一体化发展就要在以上三种制度上实现变革，而变革的发起点应该是自东向西逐步实现由发达地区向相对不发达地区的推进。[②]

但是笔者并不认为城乡二元结构就意味着城乡之间的隔离，从社会分工的角度而言，城市永远离不开乡村，这一点不仅是在传统社会是适用的，在现代发达的工商业社会依然适用，农业的基础地位解决的是人们的生存问题，而城市更多的是在解决生活与发展的问题。在生存问题日渐淡化的今天，乡村社会的价值主导地位也日渐为城市所代表的市场经济价值所取代，在世界分工体系的渗透下，国内的分工体系也逐步被市场同化，其结果便是乡村资源输入城市的制度化程度日渐加强。但是随着国际与国内经济的动态发展，当国际经济发生明显变动时，国内循环的强化就成为一国宏观经济政策的必然选择。而这一选择，在驱动国内经济均衡发展方面，特别是促进经济发展的基础性公共设施发展方面将为农村地区注入更多的支持性资源，从而带动国内城乡关系朝向城市反哺农村的方向转化。

---

① 白永秀：《城乡二元结构的中国视角：形成、拓展、路径》，《学术月刊》2012年第5期。
② 陆学艺：《城乡一体化的社会结构分析与实现路径》，《南京农业大学学报》2011年第2期。

当下，中国城市反哺农村的时代已经到来。党的十八大指出，城乡发展一体化是解决"三农"问题的根本途径，习近平总书记在中共中央政治局第二十二次集体学习时亦强调，推进城乡发展一体化，是工业化、城镇化、农业现代化发展到一定阶段的必然要求，是国家现代化的重要标志。当下的一体化发展正是为了实现更加普遍意义的社会公平，实现资源配置的新的均衡。在这种发展态势下，农村的治理结构出现了新的发展景象，需要学界深入思考，而处于农村与城市交界处的"农转居社区"更成为制度变迁研究的重要观测点。

四　三个视角的关系及有关社区治理模式的一点解释

（一）三个视角的关系

在三个研究视角中，基于社区治理变迁的历史制度主义是最基本的研究视角，承担着框架搭建与细节分析的双重任务。"集中农转居"社区虽然在物理规划的外观上已经非常切近于城市社区，但是在治理制度设定的各个层面上却不能无视村庄原有的治理基础及迥异于城市社区的人文社会结构，行政编制上的名称改变也并不意味着乡村治理的纵向关系发生了实质性的转变。从治理的深层约束看，"文化性的制度惰性"对于"农转居社区"的治理仍然是深入且持久的，在制度制定与执行的各方互动中，行动策略的选择往往参考着不同的利益解释，而不同行动集团的利益解释在框架逻辑上无法脱离各自的历史发展脉络与现实的双重建构，制度变迁理论在此类问题上具有明显的阐发优势。而政—社关系视角，在制度变迁的动态层面特别是在微观制度截面分析上可以发挥优势，因此，政社关系是部分嵌入在历史制度分析中的。而城乡二元关系基本上是一种对现状的解读，这种解读不仅仅是为"集中农转居"社区治理转型提供背景，也为历史制度主义切入"集中农转居"社区发展提供分析的走向。

（二）有关社区治理模式的一点解释

社区治理模式有两个主要的线索，一个次要线索。两个主线索：第一，基层政府与社区之间的关系；第二，社区组织与社区居民之间的关系。一个次线索是政府与居民之间的关系。在政府与社区的关系上，不仅表现为政府与社区组织（主要是社区党组织和社区自治组织）之间的关系，还内嵌着政府与社区普通民众之间的关系，对农村社区而言，后一种关系在 2006 年农业税全面取消之前还不占据显要位置，但是在农业税取消之后这种关系也日渐重要起来。

许多农转居社区虽然在形式上完成了由村到居的制度转型，但是却并未真正享受到城市居委会及其居民的社会保障服务及基础设施配套，当然，他们也享有城市居民不享有的集体性财产。从这个视角看，不管是从政府与社区的关系还是从社区内部的关系看，"集中农转居"社区的治理模式都具有极强的"大半农村—小半城市的特点"。因此，在模式分析上，难免会带有强烈的"乡土性"色彩。

第四节　研究方法、创新点及不足之处

作为社会的细胞，社区是微观的，其微观性甚至会在某些时刻让人们忽视了其"块状结构"的复杂性，进而认为对社区的观察是极容易触摸其实质的，并不需要多重的研究方法进入。而每一个真正进入社区的研究者皆会发现，正是由于社区是社会细微之处的呈现，才更加需要"大处着眼＋深描细看"，历史与现实的双重叠加在社区表现的生动性往往更加令人目眩。每一个进入社区的研究者都会为社区的琐碎所缠绕，发现新事件并不难，要在事件中发现新的"社会现象"并透视其内部的逻辑性却并不容易，因此，谈及创新也仅仅是一点感受，还有待未来的研究进一步确认，而不足之处良多，学界同人若能不吝赐教，则不胜感激。

一　研究方法

课题研究主要使用了比较分析法、问卷法、观察法、访谈法等。比较分析法主要用于不同社区治理类型之间的差异性分析，课题研究主要是针对三种社区治理类型的比较，这些比较主要是在资源投入社区的类型及数量，资源进入社区的方式及运行等等，由于资源投入的差异，政府、社区组织与居民个体的具体互动方式也产生了差异，并影响到了各社区具体运行机制的建构；问卷法、观察法主要用于获取社区公共产品供给的状态、效果及社区居民的行为习惯与互动方式等一手资料，由于各社区的空间布局有明显的差异，社区内公共设施与公共服务的供给对不同的居民来说，

感受度、使用率等是不同，使用问卷加观察法可以更加真切地探查到调查对象对社区各类设施及服务的感受度；访谈法则主要用于对社区组织、政府组织、社区民众的访谈，以获取更为深入的资料。问卷调查与访谈的具体情况在后续各章中将有更为细致的表述。

二　创新点

"集中农转居"社区是按照两个要素进行限定的社区类型，一个是"集中"，即从原来相对分散的居住方式变为相对集中的居住方式，这种集中可以通过"上楼"的方式实现，也可以通过集中宅基地的方式实现，其具体表现就是居民的居住空间更加"聚集"；另一个则是"农转居"，这个要素可以理解为农民的生活方式向居民的生活转化也可以理解为农村建制向城市建制转化。两个要素的结合，即我们探讨的"集中农转居"。学界对"村改居社区"的研究较多，但是两个概念并不完全重合，从上述两个维度的解释就可以看到其内涵及外延的差异性。很多时候，学界在讨论村改居社区时，也会把"集中农转居"社区的个案拿来使用。但是一般情况下没有太多的类型学分析，同时强调资源输入差异对社区治理影响的研究也较为少见，而资源输入的差异不仅影响到了社区与政府的关系，也影响到了社区组织与居民的关系及其相应的制度设定与制度演化。因此，本研究主要是在以下三个方面的创新：

（一）以资源流动状态为划分标准进行社区类型学的比较研究

费孝通先生一直强调类型学研究对社区研究的重要意义，因此，如果仅仅是从类型学角度研究"集中农转居"社区，创新性会受到质疑，而本课题的研究试图通过类型划分的维度不同而区别于一般的类型学研究。当下对村改居、合村并居社区类型的研究多是从社区所处的地理方位为区分维度的，而本课题则主要从集中化过程中资源输入社区的方式、数量、类别及安置后资源使用的方式为主要标准进行类型划分。在不同的资源流动范式下，社区类型间的比较研究更易发现社区治理逻辑的差异之处。

（二）以资源流动的边界对接方式为切入点对社区治理中的内部关系变迁进行研究

资源流动并不是没有界限的，有的资源流动到社区边界时就发生了使用主体的转化，从而使社区组织承担了较多的资源调动功能，进而增加了社区组织的权威强度；而有的资源则跨越了社区的边界，没有发生资源使用主体的转化，直接到达使用者手中，这种资源转化就在某种程度了分化了社区原有的权威结构，造成社区内部凝聚力的弱化，从而对社区内部的中心权力圈产生了负面的影响。因此，通过资源流动的视角观察权力的结构变化能够更加系统地了解社区内部的动态关系变迁过程。

（三）构建"政府—社区组织—居民"三方推拉关系模型探查社区治理结构波动的内在动力机制

在西方的国家—社会二元关系视角下，社会与国家处于相互制衡的状态，这种视角对于分析中国的政府—社区关系有一定的借鉴，但是总是有种对接不到位的遗憾感，实际上中国的国家—社会关系更像是一种一方嵌入另一方的嵌套关系，在结构上表现出"同构化"的趋势，因此，相互之间的"推—拉"比之"抗—衡"能更确当地表达政府与社区的关系。但是，中国政府在社区发展中的实践角色又部分地受到西方理论的影响，因此，就建构出一套对社区组织"推—拉"加"防范"的行为规则，这些规则使政府与社区居民的关系发生了变化，从而使"政府—社区组织—居民"之间建立起一种新的"三方关系"。从这种新的"三方关系"出发，借助资源流动的向量，能够更加系统地探视社区内部治理结构波动的动因。

三 不足之处

资源是一个内涵十分丰富的概念，一切进入人类社会领域的存在皆可被称为资源，而资源的数量也不是可以简单地用某个类似货币的工具就可以直接衡量的。这对于以资源为视角切入社会调查带来了极大的困难，也使课题的相关研究带有明显的不足之处。

（一）课题对各类社区不同资源的输入量没有一般化的、具体的数据进行权威性说明

课题虽然对各类社区中因为拆迁带来的房屋补偿、换新的政策及其执行情况进行了说明，也有相关的访谈记录作为证明，但是从整体上看，由于缺乏每个社区资源输入量的整体描述而不能从根本意义上说明各个社区在资源投入量上到底有多大的差异，从而使这种差异造成的影响在说服力

上有所降低。

（二）在社区组织结构形态与三方推拉关系上缺乏更加深入的描述和分析

虽然课题研究对三种社区类型的组织结构形态进行了说明，但是由于各类社区内部亦存在一定程度的差异，组织间的对比数据只能从总体上进行说明，而对于部分社区的"特殊情况"缺少了更加深入的分析，从而使三方推拉关系的描述更多地倾向于类型的差异性，而没有对类型内部的差异展开深入的分析。

（三）对于"集中农转居"社区的合理治理方式缺乏深入系统的总结

课题研究在三类社区的对比中展现出了各自的发展优势，亦表明了各类社区在治理上存在的不足之处，总体上看，课题调查的部分数据已经可以对社区治理效果与治理方式之间的关联性进行解释，但并未对"集中农转居"社区合理的治理方式展开系统的研究。

"集中农转居"社区治理在自然环境、资源配置及治理的历史影响等方面存在较大的区域差异，在课题组调查的过程中，更多的是在考察这些差异，并试图解释这些差异的成因，而在一定程度上忽视可能存在的一般性规律。如果将来仍有机会对"集中农转居"社区进行研究，或可对这些规律性的存在进行再次考查。

第二章 中国社区治理的历史
演化及内在逻辑

当下，社区这一概念对于理论界与实践界皆是相当熟悉的存在，在社会学、人类学、公共管理学甚至政治学等学科中已然积累了大量的社区研究成果。但是在不同的学科中对社区的底层认知却是不同的。

社区真正为中国各职业与阶层的人所认知还是民政部在全国范围大力推动社区服务与社区建设的结果。也正因为这一政府推动的形式，使社区"莫名"地承担了多重内涵和解读。甚至许多资深的学者也在行文之间认为"社区"是行政性的存在。因此，笔者认为有必要厘定"社区"与中国历史传统的关系，而不是简单地阐释这一自 20 世纪初叶才引入中国的"学术概念"。

第一节 社区在中国历史传统中的
存在方式

一 作为基层治理单位的社区：兼论滕尼斯的共同体理论

由于社会学研究的社会指向性，许多的专业术语与生活用语发生了表达方式上的重叠，社区概念就是其中之一。但是与许多其他的专门概念一样，随着社区概念的日渐生活化，学术上的使用也出现了被生活场景异化的倾向。近年来，作为日常生活用语的"社区"与理论研究的"社区"有日渐融合的趋势：在政府的大力推动下，社区与居民的生活发生高度关联，学界对政府推动下的社区建设亦投入了大量的精力，这种融合一方面是实践界渴望理论界对其经验进行总结的表现，另一方面也是理论界对这一独特的社会变迁形态抱持着高度兴趣的结果。双重诱因的结合促成了

"社区"概念使用的内在矛盾:社区的学术本意被生活化的社区概念异化,社区在不同的学科视野中开始表达完全不同的指向。在欧美国家,社区(Community)概念的使用相对随意,甚至没有具体的地域限定条件,表达了更多的"情感归属性"特点,这一特点也是学术界对"社区"进行理论演绎的起点,在社会学理论中,谈及社区时更多的是从文化与情感认同的角度对其进行理论归纳的。在中国,社区的"区"字已经限定了其基层的空间定位,在具体使用上又因为政府的推动,彰显出更多的行政性,近年来,又因为其首先被政府应用于城市基层治理,而带有了明显的城市元素。从这个意义上讲,我们的"社区"与其始发地的"Gemeinschaft""Community"等词已经发生了明显的异化。

但是在社区治理的基本定位上,作为政府与市场治理之外的第三域的重要组成部分,社区彰显出其突出的治理价值。在高度政府化的社区发展道路上,社区的本初价值就会受到约束,为此,笔者试图从社区最为原初的理论梳理入手,探讨所谓的社区治理是一种什么形态的治理结构。

最初对社区概念进行界定,并对社区治理的内部结构进行梳理的是法国社会学家费迪南·滕尼斯,只是他的表达方式在当下更多地被翻译成为共同体(如无其他说明,本书中的共同体与社区的概念是通用的)。滕尼斯在其《共同体与社会》一书中对共同体的界定是,一切亲密的、秘密的、单纯的共同生活,是一种持久的和真正的共同生活,而社会只是一种暂时的表面的共同生活。共同体理论的出发点是人的意志的完善的统一体,是一种原始的或者天然的状态,其形成和消失的倾向和必然性是不能通过机械的手段来理解的。[①] 正是基于这种界定,滕尼斯认为,共同体内部最基础的三种关系是母子关系、夫妻关系和兄弟姐妹关系,这三种关系之外又生发出其他各类共生关系。其中父亲与子女的关系是最重要的方面,而父亲与子女的关系也更容易被人感到一种统治的权力和暴力,因此,父亲的地位最纯粹地阐明在共同体意义上的统治的理念:统治并不意味着使用和支配以利于主子,而是意味着作为完成生养任务的教育与教导,传授大量的亲身生活经验,这种传授只能随着孩子的长大逐步得到回

---

① [德]费迪南·滕尼斯:《共同体与社会:纯粹社会学的基本概念》,林荣远译,商务印书馆1999年版,第52—58页。

应，并建立一种真正的互动关系。同时，兄弟姐妹之间也因为智识与能力的差异而产生出领导与服从的关系。由此，在血缘关系内部就产生了强者对弱者的保护与弱者对强者的敬畏。①

滕尼斯将共同体分为三类，分别是血缘共同体、地缘共同体和精神共同体，三者之中，精神共同体是真正的最高形式的人的共同体，每一种共同体都有自己的文化或精神连接纽带，血缘共同体依靠记忆和共同的祖先崇拜维系共同的生活，地缘共同体主要依靠聚会的习俗和神鬼崇拜加以维系，而精神共同体则通过相对容易的经常的联合来联结和维系，如共同的神灵崇拜等。②

同时滕尼斯也将权威分为三类，年龄的权威、强大的权威和智慧或精神的权威。年龄权威主要用来衡量类似于司法审判性的工作的公正属性，它源于家族父亲的地位；强大的权威则突出表现在斗争中，通过勇气和勇敢经受考验，常常表现为族长或公爵的威严；而智慧的权威则主要表现为神或者神职人员的权威。但权威的分布并不对应三种共同体类型，在某一共同体内部可能存在三种权威，如血缘共同体中父亲的威严。而一切权威作为特殊的和增多的自由和荣誉，必然是由共同体的普遍的和相同的意志范围所派生的，与之相对立的是服务作为一种特殊的和减少的自由和荣誉……任何一种权威都可视为一种服务，任何一种服务也可以视为一种权威。因此，由于增加的或减少的义务和优选权，在共同体内部存在和产生着现实的不平等。然而，不平等只能增加到一定的界限，因为超过这个界限，共同体作为差异的统一体的本质就被取消了。③ 因此，在滕尼斯看来，共同体并不是同质性的存在，其内部的层级差异和不平等是共同体存在的重要基础之一，抹杀这种不平等就是在消灭共同体内部的分工体系，从而使共同体趋于灭亡。但是，共同体要凝聚在一起，也不能存在过大的差异性，特别是个体自由和能力的差异不能过大，过大也会使个体脱离共同体

---

① ［德］费迪南·滕尼斯：《共同体与社会：纯粹社会学的基本概念》，林荣远译，商务印书馆1999年版，第63—64页。

② ［德］费迪南·滕尼斯：《共同体与社会：纯粹社会学的基本概念》，林荣远译，商务印书馆1999年版，第64页。

③ ［德］费迪南·滕尼斯：《共同体与社会：纯粹社会学的基本概念》，林荣远译，商务印书馆1999年版，第69—71页。

的约束。

但是真正把共同体凝聚在一起的并不是权威，而是“默认一致”或“和睦”的存在，如果说权威是共同体的实体性结构，那么“默认一致”或“和睦”的信念则是其文化或精神的结构，这种文化可以说就是共同体的法，而这种法不是人为的以不自然的手段达成的，而是共同体成员之间相互参与对方的生活，同甘共苦的结果。也正是因为如此，默认一致的法往往是无法道明、无穷无尽的。① 但是“默认一致”与“和睦”更多的是微观层面的维系，它们包含于一种更为普遍的共同意向中，这种共同的意向就是共同的风俗和信仰，享有共同的风俗和信仰的一族人民基于土地等财产而形成不同的复合体。而这些作为复合体的共同体的生活则是占有、保护和捍卫他们的共同财产，因此在滕尼斯看来，被视为共同体占有和享受的最有明确界限的形态是村庄和城市。②

可见，在滕尼斯的理想模型中，共同体是一种有机存在的社会治理结构，这种社会治理结构是以自然而生的家庭为最初的生发地，而后生发出各种权威形态和协作结构，当然也生发出了共同体在应对各种外内困难时的共同知识——默认一致、习俗和信仰，这些知识最终表现为法的形态，但是法并不是仅仅依靠精神的维系和知识的解释，法是力量和权威的表现，其边界就是共同体意志的边界，可见法是为共同体所有成员所接纳并依靠其言论和行动加以维持的。但是作为一般意义的共同体并没有边界上的独特限制，虽然乡村是其最为经典的表现形式，但是大片的农业地区、行政区等皆可称之为共同体，只要它的存在符合上述关于共同体的描述。

在滕尼斯生活的时代，德国正处于城市化快速发展的时期，社会变迁的速度之快超越了历史上任何一个时代。市场力量的推进不仅促进了国家制度的巨大变迁，也使微观层面的个人能量及选择空间发生了巨大的变化。前工业化时代社会财富的生产和积累是无法与工业化时代相提并论的，而资本的怪兽一旦唤醒就对社会的每一个细节进行无情的改造，这一改造创生出了更多的流动性和开放性，也创生出了人们对未知世界的无限

①　［德］费迪南·滕尼斯：《共同体与社会：纯粹社会学的基本概念》，林荣远译，商务印书馆1999年版，第73—74页。

②　［德］费迪南·滕尼斯：《共同体与社会：纯粹社会学的基本概念》，林荣远译，商务印书馆1999年版，第75—84页。

渴望。正是因为如此，在滕尼斯的笔下，共同体被社会化，温情不再的遗憾令人满目凄凉，生出一种共同体已一去不复存的悲伤感，更有后续的美国的社区消亡论，使得学界对传统社区的当代发展充满了疑问。

虽然滕尼斯所言的共同体的理想类型在很大的程度上是对应于传统社会的历史形态的，但是其内在治理结构却具有更多的一般性，笔者认为，这些结构并没有随着历史形态的终结而终结。更何况对于中国这样拥有连贯的4000余年历史与文化传统的国度而言，在相当长的一段时间内，传统要素及其在基层治理中的沉淀对于当下基层治理的影响仍然是明显的。

在我们对滕尼斯共同体理论的梳理中，并没有强烈的违和感，相反，社区内部的非同质性，社区权威的义务与优先权的同一性，社区内部法的存在及其价值对于了解中国古代社会的基层治理亦有一定的助益，甚至可以说中国古代基层社会比滕尼斯笔下的共同体更有开放性的特点，但是从结构与整体性质看仍然具有广泛的共同性。

从基层治理的角度而言，言传身教的社区价值传导方式的确在微观层面上更能影响个体内在价值观的形成，并对未来社会制度的可执行性产生现实的影响。社区的社会维续功能是一种更加偏重于非正式制度约束的存在，其权威亦不明显具有社会精英的突出性，但是其热心公益的存在却是现实而具体的，社区所治理的不是宏观结构的走向，而是微观制度的具体可执行性，也正是这种具体可执行性使行动者在可观察的社会互动中习得了社会人的角色，并为其加入更加复杂的社会团体准备了行为习惯的基础。

二　社区在中国历史传统中以何种形态存在

语言会在无形中重塑人们的认知，在特殊情况下甚至会产生明显的误读。"社区"这一中译外来词也是如此，在更乡土的文字与生活认知中，传统中文话语中是没有"社区"二字的。甚至在很多基层工作者心里，我们的社区治理也好似是从20世纪末才开始的一般。可见，社区的"要义"及其实质，还是需要一再说明的。

历史学与社会学在某种程度上的分立，使社会学的社区研究者将更多的视野投向了海外和20世纪末以来的社区发展。这样的初始定位导致了两个结果：其一，对政府推动的社区建设与社区发展盲目地进行观察，或者一味强调其创新性，或者对其引导过度产生过度批评；其二，没有独立的适应历史与国情的理论构建，过度依赖国外的理论创建和研究方法，感觉不适的同时又无法解释其中的缘由。

不管是共同体还是社区，只是表达方式上或者是翻译者理解上的差异造成的，在具体边界及内涵上并不需要纠结太多。

从社区是建立于血缘共同体基础之上继而发展出地缘共同体和精神共同体的滕尼斯式社区进化逻辑看，中国传统社会的自然村庄、市镇皆是属于共同体的范畴。但是在我们的传统话语中并没有把这个范畴称为"社区"或者"共同体"，而是有我们的语言表达方式，那就是"家园"。

"家园"表达的不仅仅是"家"带来的归属感、安全感和基本的生活扶持和互助，还有"园"所带来的人与自然的和谐共处。所以，我们的"家园"表达了更为切近民族文化的共同体概念。同时当我们说起"家园"的时候，这一概念也是没有固定的行政层级边界的，这一点与滕尼斯，甚至西方大多数的学者在讲到社区时是一样的。但是"家园"概念迄今也仅仅是一个文艺性比较强的词语，而不是一个专有的学术概念。作为一个学术概念需要有其特殊的内涵、外延，甚至阐释概念的过程就是一个建构新的学术视角的过程。与其如此，还不如在借用已知的熟悉概念的基础上，因地制宜地进行本土化的解释。因此，本书并不打算重新解释"家园"，而只是想说，我们的"家园"就是"社区"，在概念的本质上是基本吻合的。

因此，在传统中国，社区也是一直都在的，这种存在的形式恰如滕尼斯所言——血缘的关系是最基础的，而且这种基础性不仅表现在血缘本身的亲密性上，还表现其他关系也在努力建构一种"拟血缘"的关系上，这种拟血缘的关系不仅在横向的地理空间上扩张，还在纵向的政治关系上扩展，所谓"君君臣臣、父父子子"也是在建构一种"拟血缘"的关系。这种拟血缘的关系甚至远远超过了所谓的"政治联姻"所带来的影响。就中国的历史实践而言，政治联姻在区域之间政治联盟关系中所起到的作用，远没有政治关系中的"拟血缘"建构更具普遍意义。

因此，社区在中国传统社会中的存在不仅是基层性的，从国家层面讲也是行得通的。中华民族作为一个古老的族群也是一个广义的共同体。这一共同体不仅有其共同的信仰体系还有其内在的、建立于血缘及拟血缘基础之上的权威机制和"普天之下莫非王土"的经济基础。如此，传统的中国具有作为最广义的国家共同体的基础，或者说是大共同体的基础。

金观涛、刘青峰在其对中国封建社会的一体化结构研究中提及"中文中的国家包含着国和家，它是地域、民族与家庭组织的总和……在儒家的国家学说中，把宗法制家庭与封建国家高度的协调起来了……在外国历史上，宗法组织和国家组织一般来说是互相对立的……但是在宗法氏族与国家关系上，中国是个例外……实际上，中国封建大国内部宗法组织这一中间层次的强大和国家组织不但不矛盾，反而彼此互相结合起来，孔子学说中的仁是最高的道德原则，它是联系宗法组织和国家组织的桥梁，并进一步把这种宗法组织的道德要素很方便的推广到社会组织中去……这样，宗法关系不仅是维系某一血缘集团的组织力量，而且不再是自闭的了，它被推广成为一种社会组织的原则"。[1]

但是从共同体的典型呈现形式看，村庄依然是其最为典型的表现，即小共同体。中国长期处于农业社会，且实行"重农抑商"的基本国策，农业社会的特征得到进一步的彰显。

受历史资料记载的限制，加之古代社会的绵长及地理空间的广博，历史文献对中国小共同体的存在方式缺乏清晰的描述，甚至在传统的小共同体是否就是血缘宗族共同体的问题上学界也有争议，秦晖在其《传统十论》一书中，通过对20世纪末在长沙发现并公布的部分走马楼吴简的赋税、户籍类简牍信息进行研究发现，"这1532户户主属于113个姓氏。从聚落的角度看这些人户呈现出极端的多姓杂居状态，其杂居的程度已经达到显得不自然的程度"。[2] 从具体数据看"吴简显示的每丘（每个自然村落）现存规模平均为10.36户，平均有姓5.73个，平均户/姓比例仅1.8"。[3] 因此，秦晖认为，在宗族组织的存在上，这个比例与清末民初华北地区宗族活动十分微弱的村庄相比还显微弱，甚至可以说基本没有宗族的活动，如果连魏晋这一传统上认为宗族活动最为活跃的时期，乡村治理仍不能建立于血缘宗族之上，那么自清以来的血缘宗族自治何以能被称为传统？

---

① 金观涛、刘青峰：《兴盛与危机：论中国社会超稳定结构》，法律出版社2010年版，第50—51页。

② 秦晖：《传统十论》，复旦大学出版社2003年版，第6页。

③ 秦晖：《传统十论》，复旦大学出版社2003年版，第22页。

　　这里引发的一个思考是，共同体作为一个理想类型的描述，其对应现实时是否也有一个逐步发展而不均衡的过程。所谓逐步发展就是不管是大共同体还是小共同体都有一个逐步形成以致成熟的过程，但是，即便如此，也不是在同一个大共同体内部所有的小共同体都是同步发展的，尤其是在像中国这样幅员辽阔的国度更是如此。近年来，贺雪峰对南北中国农村治理差异的研究也在阐释这样一种类似的观点。

　　现有文献对中国传统社会基层特别是士绅参与基层治理的状态，基本是对明清以来甚至主要是对清末以来基层社会治理的研究，此前基层治理的形态并未掺入引人注目的所谓"非国家"的力量。从理论发展的基本背景看，国内外学界对中国基层治理的关注也多隐含着西方的"国家—社会"二元分析结构，这种结构分析法在中国明清历史上找到了一个具体的落脚点，那就是士绅以及宗族参与地方治理的具体实践。从这个意义上，中国明清以来在基层社会治理上，的确是出现了相对成熟的社区单元，这一单元在县政府以下，而不仅仅以自然村为边界。

　　至此，笔者偶发感想，共同体或者我们今天习惯说的社区，在历史上也不是纯粹的社会概念，社会的发展比国家的发展更加需要复杂多维条件的支持。所谓的自治的社区也不是一个与社会群体同步产生的社会现象，特别是成熟的社区更是如此。即便是我们现代所谓的滕尼斯意义上的传统社会的共同体也是一个成熟的社会单元，这个单元的结构并不简单，虽然相对于当下的社会而言，传统的相对封闭的社区略显简单，但是从人类社会发展的角度而言，成熟社区的结构已经非常复杂了。

　　另外，人类尚未摆脱生存的困境却已出现集权国家之时，国家从社会汲取资源的能力一旦超出了相对危险的界限，小共同体的发展就会受到明显的负面影响。已有研究指出，即便是到了明清时期，经济较为困难的家庭更容易分家析产，大家族和中等家族反而更加稳定。所以，越是经济发展不足的时候，地方小共同体发展的空间就越小，而战乱和经济的衰败期更无法促进小共同体的发展。

　　所以，中国传统社会成熟的小共同体的发展并不存在于整个前现代社会的所有时期，更不存在于所有的国土之上，甚至可以说，村庄社区的共同体存在也是一种优良社会治理的结果，并不是所有人都能享有的。

第二节　1949 年前中国基层社会的治理方式

　　历史不仅是人们对曾经发生的事件的梳理和追溯，更是人类群落在时空网络中为自身重新定位的过程，它的作用恰似独立的个体确认自身在社会网络中的具体位置一般，理清了方能更加清晰自身行动的规则及原因。了解历史，我们就会更加理解为什么一些设计精良的新制度在乡村社会毫无生命力，而一些旧的、一度被废止的"腐朽"习惯却可以在稍有松动的政治环境下立刻焕发生机。[①]

　　传统中国是一个内涵非常丰富的词语，要对其进行解释实非易事，而中国的乡土社会更是在费孝通先生的理论阐释中为学界所熟知。在有关乡土的基层治理视角中，最为人熟识的还是"士绅"主导的乡土治理结构。但"士绅"却不是一个完整贯穿中国古代史的社会阶层。因此，传统中国的乡土社会治理也就不能等同于"士绅治理"。

一　明清以前中国基层社会的治理简况

　　中国古代史如此悠长而曲折波诡，对于研究基层社会治理的文献则少之又少，有关治理的记叙多侧重于国家层面的理论阐释，而由于朝代的更替，地方政府的文字记录也多被付之一炬。另外，鉴于本研究的主题局限也无法对明清之前的历史文献作出更加细致的梳理，因此，仅对其进行简单的梳理，以说明中国古代基层治理的历史延续。

　　据已有的考古发现，在新石器时代，中国以父系为基本制度的群体治理模式已经开始呈现出某些共同体的属性，这些属性一方面表现在血缘的紧密连接性上，另一方面也表现在血缘团体之间的阶层差异上。从南北方多处新时期时代的墓葬结构及其陪葬品来看，氏族社会的内部已经明显具有了权威氏族或权威组织的原初形态，在不可见的历史空间中，也存在着宗族早期的精神连接纽带——图腾崇拜。

　　夏、商、周三代仍然是具有明显的宗族组织性质的国家形态，商是中

---

　　① 徐祖澜：《绅权与国家权力关系研究：从明清到民初》，社会科学文献出版社 2017 年版，第 18 页。

国有文字记载历史的开始，从后代整理的文字记录看，商代社会的基层实体被称为"邑"，其"邑人"尽管保留着族氏结构和族居形式，但其作为土地的有机附属物，往往又是一种阶级组织，族氏内部由"族"与"氏"两方面人组成，前者由父系血缘及姻缘关系组成，而后者则为姓族所统治的或有亲缘或无亲缘的人组成，因此，"邑"并非单纯亲缘组织。在"邑"中，被后世疑为其宗族领袖的"邑子"皆受制于商王，揭示了当时奴隶制王权凌驾于氏族组织的复杂关系。"邑"的阶级组织与宗教组织是一体的，精神纽带与信仰关系已经发生了明显的转化，祖宗崇拜与神灵崇拜并存。[①] 这种关系在周以后得到进一步的发展。

有周时期，后世延续发展的另一种基层治理组织是"乡里"。说"乡里"是基层治理组织是毋庸置疑的，但是说"乡里"是社会自治组织则需要斟酌。西周的乡里制度与后世的乡里制度有较大差异，是一个明显的行政单位，其乡长是明确的国家官员，其品级是居于州之上的官僚等级，所以，其所为的相保、相受、相葬、相救、相宾等职能完全是一种政府职能。至春秋时，乡里组织才被置于县以下，而此时，西周以来的贵族宗法制正在走向末路，据《管子·小匡第二十》记载："五家为轨，轨有长；十轨为里，里有司；四里为连，连有长；十连为乡，乡有良人。"此时的乡级官吏有乡正、乡长等称呼。[②] 但是乡里组织并不是一个后世的区域单位，据上述记载是指对家户的管理组织，即对人口进行管理的组织，是国家对人口进行控制从而抽取税金的中间机构，规划型色彩十分明显，其"政府派出机构"的性质是毋庸置疑的。另外，这种五五相连，或是五十相连的结构正是政府规划基层控制的基本手段，但是具体执行及落实情况却不得而知，毕竟在春秋战国之时，人与自然的关系还远未达到后世的程度，散居的民众居住密度较低，且战乱频繁，要建成如此的乡里制度并实行有很大的困难。

但是周并非没有其"公民社会组织"存在，这个存在就是其"国人"，"西周的社会基层组织是氏族，'国人'是周族本部落的普通氏族成员……享有独立的经济地位……在政治上有发言权，可以反对天子，甚至流放天

---

① 宋镇豪：《商代邑制所反映的社会性质》，《中国史研究》1991 年第 1 期。
② 赵秀玲：《中国乡里制度》，社会科学文献出版社 1998 年版，第 4—5 页。

子……但是到春秋时代，国人的血缘共同体概念就逐步转化为地缘概念了……到战国时期，氏族组织彻底瓦解，私有制牢固确立，'国人'从法律上成为国家的编户齐民"。① 由此，也产生了从贵族中分离出来的"士"的阶层，这些人在后来的春秋战国时期，"积极参与政事、国事，形成了新的官僚阶层"。②

需要明确的一点是，在三代结束之时，即便是氏族组织已经走入了历史的尘埃之中，血缘宗族组织却依然是富有生命力的存在，并持续地在中国古代社会的家国治理中发挥着基础性作用，而宗族的奠基性制度建构是在周代逐步完善的，周所完成的另一项与社会国家治理有重大关系的就是将"德"作为政治思想的中轴加以发挥。在分封制下，周的王权与父权是紧密结合在一起的，而孝便是维护血缘关系和血缘政治的最重要的一项伦理观念和政治观念。③

在三代时期，国家与社会处于强融合状态，生产力的发展还没有达到少数人可以通过血缘聚居的方式建立稳定的社会经营单位的程度，在奴隶制占主体的国家制度之下，"剩余聚落组织"较少，村民处于半农奴的状态，④ 聚落内部价值纽带的建构也还远未达到自觉的系统状态，而主要依靠血缘的原始纽带和神灵、祖宗崇拜维系，这种状态的达成还需要国家力量的强大，以及国家价值体系的逐步渗透。而这个渗透则是经过春秋战国而入秦汉以后的事情。

据《史记·陈涉世家》载陈涉入陈县数日后，即"号令召三老、豪杰与皆来会计事"，可知秦的县或乡是有三老一职的，并且也是当时社会管理的重要力量，甚至在许多方面比基层政府的号召力还要大。汉高祖之后，文、景二帝理政期间，进一步强化了社会管理权限下放的思路，强化了周代建立的有关"礼"的制度，并将黄老思想渗透到基层"三老"制度中，使其成为地方自治的重要环节。⑤ 但是从《汉书·高帝纪》的相关论

————————

① 张兢兢：《从"国人"身份地位的变化略窥周代社会形态的演变》，《湖北经济学院学报》（人文社会科学版）2015 年第 5 期。

② 浦伟忠：《论〈春秋谷梁传〉所反映的社会和国家政治制度》，《孔子研究》1995 年第 4 期。

③ 刘泽华：《天人合一与王权主义》，《天津社会科学版》1996 年第 4 期。

④ 刘泽华：《天人合一与王权主义》，《天津社会科学版》1996 年第 4 期。

⑤ 牛迎宾：《汉代的基层社会管理影响及其制度特点分析》，《兰台世界》2014 年第 4 期。

述看，"三老"与乡里，有司等皆是在政府主持下产生的，并不是社会自我选择的结果，也可以说那时的社会组织本身就具有国家—社会统合性的特点。

汉代对后世社会治理产生重要影响的制度建构是其"礼法相融的社会控制与社会整合"模式，汉代国家统治者在法律运作过程中，充分考虑到了民间社会所固有的礼制秩序以及这种秩序中所蕴含的伦理道德观念，从而使汉代法律表现出明显的立法结合的倾向。① 这种以礼为主，以刑为辅的制度倾向性为基层社会治理中的"非正式制度"的执行准备了强大的"正式制度"依仗，使个体更加强烈地依附于基层社会伦理组织之中，从而保障了基层组织制度运行的稳定。

在汉朝相对稳定的政治环境下，华夏人口增长迅速，经济与社会的发展亦平稳推进，这种状态不仅为社会文化体系的底层渗透创造了条件，也为人才的多维渗透创造了条件，国家人才使用的"儒家化"及入仕途径的狭窄，使许多有志之士向下渗透到社会基层，成为著名的"隐士"或向"娱乐""宗教""技术"领域渗透，人才的多元化发展也为社会自我治理准备了良好的基础。这种人才渗透也恰是基层治理组织体系、价值体系得以完善的基本条件。"这些受到儒家教育的士人在乡土社会治理中扮演了重要角色，一方面他们身体力行，为社会道德风尚的普遍改善起到了重要作用，另一方面，这些怀有兼济天下儒家思想的士人也是社会自治的重要力量，他们制定乡规民约，兴办社会救济，兴修水利，形成自我治理的良性机制。"②

但是汉兴以来也形成了另一个重要的社会阶层——士族。这一阶层在魏晋之后则通过扶持各种地方割据势力而发展为影响南北朝以至隋唐时期的重要政治力量，把持地方乡村社会的发展。由于战乱的频繁，人口锐减的同时，生态环境亦多不利于独立的乡村家户的存在与发展，农民多依附于士族大家，据《通典·乡党》记载："五十、三十家方为一户，谓之荫附。"《晋书·慕容德载记》亦云："百姓……迭相荫冒，或百室合户，或千丁共籍。"强宗大族雄踞乡间，地方官员不得不与之妥协，甚至依靠他们，否则无法实施对地方的统治。③ 但士族的突出之处并不在其经济实力

---

① 汪荣、荣霞：《汉代礼法相融模式的社会控制与社会整合窥探》，《社科纵横》2013年第9期。
② 李德嘉：《汉代循吏在乡土社会中的德教实践》，《人民法治》2018年第14期。
③ 韩昇：《南北朝隋唐士族向城市的迁徙与社会变迁》，《历史研究》2003年第4期。

的强悍，而在其文化与礼仪的系统和深入，因此，宗族聚居而成的遍地的坞壁即是一个个大小不一的基层社区单位。

但是，到隋唐时候，特别是到唐朝，国家力量的再次强大，使统一的市场与城市的发展对深居乡里的士族文人形成了强烈的吸引力，从而再次建立起出仕为官的基本通道，虽然这次通道的打开方式已经与两汉及南北朝时期有了明显的差异，但是其改变的速度却没有后世想象的那么快速。毕竟科举制的初步建构，使基层社会的文化精英与国家机构之间建立起明确的制度化的关系，也使基层治理与国家治理之间逐步演化为一体同构的形式，并为宋以后更为规范化的官僚政治的发展及士绅阶层的壮大准备了历史条件。

自中唐以来，古代中国的商品经济发展就在孕育一个新的社会阶层——"富民"，这一社会阶层不同于历史上的"士族"，他们多是商品经济发展的产物，是"资本运作"在中国社会发展中的一次规模较大的集体呈现。至宋元之后，这一阶层逐步发展为一个分布广泛、沉潜于乡村社会的普通士人群体。"富民"群体以科举入仕及政治联姻的方式追求其政治地位和社会身份，进而导致其"士绅化"，但毕竟宋代选官"员多阙少"，能够依靠科举晋升官宦的人比较少。[1] 成为高官的希望渺茫，但成为地方领袖的可能却是有的，由于大量士人的加入，强化了地方势力，提升了地方势力的知识层次。[2]

经唐末、五代的混战，基层社会组织已经残破不全，至两宋时期，基层组织再次得到重建。北宋时期社会经济的繁荣从张择端的《清明上河图》已可见一斑，加之宋重文轻武的基本政策导向，宋朝科举制度比之唐朝更加完善，儒家思想的社会影响力和"儒士"的社会领导能力进一步提升，为后世所熟知的《大学》中的"修身、齐家、治国、平天下"也是在宋代得到名士的推崇而逐步成为教育士人的重要纲目，并促成了"宗族"在宋朝的"复古式重建"。在儒家士子中建立了"我统管了全家也算是对社会做了贡献"的满足感。[3] 如此，科举与宗族在宋完成了其制度上的联合，科举促进了宗族的团结，并使宗族治理与地方公益事业的发展建立起

---

① 林文勋、薛政超：《富民与宋元社会的新发展》，《思想战线》2017 年第 6 期。

② 王瑞来：《士人流向与社会转型》，《上海师范大学学报》（哲学社会科学版）2014 年第 3 期。

③ ［日］小岛毅：《中国思想与宗教的奔流：宋朝》，何晓毅译，广西师范大学出版社 2014 年版，第 416 页。

关联，而宗族则为科举准备了后续源源不断的人力储备和资源支持，进而建立起地方治理的自治性力量。

北宋基层社会治理另一重要的发展就是保甲法的推行，虽然保伍、结甲的举措其实有着相当深厚的历史传统，但到北宋，特别是王安石变法时期，保甲制度的发展特别引人注目。据《宋会要》记载，"诸村疃五家相比为一小保，选保内有心力者一人为保长；五保为一大保、通选保内物力高者一人为大保长；十大保为一都保，通选都保内有行止财勇物力最高者二人为都副保正；余及三保者，亦置大保长一人；及五大保者，置都保正一人。若不及，即小保附大保，大保附都保"。[①] 可见保甲与汉唐乡里皆是政府规划的"派出机构"，"保甲"的基本职责仍然是治安、收税两大项外加敛放青苗，是政府从社会底层汲取资源的重要组织依托。这份政府委派的职能与其说是权力，不如说是"义务"。因此，这些组织与村民的关系更多是行政关系而不是有机的社会关系。而更加传统的乡里、管者等逐步演化为承担乡村管理职能的组织。

元朝在相当长的一段时间内都中断了科举考试，但是在两宋建立起来的"儒学学校"及"明学"却在继续培养致力于"修身、齐家、治国、平天下"的富有家国情怀的士人，加上元朝空前的海外贸易，更是促进了基层社会财富的进一步增加和基层治理能力的提升。

可见，在明清以前，中国基层社会的控制力量主要分为两部分，其一是国家的有组织、有系统的"乡里""保甲"等组织，其二则是村落聚居性血缘组织，但是后者的系统性和独立性与后世所谓的自治发展还有明显的不同。甚至有部分学者认为，直到两汉结束，是否存在城以外的"村庄"都有待考据。魏晋南北朝以后，"村"的概念才常见于历史记载之中，那一时代的共同体主要表现为"士族"统御下的"坞壁"，这时的坞壁与其说是"社会组织"，还不如说是地方政治组织更为恰当。至于散落于城与"坞壁"外的"丘""聚"等则具有散落的农户的意思。经过隋唐特别是宋的科举制的发展，国家官僚政治与基层社会的宗族血缘组织通过"科举""学校"制度建构起联动关系，"士绅"阶层逐步发展起来。从而建立起所谓的国家与社会之间的"中间阶层"。

---

① 傅俊：《南宋的村落世界》，博士学位论文，浙江大学，第 154 页。

二　明清时期中国乡土社区治理的双轨制建构：士绅阶层的崛起

明清以前，中国社会的基层治理有相当一段时间是处于国家社会融合发展阶段的，即国家或类国家的组织与社会不分彼此的一体化发展。在人类还没有强大的控制外部自然的能力时，抱团式的发展不仅推动了原始防卫系统——城市的建设，也推动了原始组织系统——国家的发展。当个体或小团体的人类征服自然、协调自身发展的能力超过国家防卫系统的发展速度时，国家内部的社会力量就会努力突破国家的樊篱，建立多元化的权威机制。当然这个过程远比我们今天所描述的要复杂、曲折得多。

到明清时期，国家政策的变动、经济的发展、知识的积累皆为士绅阶层的崛起创造了条件。

（一）士绅阶层崛起的政治、经济、社会条件

明清时期是中国传统意义上的封建国家逐步走入衰退的时期，这种衰退一方面与当时世界经济的发展及国内人口、经济发展总量的提升有密切的关系，另一方面也与中国历史传统所形成的文化结构逐步进入稳步发展期，国家政策的逐步内转有关。

英国经济学家安格斯·麦迪森的研究提出，在长达五百余年的明清两朝是一个长期停滞的时期，人均 GDP 增长率为零。[①] 但是这一研究成果并不能表明中国整体经济的停滞，明清两代，中国人口规模的增长远远超过前代的发展水平，特别是随着国际贸易的发展，产量极大的一些农作物如玉米、土豆等相继传入中国，粮食问题得到极大程度的解决，人口问题就不再是约束社会发展的重要因素，据著名历史学家清华大学教授秦晖 2019 年 8 月 12 日在《南方周末》的文章，在清之前中国人口最高峰也不曾突破 1 亿大关，而到清乾隆中叶以后，人口数量突破 3 亿，人口总量的急剧扩大使统治者失去了从外掠夺土地和人口的"刚性需求"，而专注于"内部的发掘"。同时，明代一个非常重要的技术变革就是家庭经济的发展、铸币量的增加以及农业社会经济竞争的加剧，[②] 吴晓波在其《历代经济变

---

① ［英］安格斯·麦迪森：《中国经济的长期表现（公元960—2030 年）》，伍晓鹰、马德斌译，上海人民出版社 2008 年版，第 19—37 页。

② ［美］孔飞力：《中华帝国晚期的叛乱及其敌人：1796—1864 年的军事化与社会结构》，谢亮生、杨品泉、谢恩炜译，中国社会科学出版社 1990 年版，第 6 页。

革得失》一书中亦曾对中国“男耕女织”传统乡村社会形成的历史条件做
过归纳，他认为自宋以来，“水稻革命”等农业技术的进步为人口增加创
造了条件，也使统治者更热心于“稳定的从农业中获得岁入”，而不是对
外征战，而明初朱元璋发起的“棉花革命”则使南朝引进的棉花和元初黄
道婆改进的纺织技术相结合，为农村家庭的闲置时间找到了出路，[①] 据吴
承明的研究，明清两代，中国农村家庭每年生产的棉布约 6 亿匹，总量是
英国工业革命早期的 6 倍，[②] 而这些布匹有 50% 以上是在市场上出售的，
如此，农业的发展与家庭作坊式生产的建构使乡村的社会结构发生明显的
变化，从而使“封闭的小农社会”在国家导向和乡村内部结构转型上最终
达成一致。

农业的发展与家庭经济的扩张，在农村地区逐步发展出数量众多的市
镇，这些市镇把原来大城市中的生产性资源吸引到了基层，使大城市的发
展日渐止步，也使基层社会，特别是以农业为核心的农村社会成为“超稳
定”的社会形态。到明清时期，中国的城市化率出现了明显的衰退迹象，
据赵冈的研究，中国城市化率的最高点出现在南宋，之后就一直掉头向
下，到 19 世纪中叶达到最低点。[③] 如此，城市与乡村的分离就更加明显，
城市成为权贵政治的重心，而不再是经济的重心，而农村则为民间力量所
掌控。[④] 这种掌控就为民间各类力量的发展准备了空间，其中宗族与士绅
治理最为引人注目。

但是从宗族与士绅在明清时代的发展看，特别是从士绅阶层的发展
看，士绅在明清时期的日趋壮大，与科举制的发展有明显的关系。虽然科
举是自隋唐时代开始的，但是受到各种力量及时代发展的局限，直到宋朝
才逐步完善，并突破南北朝隋唐以来的“士族”主导甚至垄断的地位。到
明清时期，国家对科举的重视与相关制度的建设更是进入稳定发展期，正
如王先明所言，“科举制度不仅扩展了社会流动范围，而且加快了社会流
动的频率，由此而获取‘功名’的‘士’的人数迅速增长；同时由于官僚
职数的限额只能保证具有较高功名的士子进入仕途，使得大多数只能获得

---

① 吴晓波：《历代经济变革得失》，浙江大学出版社 2013 年版，第 140 页。
② 吴承明：《论清代前期我国国内市场》，《历史研究》1983 年第 1 期。
③ 赵冈：《中国城市发展史论集》，新星出版社 2006 年版，第 84 页。
④ 吴晓波：《历代经济变革得失》，浙江大学出版社 2013 年版，第 145 页。

较低功名的士子居处乡间，沉淀为乡村社会的领袖人物，构成中国封建社会士绅的主要来源"。① 到清后期，随着国家面临的各种外来势力影响的增加，清政府还通过各种手段增加地方"生员"的数量，使科举产生的"低级士绅"的数量大幅提升。

另外，士绅在基层作用空间的扩大也与清末内外交困的形势紧密相关。太平天国之后，所有省份的生员数都是增加的。清政府增加地方生员数量的政策是在面临国内外重重压力之下展开的，是其力图使用传统的社会治理力量加强基层社会控制的目的使然，但是到道光年间，基层社会的"富余"人员已经开始在"士""商"之间发生了明显的人口结构转移，读书人走"科举"的数量已经出现衰减的趋势。

但是，从表2－1中也可以看出，即便是生员数量及比重有了增加，其在总人口中所占的比例仍然是很低的。在4亿多人口中只占到0.24%，合91.06万人。

表2－1　　　　清末太平天国前后各省生员在人口中的比例

	太平天国运动前			太平天国运动后		
	生员数（人）	人口数（千人）	占比（%）	生员数（人）	人口数（千人）	占比（%）
八旗	3219			4325		
奉天	2091			4832		
直隶	83925	36900	0.23	86182	17900	0.46
江苏	41362	29600	0.14	53754	21300	0.25
安徽	38029	36600	0.10	48756	20600	0.24
浙江	53100	30400	0.17	65974	11700	0.56
江西	39830	26500	0.15	62197	24500	0.27
福建	35017	25800	0.14	47380	23500	0.20
河南	48111	29100	0.17	56382	22100	0.25
山东	53990	36200	0.15	58565	36500	0.16
山西	45316	10300	0.44	48694	10800	0.45
湖北	32067	28600	0.11	46997	33600	0.14
湖南	35659	20000	0.18	50329	21000	0.24

---

① 王先明：《近代绅士：一个封建阶层的历史命运》，天津人民出版社1997年版，第23页。

续表

	太平天国运动前			太平天国运动后		
	生员数（人）	人口数（千人）	占比（%）	生员数（人）	人口数（千人）	占比（%）
陕西 甘肃	55015	29800	0.19	63646	8700	0.73
四川	40296	22300	0.19	58762	71100	0.08
广东	39116	21100	0.19	53309	29700	0.18
广西	30059	8100	0.37	34063	5100	0.67
云南	39083	6200	0.63	40882	11700	0.35
贵州	22213	4800	0.47	22817	7700	0.35
商籍	1701			2751		
总计	739199	402300	0.18	910597	377500	0.24

资料来源：王士达《近代中国的人口估计》（下），《社会科学杂志》第 2 卷，第 58—65 页（原引文未标明时间），转引自王先明《近代绅士：一个封建阶层的历史命运》，天津人民出版社 1997 年版，第 110 页。

可见，即便是国家在社会治理力量明显不足的时候，封建王朝的权力集中依然对社会力量的分权保持着高度的警惕。但是这种警惕并不能从根本上阻止士绅阶层的全面崛起，清末的地方自治改革及"现代化"的其他措施，给予了地方士绅更多的参与机会，而把基层治理的诸多事务延揽于士绅之首。

（二）双轨制基层治理的基本结构

自有文字记载的历史以来，在很长一段时间里，中国基层治理秩序的建构都没有脱离地方及基层社会与国家的分立，直到有宋以来，这种情况才有明显的改变，而至明清两代，特别是康熙后期，随着国家政策的变化，基层社会的扁平化，不仅使地方豪强的政治势力逐步上收，也使基层社会的自我治理能力逐步分散到更加基层的村落社区。这一方面加剧了国家与基层的"油水分离"，另一方面也为基层社会的自我治理能力的系统化创造了条件。

"双轨政治"是费孝通先生在其《乡土重建》一文中提出的重要概念。费老认为，"能持久的政治必须是上通下达，来往自如的双轨形式"，而中国传统专制政治中的第一轨就是"政治哲学里的无为主义"之下的权威下达，这种行政管理的下达只到县一级，究其原因在于"在乡土性的地方自足的经济时代，这超于地方性的权力没有积极加以动用的需要"，这也就是所谓的"皇权不下县"。在"皇权不下县"的下行机制下，"县政府的命令是发到地方的自治单位的，在乡村里被称为公家那一类的组织"，费老将这类组织"称为自治单位是因为这是一地方社区里人民因为公共的需要而自动组织成的团体。公共的需要是指水利、自卫、调解、互助、娱乐、宗教等。这些是地方的公务，在中国传统里是非政府事务，而由人民自理"。在自上而下的命令"不敢保证一定是人民乐于或有力接受"时，"地方的管事用他绅士的地位去和地方官以私人的关系"进行沟通协商。如果协商"达不成协议，地方的管事由自己或委托亲戚朋友，再往上行动，到地方官上司那里去打交涉，协议达成了，命令自动修改……而这些管事的人就是中国社会的绅士，他们有社会身份，可以出入衙门"。①

赵晓峰对这一结构进行了模型化建构②，具体如下：

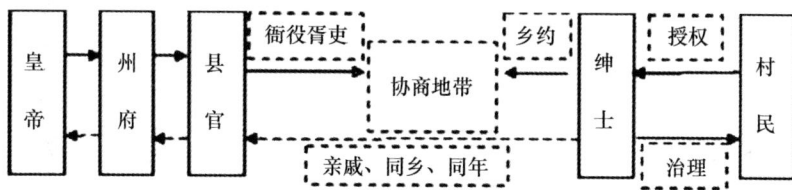

图 2 - 1　"双轨政治"运行的结构模型

在这一结构中可以看到，在普通民众与官府之间有士绅作为中间地带，但是士绅向上的意愿通道并不是"显性"的，而是隐性的，也就是在皇权之下，以皇帝为核心的中央权力是明面上的国家治理轨道，而自下而上的沟通协商则是"暗流"，虽然也会发挥作用，但是并不是社会与国家沟通的日常性的治理规则，可以说只是在"上下意思不一致"时才发挥沟通的作用。

（三）士绅在基层社会治理中的角色与作用空间

1. 士绅的界定

对于士绅或绅士的社会范围，学界有不同的界定，较早系统研究士绅

---

① 费孝通：《费孝通文集》（第四卷），群言出版社 1999 年版，第 334—340 页。

② 赵晓峰：《"双轨政治"重构与农村基层行政改革——激活基层行政研究的社会学传统》，《北京社会科学》2016 年第 1 期。

问题的张仲礼先生将士绅界定为"通过取得功名、学品、学衔和官职而获得绅士地位的人"，[①] 王先明、瞿同祖和孔飞力皆认同这种看法，即不管是通过何种途径获得功名的人都可以称之为士绅，士绅是一种政治身份，而不是依据财产的多少而界定的，即便是富有的地主，没有功名也不能称之为士绅，所不同的是，孔飞力更多地使用了"名流"的概念，偶尔使用"士绅"代表"名流"。而费孝通先生对士绅的界定则较为宽泛，他认为"绅士可能是退休官员或者官员的亲属，或者是受过简单教育的地主"[②]。

虽然上述界定有一定的范围差异，但是在士绅参与地方治理的路径上并未因为上述差异而产生明显的差别，在此，笔者认为以功名为判定标准较为客观。

2. 士绅的构成

士绅是一个社会阶层，但不是一个职业集团。从纵向上看，张仲礼将士绅划分为上层士绅和下层士绅，其具体情况如表2-2[③]所示。

表2-2　　　　　　　　　　士绅集团划分简表

	正途	异途
上层士绅	官吏	官吏
	进士	
	举人	
	贡生	
下层士绅	生员	监生
		例贡生

相比下层士绅，上层士绅有资格担任官职，而下层士绅要当官则必须要捐纳，或者通过更高级别的考试，而且上层士绅比下层士绅享有更多的特权，一般来说也在行使各种社会职责时居于下层士绅之上[④]。而瞿同祖

---

① 张仲礼：《中国绅士——关于其在19世纪中国社会中作用的研究》，李荣昌译，上海社会科学院出版社1991年版，第1页。

② 费孝通：《中国绅士》，惠海鸣译，中国社会科学出版社2006年版，第9页。

③ 张仲礼：《中国绅士——关于其在19世纪中国社会中作用的研究》，李荣昌译，上海社会科学院出版社1991年版，第6页。

④ 张仲礼：《中国绅士——关于其在19世纪中国社会中作用的研究》，李荣昌译，上海社会科学院出版社1991年版，第6—7页。

则认为，张仲礼的划分存在忽视传统"绅""士"差异的问题，而将士绅阶层划分为"官绅"和"学绅"，所谓"官绅"是指士绅中的第一集团——政府官员，而"学绅"则指士绅中的第二集团——获得功名而无官职的人。①而孔飞力则将"名流"分为三个层级，其划分的标准是"名流"的影响范围，如果"其影响超越了他们出身的地区、其社会关系达到国家政治生活顶层的那一部分人，我称之为'全国性名流'。'省区名流'和前一部分人有密切联系，但其势力和影响限制在较窄的范围内。相比之下，'地方名流'缺乏前两部分人的社会特权和有力的社会关系，但仍然可以在乡村和集镇的社会中行使不可忽视的权力……（因此）生员和监生显然是被排除在全国性和省区名流——'大绅'——之外的"。按照孔飞力的解释，"名流之所以能够操纵中国的政治生活，是由于他们的双重身份：作为社会领导阶层和作为国家管理集团"。②

从横向上看，王先明认为，士绅大致可以包含以下几类：考取生员以上科举功名者，由于捐纳而获得身份者，乡居退职官员，具有军功的退职人员，具有武科功名出身者。到清末，王朝出于政治和经济的需要为"庶民"开辟了更多的通往"士绅"集团的路径，但是其基本的构成仍是上述五种。③

3. 士绅在基层治理中的作用空间

"个人可以超越自我，却无法从根本上超越社会。不仅每一个人的苦苦追求和艰难选择的最初动因来源于社会，而且每个人最终择定的地位、角色乃至人生命运的归宿，都由社会所约定。"④

在封建等级社会中，"绅士为四民之首，为乡民所仰望"。⑤ 之所以能有如此地位，与士绅在明清时期的政治、法律、经济地位有一定的关系。但是士绅并不是一个独立的个人，而是生长于传统社会的家族之中的。如此就不得不再次阐明一下士绅个体与家族的关系。

---

① 瞿同祖：《清代地方政府》，范忠信等译，法律出版社 2003 年版，第 290—291 页。
② ［美］孔飞力：《中华帝国晚期的叛乱及其敌人：1796—1864 年的军事化与社会结构》，谢亮生、杨品泉、谢恩炜译，中国社会科学出版社 1990 年版，第 4—5 页。
③ 王先明：《近代绅士：一个封建阶层的历史命运》，天津人民出版社 1997 年版，第 8—11 页。
④ 王先明：《近代绅士：一个封建阶层的历史命运》，天津人民出版社 1997 年版，第 33 页。
⑤ （清）徐世昌：《将吏法言》（卷五），1919 年，第 8 页。

费孝通先生在其《乡土中国》中提到，"中国的家是一个事业组织，家的大小是依着事业的大小而决定的……（而）一切事业都不能脱离效率的考虑。求效率就得讲纪律；纪律排斥私情的宽容"。而传统社会所谓的效率，肯定不能与现代意义上的"工作效率"等同。考虑到中国封建社会的评价机制，笔者窃以为这里的效率可以宽泛地理解为"家庭效益"，即是否有利于家庭政治社会身份的提升，是否有利于家庭整体财富的增加，是否有利于家庭整体规模的发展等等。

也正是因为如此，有学者的研究指出，中国的所谓家族的庞大，更多是针对那些"大家族"或者正处于上升阶段中的"中上"家族而言的，而对于贫困的小家庭而言，分家析产是常见的现象。①

据张仲礼的解释，"在家族或宗族祭祖典礼中，具有身份的士绅及其家族成员被特别推崇为领袖人物，有些族规则明确规定，每年一度的各种祭礼必须由绅士身份者主持"②。这种约定与上述费孝通先生所言的家族的事业性有关。王先明曾经将士绅的实质性特权归纳如下：首先，在经济特权方面，士绅享有赋税和徭役的优免权和法外特权，这一特权不仅及于士绅本人，还可泽其家庭成员；其次，在法律方面，士绅享有特别保障权，士绅犯罪，一般不会上刑，对绅士的处罚，必须按照严格的特定程序，否则地方官很可能会因为其擅权而受到弹劾；最后，在政治上，士绅能应试为官，最接近权力的顶点——皇帝。③ 正是因为士绅拥有如此多的特权，使其在政治与社会影响力上明显区别于一般的庶民，其中包括那些拥有庞大地产的地主，正是因为这些特权的存在，作为"事业单位"的家族，才会出于各种"效率"的目的积极推动家族的"士绅化"：建立学校，发展教育，推进公益事业的进步，为本家族的"初级功名者"提供更多的财力支持，以获得为整个士绅阶层所重视的社会声誉和连绵不断的接近权力最高层的机会。

如此，在传统治理领域的两个重要的主题，绅士与宗族的关系也日渐

---

① ［美］莫里斯·弗里德曼：《中国东南的宗族组织》，刘晓春译，上海人民出版社 2000 年版，第 35—37 页。

② 张仲礼：《中国绅士——关于其在 19 世纪中国社会中作用的研究》，李荣昌译，上海社会科学院出版社 1991 年版，第 31 页。

③ 王先明：《近代绅士：一个封建阶层的历史命运》，天津人民出版社 1997 年版，第 44—50 页。

清晰起来：越是接近近代，宗族与士绅的连接就越是紧密，这一点在基层社会治理上的表现更为明显。宗族以德、爵、功作为从祀标准，把有功名的读书人，有官品的族人以及对宗族有贡献的生员，生前作为宗祠的主人，生后作为崇祀的对象。正如冯桂芬所言，"族正以贵贵为主，先进士、次举贡生监，贵同则长长，长同则序齿"。可以说，宗族是以士绅为首的组织。这种状态对于稳固基层社会的秩序，形成社区内部相对完整的治理体系有积极的促进价值。

但是，士绅的社会角色并不限于发展家族的力量，甚至可以说，发展家族只是其社会角色的一小部分。作为一个社会阶层，士绅的社会职务并不单一，或者说他们并不是一个职业群体。所做的工作也是千差万别。这就使士绅阶层的社会公共角色呈现出多元化的特点。

王先明将士绅的社会职责分为三项：第一为地方学务，包括设馆授徒，修建社学、义学，维修官学校舍、贡院等；第二是地方公产，经济事业，包括育婴堂、粥厂、义仓、社仓等，这些事务原是政府的"分内之事"，但后来也皆由地方士绅负责；第三是地方公务，主要是水利设施、桥梁工程等，在执行中往往需要地方士绅承担主要的协调工作。[①] 这些社会职责主要是从地方治理的角度而言，笔者认为，从社区治理的角度而言，士绅的公共职责还包括以下几点。

第一，道德教化的职责。在传统社会的治理结构之下，国家的治理能力不仅与国家治理体系的建设有关，还与社会本身的发展状态有关，两者互为因果，所以在社会力量异常孱弱之时，国家无力也无法汲取更多的社会资源，而被迫采取休养生息的"黄老之道"，一旦社会恢复元气并获得初步发展，国家向社会汲取更多资源的机器就会开动起来。自宋以后，国家力量直接接触社会的能力大大提高了，但是国家机器能够供养的官僚集团的人口仍然非常有限，至清时，国家士绅阶层占到总人口的比重也未超过5%，在大多数时候，国家官僚的人口都在总人口的2%左右，国家的组织能力也因为社会本身的分工化还未到十分精细化的程度而不能深入基层。在这种情况下，即便是国家"以德治天下""奉行儒家思想"也只能

---

① 王先明：《近代绅士：一个封建阶层的历史命运》，天津人民出版社1997年版，第53—55页。

靠接受了"儒家"思想教化的士绅来实施"教化"功能。费孝通先生认为，乡土社会的长老统治靠的就是教化的权力①，而据瞿同祖的考证，清代地方教化的重要机构——义学、社学——也往往是由士绅筹款所建，而朝廷推行的"乡约"宣讲活动也是由乡绅或官学生作为主讲人向地方居民进行道德教育的②。由于士绅与宗族在明清时期的高度融合，以宗族为主的家庭组织在日常教化中也较多应用了"儒家"的教化体系，这套道德教化体系在日常实践中主要表现在"未任官"的士绅对乡民的说教上。清康熙年间的"十六条圣谕"以"重人伦""重农桑""端士习""厚风俗"为宗旨，成为农耕时代透着浓郁东方伦理道德色彩的行为规范，而反复向乡民宣讲这一规范的是士绅。③

第二，司法协调与民情上达。封建社会秩序的稳定，一定程度上依赖于中央与地方（具体表现为官、绅、民三者关系）的均衡态势，而士绅则居于官、民之间。由于士绅阶层并不以财产多少为身份标志，所以获得士绅身份的人或贫或富，在谋生手段上差异较大，这使部分"士绅"人员演化为"职业讼师"，当然也有士绅承担"法律咨询"的社会功能，据梁治平考证，"大抵恪尽职守的地方官，辄自觉主张了解地方土俗人情的重要"。清代著名幕僚汪辉祖建议，新官初到任要"体问风俗"，如此理事方可"情法兼到"。④ 遇有诉讼，则大量采用了"庭外解决"的方式加以处理。据黄宗智《非正式调解与正式裁判之间：清代民事法律制度的第三领域》的论证，"在清代，提交官断的纠纷有相当数量是在诉状呈交之后和庭审判决之前了结，其方式是通过正式司法制度与非正式司法制度的互动"。⑤ 在这个过程中，县官的意见是依循朝廷法律，而民间调解则是息事宁人，这一点在费孝通先生的《乡土中国》一书中也有论述。

而士绅在乡土社区治理中最为特殊的职能在于其向上的沟通能力，即"民情上达"的能力。在识字率极低的时代，"识文断字"是有身份的象

---

① 费孝通：《乡土中国与生育制度》，北京大学出版社1998年版，第64—68页。
② 瞿同祖：《清代地方政府》，范忠信等译，法律出版社2003年版，第272—274页。
③ 王先明：《近代绅士：一个封建阶层的历史命运》，天津人民出版社1997年版，第70—71页。
④ 梁治平：《清代习惯法》，广西师范大学出版社2015年版，第132—133页。
⑤ 梁治平：《清代习惯法》，广西师范大学出版社2015年版，第10—11页。

征，更被乡民认为是"沟通上下"的渠道。士绅阶层并不是封建社会金字塔形社会阶层中一个横向的截面，而是金字塔结构中一个上下连接的网络。这里有一个要害的问题是，士绅与正式权力的关系上，这类关系存在于与科举相关的三个集团之中：（1）老师（"座师""房师"）——决定应试者通过考试的主考者；（2）学生（"门生"）——考试及第从而被视为主考者的学生者；（3）同科及第者（"同年"）——在同一年通过科举考试者。这个网络建立起的不仅仅是"学缘"的关系还是"官绅""学绅"以及退休在家的解职人员之间的"权力网络"。虽然作为"学绅"的乡间士绅从个体来说没有多大权力，但是他们搭建起的"网络体系"却可以通过师生关系直达上层。① 正是因为士绅阶层网络化结构的存在，使其能够在"双轨政治"中承担重要的连接性功能，使基层社会与上层政治之间发生关联。

第三，内部治安与社区防御。从历史看，以宗族为核心承担的社会防御功能在南北朝时期的坞壁是最为典型的，至明清以后，从国内大环境看，国家的统一取代了长时期的分裂也使国家有时间将权力逐步由地方上收中央。明初和清初中央政府皆有压制士绅参与地方公共事务的"官方文件"出台。但是社会发展的现实最终还是没有将士绅阶层从地方治理中挤压出来。

士绅参与地方防务的重要形式就是"团练"。"从公元 6 世纪实行府兵制以后，官方组织的乡勇就存在了。至少从 16 世纪早期开始，每当正规的防卫失败时，地方士绅就会训练自己的非官方的民团。事实上，当发生社会危机时，士绅们的民团几乎就是保卫地方的正规形式。"②

清末，随着帝国主义国家侵略的加剧、国家力量的衰落、地方武装力量的发展更加凸显，团练的规模远远超过单一的地方自治单位而发展为规模宏大的地方武装，甚至成为镇压各类农民起义的地方力量。但是团练要真正组织起来，地方士绅的作用是不可忽视的，小到三元里事件，大到曾国藩湘军皆是地方团练受士绅影响的表现。

虽然士绅参与地方公共事务的治理，但是在制度化体系上并未形成一

---

① 瞿同祖：《清代地方政府》，范忠信等译，法律出版社 2003 年版，第 299—300 页。
② ［美］魏斐德：《大门口的陌生人：1839—1861 年间华南的社会动乱》，王小荷译，新星出版社 2017 年版，第 20 页。

个通用的模式和规范，他们的参与往往是自身各类利益与公益适度结合的结果。因此，瞿同祖提出，"在通常情况下，士绅、农民都是希望社会稳定有序的，但是安定有序的社会对士绅显得更加重要，因为他们的安全和特权全有赖于此……只有在不损害自身利益的情况下，士绅才会考虑社区的共同利益"①。也正是因为如此，美国社会学学家明恩溥才会在其《中国的乡村生活中》描画出中国乡村社会公共基础设施建设严重落后于社会发展需要的景象，指出乡村公共空间建设明显不足的问题。

三 民国时期基层治理的基本结构

民国时期基层社会治理的基本结构显然是延续了清末的基本治理框架，甚至有学者指出，民国之初的法律体系建构也大幅承接了清末的法律体系。而民国时期的地方自治，也是在很大程度上继续了清末的改革走势。

与前代相比，民国时期社会治理的典型特点就是"传统士绅"阶层的逐步消亡及社会军事化的发展。1905 年科举制的废止，彻底断绝了"传统士绅"的后续发展之路，而辛亥革命的"成功"，则彻底改变了国家的"政治结构"。但是相比于清朝末年，民国时期的"国家政权建设"却更加深入，其典型的表现形式就是国家对地方资源的汲取力显著的提高，据徐羽冰的一项考证，清光绪二十八年，清朝最好的稻田每亩赋税约 0.4元，其后逐步增加，到 1928 年时，每亩稻田赋税已是 3.0 元，增加率为750%。②虽然这一时期国家权力是明显的"扩张"了，但是正如众多历史著作描述的那般，民国时期乃是国家权威失坠，政治体制全面土崩瓦解的时代，国家扩展的过程是通过掮客化（或者是杜赞奇所说的经纪人）的手段进行的。正是因为社会的极端不稳定，社会军事化的日渐强化，民国时期的基层社会治理已经在极大程度上发生了明显不同以往的变化：一方面，国家政权建设在不断地强化其组织结构；另一方面，基层的资源在不断被各种势力汲取，但是这些被汲取的资源却并没有真正收归中央，并促进国家与社会发展的稳定。杜赞奇将其称为"国家政权的内卷化"。与

---

① 瞿同祖：《清代地方政府》，范忠信等译，法律出版社 2003 年版，第 307 页。
② 徐羽冰：《中国田赋之一考察》，《东方杂志》1934 年第 31 卷 10 号，第 56 页。

"国家政权的内卷化"相伴生的则是"土豪劣绅"的逐步走强和"保护型经济"逐步被"掠夺性经济"取代的基层治理现实。

民国时期，基层治理出现了两种制度发展的新现象：一个是保甲制的再次重建及其与村行政组织的联合；一个是国民教育体系的发展。保甲制作为一种古老的基层社会控制制度，并不是民国的制度创新，但是在民国时期重新启动保甲制度显然是一种不同以往的制度安排。这种不同以往主要是因为制度发生的环境发生了明显的变化，以往的保甲主要发挥治安功能，间或有收税功能，但是这些功能的承担者往往不是传统的士绅，士绅的身份明显不属于社会底层的制度预设，使保长、总保长的任职主要发生在其他政治阶层的人身上，其得到的社会尊重程度是很低的，其身份特征类似于政府的衙役。但是到清末之时，政府明显感觉到依靠这些没有社会认可度的底层人员来从事政府"派出机构"的职责不利于国家基层职能的发挥，当然主要是税收和防御，因此，在清末就有大量的士绅被动地承担政府"基层派出机构"——里甲类组织的职责。而到民国时期，这种趋势更加明显，关键的问题在于政府控制的需要大大增强了，政府汲取资源的需求大大超过基层供给能力之后，必须动用武力，甚至要在大大突破"道德底线"的情况下肆意剥夺基层的生存基础，这时，"良绅"在基层的生存空间就被无限压榨了，只剩下"土豪"在基层"肆虐"。

但是这些被重新武装起来的"保甲"与"士绅"的联合已经与以往不同，以往的士绅是与国家政权发生着内在的制度联系，而现在的"士绅"却已经没有科举制作为依托，这意味着他们既没有"上边的人"作为连接而形成一个社会网络体系，也无须在乎"社会清誉"的评价机制了，只剩下行政力量的局部联系以及基层财富的形式不一的累积，传统与近现代的分离在基层治理力量上表现得淋漓尽致。1939年《浙江潮》发表文章认为，保甲"第一，它是少数人统治的工具，完全是自上而下的管制系统；第二，它是封建残余的渣滓，保甲长大多数为乡村中的土劣所把持，作为他们鱼肉乡民并图私利的工具；第三，它仅仅是自上而下的推行政令而连政令也不会都能推行的机构"。[1] 可见，此时的保甲组织与士绅的联合更加

---

① 肖如平等：《民国时期的保甲与乡村社会治理——以浙江龙泉县为中心的分析》，社会科学文献出版社2017年版，第134页。

推动了地方的"顽固势力"的发展，已成为不在实际意义上保护地方的"势力集团"。

这些"势力集团"一方面通过"形式上代理"国家政权而获得村正、村副的村行政权力，把持村级财政，另一方面又受到国家力量的辖制而不能不被迫为国家输血。虽然民国时期，国家在基层的行政力量并不能等同于后世的国家官僚，但是行政的力量毕竟不是单纯的命令，背后的军事力量的强化对社会形成的震慑作用才是国家的本质所在。如此一来，村正、村副就成为只有村庄的富有家庭可以承担的职责。而承担这种职责，往往意味着在必要时候要以私家财产支持国家税收的完成。①

如果说村正、村副及交叉的保甲制度是民国时期村治的基本框架，那么跨越村庄边界的宗教性组织、河湖管理组织则是网络型的组织。从职责上看，村正一般是几个自然村形成的行政村的会首（青苗会会长），而村副则往往是小的自然村的首事人，他们承担着看护青苗、调节争端、救济贫民等的基层公共职责。可以认为，在乡村政治中，保护人仍在发挥作用，但是，随着国家政权的深入，精英们的影响力已大不如从前。② 同时，随着城市资本的发展，农村的大量土地也流入了城居地主的手中，这些城居地主更加不为村民着想，并进一步瓦解了村庄精英的威信。

第三节 1949 年以来中国社区治理的发展

中华人民共和国的成立是迄今为止中华民族历史上最为重要的事件之一，也是近代以来最重要的事件。其所改变的不仅仅是国家的政治结构，更从微观上重新塑造了处于社会各个角落的每一个人的生活世界。

从字面上看，1949 年以后，中国社区治理的官方历程是从城市社区的建设与发展开始的。1986 年民政部提出社区服务概念，首次提出在城市开展社区服务的要求，并在上海、北京等地开展社区服务试点，明确了社区服务的目标和基本任务，这些目标主要是针对社会保障体系和社会化服务

---

① ［美］杜赞奇：《文化、权力与国家：1900—1942 年的华北农村》，王福明译，江苏人民出版社 2003 年版，第 130—131 页。

② ［美］杜赞奇：《文化、权力与国家：1900—1942 年的华北农村》，王福明译，江苏人民出版社 2003 年版，第 137 页。

的。但是从社区的本质含义来讲，中华人民共和国成立之后的许多基层工作都是在推动社区实践的发展。这些实践也是从城市与乡村两个维度铺开的。

一　中国城市社区的建设与发展

从滕尼斯的理论结构看，现代城市的社会团结方式与社区是不相容的，因此，城市里的社区往往存在要素不完整的问题。但是，这种理论预设是建立在城市高度异质化及市场要素高度流动的背景之下的，在欧美国家现代化发展的过程中，其虽然有逐步走强的趋势，但是从文化及制度约束上看，其始终未能达到完全控制社会的程度。在国家与社会之间存在明显的市场要素流动的空间，因此，伴随着个体独立能力的增强，城市中的社区内聚性就出现了明显的弱化趋势，从而使城市表现出弱社区色彩。

但是中国的情形有明显的不同之处。中华人民共和国成立之时，社会力量的发展明显屡弱，而市场的力量更是不能与其他发达资本主义国家相比。能够完成社会整合的除了各级政府以外，没有其他的力量可以依傍，加上当时的国际环境及国人对社会主义认识的影响，城市中的社区建设虽然没有出现"社区"二字，却是在实质上建立起了众多的"封闭型社区实体"。居民委员会、工矿企业、事业单位等都是中国城市型社区发展的具体类型。

1. 单位型社区的发展

对工矿企业、事业单位、地方政府等具有明显向心型特征的组织而言，中华人民共和国成立之初到20世纪80年代末近40年时间里，居委会在城市社会治理中的地位不是基础框架型的，甚至可以说它完全是一种"边缘型"的组织，具有"剩余性"的特点。国家对居委会的定位也是临时性的，在国家建设的最初制度构想中，等全体城市居民被完全纳入国家、集体性组织之后，城市中将没有"剩余"人口，也就不再需要居委会了。居委会只是国家力量还没有把所有城市人员"管理起来"之时，动员、组织边缘人口的组织。也正是这种定位，使居委会从一开始就是一个"筐"，单位制下其他组织不要的职能才会装入这个"筐"里。所以这一段时期，城市中的基层社区形态的具体表现方式就成了——单位。

正如李路路、李汉林等所言，"中国社会中人们习以为常的'单位组织'，对于个人来说不仅仅是一个'工作场所'，对于社会来说也不仅仅是一个普通的从事职业性活动的社会组织，而是中国社会结构一个基本组成部分……（从宏观上说）单位组织是国家分配社会资源和实现社会控制的形式……（从微观上说）单位组织并非是特定制度下的一个社会结构原子，而是具有丰富特征和复杂关系的网络及行动场所。"[①] 也正是在上述意义上，单位组织构成了当代中国城市社区的基本结构。

当下，在社会管理体制改革的流行话语体系中，有"单位制向社区制"转型一说，从更准确的意向上看，这种说法只是从政府管理社会的方式而言的，从语言使用的场景看，这是一种"实践话语"而非"学术话语"。从学术话语的"社区"界定看，中国的"单位组织"在具体制度运行上倒更像是一种职业化的社区，虽然这一职业化的社区往往带有明显的地域特色，但是联系社区的纽带是职业性的，只是附带着某些地域特色，就像血缘型社区也往往带有地缘特色一样。

吕斌、何重达曾对单位制的社会功能进行归纳，他们认为，单位制发挥的社会功能主要包括社会控制和资源分配，提供福利保障，解决城市就业问题，塑造了城市社区的基本结构。对于为什么单位具有重塑城市社区的功能，吕斌的解释是，首先，单位制下的居民对单位具有强烈的社区归属感，这种归属感的形成一方面是单位为个人提供了生产生活发展的必需品，一方面则是单位对个人价值体系的培养；其次，单位内部的人口同质性较高，关系亲密；再次，单位制下公共生活空间的建构，主要是单位为职工学校、医院以及其他公共基础设施等，这些皆促进了单位的社区化。[②]

这种解释思路是比较符合滕尼斯关于共同体的基本概念分析的，单位制下的组织虽然没有经典的血缘型社区的天然团结纽带，但是组织在国家价值导向下对职工的人生观、价值观的形成发挥了无与伦比的作用，职工对单位的归属甚至在某些方面远远超过对家庭的归属，这让人想起费孝通先生所说的中国的家庭是一个事业单位的说法，作为一项事业，单位似乎比家庭更能让人发现自己的价值所在，因此，也在价值归属上更能调动部

---

① 李路路、李汉林：《中国的单位组织：资源、权力与交换》，浙江人民出版社 2000 年版，第 1 页。

② 吕斌、何重达：《中国单位制度社会功能的变迁》，《城市问题》2007 年第 11 期。

分人的归属感，而单位的资源又是如此的多元，既可以解决经济基础的问题，也有促进共同体发展的公共空间，这一点似乎是传统的社区组织所不能比拟的。如此，单位社区的结构性就比较明显了。

同时，单位社区并不是一个封闭的社会单元，只是其输入与输出的方式受到了国家的高度控制，是被国家"计划"编入国家现代化发展的"控制性详细规划"的。因此，这种输入和输出往往不以单位内部的个体意愿和规划为发展指引，相反，个体的规划和发展必须依托于单位。如此，就在单位内部形成了过密的资源竞争态势。但是这种资源竞争态势并不是市场性的。

魏昂德在其《共产主义的新传统主义：中国工业中的工作环境和权力结构》一书中对中国国有企业的权力关系进行研究，虽然该研究并未明确标明是对中国"单位制"的研究，但是因为他深入中国基层单位的现实而对基层单位组织的权力结构和制度安排进行了系统的理论分析而产生了广泛的影响，魏昂德认为，在共产主义社会的工厂并不是资本主义意义上的经济企业，其雇用也不是一种单纯的市场关系，工业组织还承担着一系列的政治与社会功能，而组织内部存在的庇护—依附关系、有原则的任人唯亲也与"现代"这一概念所表达的"独立、契约、平等"等一系列概念明显不同。[1]

有原则的任人唯亲、庇护—依附关系的分析视角极容易让人想起费孝通先生关于乡土中国的部分描述，可见中国城市单位社区的乡土性并未随着机器的飞速运转而被传送到历史的故纸堆里，而是更换了一种形式存活了下来。但是这种存活下来的乡土味道，并不是原来的乡土结合方式，田毅鹏认为，社会动员力乃是城市单位制的核心功能，在城市企业内部，以中国共产党党员为核心的权力体系是社会动员的核心所在，这种动员不仅创造了更为丰富的物质财富，还在更为深远的政治意义上将农村革命根据地和苏联的社会动员模式移植到了城市社会中，弱化了国人传统的"涣散"毛病，培养了民众的集体谨慎，从而强化了职工的主人翁精神，调动起了"自下而上"的革命力量。[2] 应该说，单位制作为一种结合了政治与

①　转引自李路路、王修晓、苗大雷《"新传统主义"及其后——"单位制"的视角与分析》，《吉林大学社会科学学报》2009 年第 6 期。

②　田毅鹏：《"典型单位制"的起源和形成》，《吉林大学社会科学学报》2007 年第 4 期。

经济要素的工业、事业整合机制，在现代化的分工体系中确实发挥了改造社会行为惯习的作用，使现代社会的规范性个体发展空间和理性思维能力获得了极大的发展。但是由于单位承担了过多的社会福利与社会整合功能，从而使其追求专业化发展效率的目标受到了冲击。这也是中国自改革开放以来，国家对单位制进行改革的重要原因之一。在现代化面前，在以市场为核心要素的资源配置方式面前，单位制的分工体系过于初级了，虽然相比中国自南宋以来的民间商业发展来说，单位制企业已经在大工业发展的道路上走出了更远的历程，但是就其发展的市场化程度而言，单位制的改革也是历史的必然选择。

单位制是单位社区发展的典型表现，其运行的制度初衷虽然是现代社会生产效率的提升与社会公益事业的发展，但是从文化传统上看，中国传统的家族制度以及相应的家族文化，家国一体的意识形态等皆对现代单位组织的形成和发展产生着潜移默化的影响，这一点从单位的大包大揽、功能多元等现象中皆能看到传统大家族的影子，同时，从单位成员对单位的高度依赖也可以看到传统家族成员对家族全面依赖的影子。[①] 时至今日，城市中的单位组织仍然俯拾皆是，事业单位、政府机关、国有集体企业是单位制鼎盛时期最典型的表现形式，但是这些组织正在褪去其"单位社区"的政治—社会角色，逐步演化为专业化的公益或私益性组织。

2. 开放型社区的发展

城市中的开放型社区是市场经济发展、单位制改革的社会结果之一，开放型社区的组织承担者不再是政府、企业组织或事业单位而是原来的"居委会""街道"。社区在空间形态上发生了明显的变化，原来的单位不是一个与地方政府呈现纵向关系的行政单位，而现代的"居委会""街道"组织却同时是一个地域性行政单位。这一改革，既不同于历史上中国基层社会治理形式上以人口为主的管理模式，也不同于中华人民共和国成立后以组织的边界为计量单位的管理模式。开放社区在地理上固化的同时，在人口上却不是封闭的。从某种意义上看，城市里的"社区建设"在发展一种新的社会整合方式。

相对于单位社区，开放型的居委会社区在制度上更多继承了居委会原

---

① 李汉林：《中国单位现象与城市社区的整合机制》，《社会学研究》1993 年第 5 期。

来的"剩余性"社区组织的特点。在单位制改革中，居委会的社区化转型是从承接单位外放的职能开始的，这一点从《中华人民共和国居民委员会组织法》中可见一斑，原来单位承担的党的组织建设、社会弱势群体照顾、社会成员再组织的问题等都由社区来承担。如此，在社区制建设之初，社区的"行政性"迅速提高。作为自治性组织，居民委员会的法律定位与发展中的"行政性"倾向是存在明显矛盾的。这种矛盾在各地的社区建设实践中日渐发展出不同的解决方案。于是出现了以自治为基本导向的"江汉模式"，以强政府下的强行政性取向为代表的上海模式，以自治与政府力量协同的"沈阳模式"，有居社分离的深圳"盐田模式"等。但是在"盐田模式"之后，关于地方社区管理体制改革的建设逐步平息下来，关于社区是自治性的平台还是行政性的触角的讨论也日渐平淡。

除上海以外，武汉江汉区社区管理体制改革、沈阳市沈河区社区管理体制改革、深圳市盐田区社区管理体制改革的基本理论预设都是将社区定位在"自治"空间上。最为突出是的是深圳的盐田模式，盐田模式试图在剥离社区原有的集体产业、剥离政府下放的行政工作的基础上，给社区以自由的发展空间，使其发展为真正的"自治团体"。

"沈阳模式"是较早出现的社区改革模式之一，其发源地是沈阳市沈河区。1999 年上半年，沈河区以居住地为特征，以居民认同感为纽带，以便于社区居民自我教育、自我服务、自我管理、自我约束为标准，将全区396 个居民委员会调整为 164 个居民委员会辖区共同体（即社区），平均每个辖区共同体拥有居民 1200 多户。此次调整，将社区明确地定位在小于街道办事处，大于原来居委会的层面上，在此基础上，按照"社区自治，议行分设"的原则，在各居委会辖区共同体组建了"一个大会，两个机构"。即由社区成员选举社区居民和驻区单位代表组成社区成员代表大会，行使社区成员民主决策权，然后由社区成员代表大会推举驻社区单位代表、人大代表、政协委员等社区德高望重者组成社区协商议事委员会，其主任一般由社区党组织负责人兼任，作为社区成员代表大会闭会期间的常设义务机构，行使社区民主议事、民主监督的职能，与此同时，按照"公开招贤、定岗竞争、择优入围、依法选举"的原则和办法，按照每300 人配置一人的标准，由社区成员代表大会选举出享受政府补贴的管委会成员（亦称居委会成员），并吸收驻社区民警和物业公司经理组成社区管理委员会，作为社区成员代表大会的办事机构，行使社区管理、服务、教育和约束的四项基本职能。在此基础上，还建立了以社区议事会、社区管委会为主导，以居民组长和社区成员代表为骨干的社区自治工作网，形成了全区自上而下各司其职、各负其责的管理体系。①

沈阳模式虽然强调社区地域范围的确定和社区内部机构的设置皆回应了社区自治与社区归属感的建构。但是从沈阳模式的建立方式、人员组成的结构、执行机构的补贴来源等方面看，其政府规划的色彩仍然是非常明显的。从社区具体执行机构管委会或者居委会的人员组成看，管委会的具体职能与《中华人民共和国城市居民委员会组织法》的职能设定是一致的，具体表现就是社区民警和物业公司人员在社区管理委员会中的任职。如此看来，沈阳模式试图打破“居委会的剩余性”组织的特点，将驻地单位纳入社区管理的资源体系中，在地域管理上实现“块”的统一。可以说，沈阳模式力图实现的基层社会治理模式是将国家权力深入社会基层的新情况与传统的社会精英治理基层的双重因素在社区治理体系中统合起来，统合的目的，一方面是为了更好的实现政府基层治理的秩序目标，另一方面则是要节省成本，使基层社会的资源能够自主地加入社会治理秩序的建构中。

武汉“江汉模式”与上海的“上海模式”是继“沈阳模式”之后出现的影响较大的社区治理模式，两种模式表达了不同的社区发展思路。一个突出自治倾向、一个突出行政导向。

“江汉模式”是“沈阳模式”产生了一定社会影响之后，武汉市“江汉区”在全国社区建设示范区建设背景下开展的。与“沈阳模式”所不同的是，“江汉模式”从初步设计阶段开始就有“学术力量”的参与。徐勇在其《论城市社区建设中的社区居民自治》一文中提到，“华中师范大学的学者在继续农村基层政权和村民自治研究的基础上，将注意力投向城市，希望运用农村研究经验研究城市社区建设……配合江汉区从事城市管理体制改革和社区建设实验取得了一定成效，产生的‘江汉模式’为国家

---

① 《社区模式—沈阳模式》，最后访问时间：2019 年 10 月 17 日，http：//www. bdstar. org/Article/ShowArticle. asp？ArticleID＝2098，中国社工网。

有关部门所重视，视之为'社区建设的第二次冲击波'"。① 中国农村的村民自治建设比之城市的社区建设在自治实践上更为丰富，虽然城市的居委会组织早已存在，但是受到各类资源配置的限制，城市居委会作为自治组织在基层自治实践的广度和深度上并未走在农村自治的前面。村民自治作为一种制度设置和社会实践，从 20 世纪 80 年代初就开始了其探索的进程，1998 年《中华人民共和国村民委员会组织法》的发布实施更是将村民自治实践推向了国内外高度关注的顶点。华中师范大学一直从事乡村自治研究，在研究导向上更多的受到"自治"思维的影响。因此，在参与武汉市江汉区的社区建设政策定位上，这种自治导向发挥了极大的影响。陈伟东总结了江汉区社区建设面临的问题：社区居委会选举和社区组织机构初步形成后，关键问题就是创立新的社区工作机制；创建新的工作机制，政府首先需要"自我革命"，需要区政府职能部门转化并更新管理方式，为街道办事处"减负、松绑"，最终才能为社区组织"减负、松绑"；创新社区工作机制的基本条件是建立一套简便易行的制度规则和操作程序，特别是要建立社区对政府组织的民主监督制度。正是在这种导向下，"江汉模式"建立的社区总体思路才发展为"重心下移、权随责走、费随事转、权责利配套"。②

江汉模式走的自治化道路在制度设计上是比较明显的，也在一定程度上抓住了社区自治发展的关键问题，比如基层政府职能转化的问题，为基层政府甚至是其派出机构减负也是社区能够最终减负的核心问题之一。与"沈阳模式"相比，"江汉模式"的政府改革力度更加明显，政府向社区的资源投入也明显增加，看起来更像是一场基层政府行政运行机制的改革。但是"江汉模式"也明显受到沈阳模式的影响，在社区建立起复杂化的社区治理结构，成立了社区党组织、社区成员代表大会、社区协商议事会、社区居民委员会四个组织，并明确了其内部关系。

"上海模式"也是中国城市社区建设影响广泛的发展模式之一，与"沈阳模式""江汉模式"的明显不同之处在于"上海模式"是一种明显的政府主导的社区建设模式，在其建设"两级政府、三级管理、四级网

---

① 徐勇：《论城市社区建设中的社区居民自治》，《华中师范大学学报》（人文社会科学版）2001 年第 3 期。

② 陈伟东：《社区自治：自组织网络与制度设置》，中国社会科学出版社 2004 年版，第 6—7 页。

络"的过程中，将社区定位在街道办事处，同时对街道办事处强化赋权，为了有效地克服各块分割，建立了由街道办事处牵头，派出所、房管所、环卫所、工商所、街道医院、房管办、市容监察分队等单位参加的城区管理委员会，而居民组织和社区居委会等则是城市社区建设与发展的支持性组织。在上海模式设定的社区发展规划中，作为自治组织的居委会成了明显的配角，在笔者调查上海社区建设时，居委会原有的集体财产也以各种方式收归街道办事处统一调配了。所谓的四级网络实际上就是把居委会作为政府的新的基层支撑体系来定位的。

"沈阳模式""江汉模式""上海模式"是社区建设早期阶段发展出的影响广泛的社区发展模式，而盐田模式则是继上述三种模式之后，深圳市盐田区发起的一次社区改革试验。盐田区的社区改革最为突出的亮点就是在社区的定位上以完整的自然小区为建设单位，更加凸显其自治性中的自然的整合性，将原村集体资产转化为股份有限公司并使之与居委会发生分离，另外社区内部设立了两个新的工作机构——社区工作站和社区服务站。社区工作站主要承担政府下放的工作，但是社工站并不是义务完成的，而是要领取政府相对较高的工资及补贴。

在经历了 21 世纪初叶热烈的"社区治理模式"改革探索之后，城市社区治理逐步进入平稳发展期，"党委领导、政府负责、社会协同、公众参与、法治保障、科技支撑"的社会治理体系建设也在"社区治理"层面得到了充分展示。城市社区治理的网络体系已经走过了"试水期"，而进入了"治理全面现代化"的阶段。在这一阶段，国家有关社会治理的自主意识明显增强，社区治理的导向不再单纯地"追随"着西方的"社会制衡""独立自治"理念彷徨前行，而是有了建立于中国政治、社会发展现实基础上的独立的价值判断和路径选择。

二　中国农村社区的发展

就乡村社会的发展境况来看，"解放以前，地缘构筑了村落，但没有封闭村落，村落在二重意义上是开放的。农民可以自由的离开土地，离开村落。到自己愿意去的任何地方去……那时候，许多男性农民到城市去学手艺，另一方面，农户占有的土地在村与村之间相互交错，村落没有以土地占有为依据形成的自然边界。而解放以后，农业集体化运动则强化了地缘要素，赋予地缘因素新的意义"。① 实践意义上，村庄社区建设已经在农业集体化运动中以整体性动员的方式铺开。人民公社制度则将这种类"单位化"基层治理实践推向了高潮。

作为行政村的前身，生产大队，虽然是以传统的村落为建设基础，但是其内部的联系纽带却不再是原来的血缘关系，血缘的纽带只是作为最小经济单位的家庭的内部关系，而不再是联系社区的显性纽带。社区联系的显性关系是类单位化的经济政治关系，在这种关系之下，所有的大队、小队成员都以"社员"的身份呈现，社员的政治生活、经济生活甚至文化生活皆在公社、生产大队的组织之下展开，此时的"社区"几乎是完全封闭的，内部的产出以国家计划的方式产生分配的份额。"人们从出生到死亡，从生产到生活，都离不开集体组织……社员的日常生活高度依赖于集体组织，离开了集体组织基本上没有生存的可能。"② 由于公社组织并没有真正调动农民个体的内在积极性，其社会整合的脆弱性就表现得非常明显，正是这一脆弱性的存在，使农村自发产生了"突破"人民公社体制的需求。20 世纪 70 年代末 80 年代初，人民公社体制在"大包干运动"的推动下最终退出了历史的舞台，1982 年宪法明确规定了在农村建立乡政府，乡以下建立村民委员会，农村土地作为主要的生产资料依然是集体所有的，但是家庭以"承包"的方式成为土地的实际拥有者和使用者。

农户从集体中解放出来，而"解放"后的家庭再次被放归社会，而这一次的社会却不是组织化的，"家庭"不再被集体约束之时，"个人"也日渐不被家庭约束。农村土地制度的改革不仅解放了家庭，更从根本的意义上解放了农民个体。这次解放不是回归传统，传统社会的基层是有"家庭"约束的，传统农业社会的现实不能消化太多的流动性劳动力，而 80年代初开始的农村"解放"，则是在国内商品经济发展，资源流动快速提升的背景下展开的，完全不同于历史上任何一个时期的"放开"。在市场因素的冲击下，刚刚被"承包"到"家庭"的集体土地，在经历了短暂的"被无限宝贵"阶段之后，又被"冷落"下来，农业的低回报率，使农村大量的人口外流，在集体化时代被整合的村庄，在市场化时代被掏空为

---

① 张乐天：《告别理想——人民公社制度研究》，上海人民出版社 2005 年版，第 6 页。
② 徐勇：《乡村治理的中国根基与变迁》，中国社会科学出版社 2018 年版，第 108—109 页。

"空心村"。农村各类公共设施和公共服务的供给出现了与国家整体经济发展明显不符的状况。

进入 21 世纪以来，国家在免除农业税后，又适时启动了新农村建设战略，逐步加大了国家对农村基本公共服务的供给和投入，并在此基础上推进农村社区建设。① 2003 年，党的十六届三中全会提出了发展"农村社区服务"的要求，随后，于 2006 年，民政部又首次提出"认真开展农村社区建设试点"的建议，至此，全国农村社区建设陆续铺开。党的十六届六中全会以后，民政部正式决定在全国开展农村社区建设的实验，制定了《全国农村社区建设实验县（市、区）工作实施方案》。截至 2009 年 9 月，全国已有 11% 左右的村庄开展了实验工作，涉及约 1 亿农村居民②

农村社区建设是继城市社区建设启动之后中国基层社会治理建构在乡村空间的呈现。说到底农村社区建设只不过是在原来的村民自治、新农村建设之后一种新的发展视角，如果说村民自治是从政治视角展开的，更多的强调"选举与自治"，那么新农村建设则更多的关注乡村各类公共性基础设施及经济层面的发展，力图促进城乡发展一体化的实现，而社区建设则更加强调社会层面的发展，试图在社会组织发展上使社区再次成为整合基层社会资源、促进社会秩序重构的力量。但是，无论如何都应该承认，农村社区建设是一次更加全面的对乡村社会发展的审视，表达出国家层面基层治理自主性认知的再次提升，也深刻表明了社会各界在基层社会治理上对物化的、以经济为核心的单维化发展所带来的不均衡后果的反思。

在国家推进农村社区建设实验工作不久，袁方成曾对农村社区发展初期出现的几个社区建设模式进行总结，主要是江西模式的"一会五站"，秭归模式的"组织再造"，胶南模式的"以城带乡"，太仓模式的"12345"工程等。袁方成认为，"江苏、浙江等发达省份农村社区建设往往遵循的是'城乡统筹'的建设路径；中西部地区则趋向于更多地从村庄内部挖掘社区建设资源，江西农村社区建设、湖北秭归杨林镇等地的实践就是这方面

---

① 许远旺：《社区重建中的基层治理转型——兼论中国农村社区建设的生成逻辑》，《人文杂志》2010 年第 4 期。

② 夏周青：《中国农村建设：从乡村建设运动到农村社区创建的兴起》，转引自滕玉成、牟维伟《我国农村社区建设的主要模式及其完善的基本方向》，《中国行政管理》2010 年第 12 期。

的典范"。① 由此可见，农村社区建设与发展的具体路径选择不是单纯的执行问题，而是一个基层社会自治自主制度创新的过程，这一过程明显地受到本地经济、社会发展程度的影响，特别是受到政府资源拥有量及基层动员能力的影响。在发达地区，城市经济社会的发展相对来说更富有成效，城乡协调发展的现实需要更加突出，农村社会发展带来的市场和社会效益开始明显地影响城市发展的质量，地方政府在区域发展上需要找到新的增长点，而农村社区为地方提供了这样一个增长点。在国家政策有支持、地方发展有需求的情况下，发达地区更容易从城乡一体化发展的角度积极推动政府引导下的农村社区建设，使农村社区的发展逐步与城市社区在管理机制上实现一体化；而经济发展相对落后的区域，城市聚集化的程度偏弱，城市在汲取资源上尚处于相对弱势状态，其反哺农村的需求就不够强烈，地方政府虽有执行中央政策、动员农村社区发展的愿望，但是却无法调动更多的资源支持农村，在这种情况下，农村社区的"内源式自治"发展就成为最为可行的社区建设路径。

许远旺等提出，在中国农村社区建设与发展的过程中政府扮演了积极能动者和行动主体的角色，这种角色关系通过干部包村、部门包村、结对帮扶等形式呈现，在实践上也的确起到了动员、组织、引导、规划和推动的重要作用，有利于发挥集中力量办大事的优势。但是也存在明显的不足，主要表现为政府的动员性过强，农民的主体性地位不足，导致农民的参与性不足。要解决参与性不足的问题，必须实现治理范式的转型。② 刘磊、吴理财以湖北省为例总结了改革开放 40 年来，农村社区建设的过程及演化路径，认为湖北省经历了从村落模式到社区模式的演化过程，而这一演化过程体现出如下特点：党政主导，作为农村社区建设的领导力量，党与政府组织不仅为社区建设提供组织支持还提供制度和资金支持；多方参与的社会基础；一村多社的组织建设及公共服务的优化。③

从广义的社会发展而言，经济的发展、文化（价值体系）的发展、政

---

① 袁方成：《"两型"社区：农村社区建设的创新模式》，《探索》2010 年第 1 期。

② 许远旺、卢璐：《从政府主导到参与式发展：中国农村社区建设的路径选择》，《中州学刊》2011 年第 1 期。

③ 刘磊、吴理财：《我国农村社区建设的过程演变及路径省思——以湖北省的农村社区建设为考查对象》，《江汉学术》2018 年第 6 期。

治的发展需要在统一的框架内达成相应的协调方能促进社会秩序的达成，中国农村接续实行的村民自治、新农村建设、社区建设虽然看起来像极了一场场的"政策动员"，但实际上却是国家在不断地反思基层治理的合理定位的问题，是国家力图在政治、经济、社会、文化等领域实现乡村治理现代化的努力。应该看到，中国农村社区的发展目标与新农村建设初期设立的目标虽然存在一定程度的差异，但是社区建设的启动同样是政府及其派出性组织完成的，规划性色彩浓仍然是社区建设的重要特征之一。在这场自上而下的社会治理范式改革中，农民的主体地位并没有良好地呈现出来，但不能否认的是，在区域整体上农村公共产品和公共服务的供给水平获得了良好的提升，最为关键的是，农村传统的社会事务治理方式也在社区治理的推动下被重新审视，甚至被发展为社区多元化治理的重要表现形式之一，比如"红白理事会"。这些在历史上存在的自主治理形式换了一种范式重新发挥作用，而不是被历史遗忘，不得不说是社区建设推动的结果。

但是即便如此，农村社区建设正在日渐趋同于城市社区建设，甚至随着中国新型城镇化的加速推进，农村地区逐步转化为城市，社区建设的基本发展路径也逐步城市化，行政化的色彩越来越浓厚。

第四节　中国基层社会治理的运行逻辑

社会的概念虽然产生于晚近时期，但是社会实践却是与人类的产生同步的，而社会治理无疑也有其萌芽与发展的进程。与其他国家明显不同的是，中国的社会治理进程始终伴随着国家的建构，虽然国家时有朝代的更替，但是相对于其他文明而言，中华文明却具有明显的连续性特征。这一连续性特征，对国家与社会的关系建构及社会治理的内在逻辑产生了明显的影响。

文明是社会实践的反应，亦会再次嵌入社会实践的发展中重塑社会的基本治理结构。本章前三节已经对中国基层社会治理的基本发展脉络进行了梳理，传统社会治理中，在身份制、强制性和依附性为基本整体特征的社会格局下，基层社会治理表现出了明显的"多元网络性"特征，如果仅仅是拿后现代的"治理视角"看，这种"多元网络性"是

"具有某种程度的现代性"的，但实际上却在一定程度上反映了"国家治理能力的不足"，是国家与社会组织协同与妥协的结果。进入近代以来，由于受到各种内外因素的影响，作为世界体系"边缘"的中国被卷入以欧洲为中心的经济体系中，传统的社会治理模式与国家统合模式被打破，一方面"国家"强化社会控制的需求空前提高，致使社会组织与国家关联的模式发生了剧烈的变化，另一方面国家实际控制社会的能力没有相应提升，社会组织在宏观制度缺位的情况下亦未能发展出系统的自我控制机制，弱国家—弱社会模式的存在很大程度上弱化了中华民族整体发展的进程。

但是在文献与历史的梳理中，亦可看到，中国的社会力量似乎从来都没有离开过国家或者准国家的政治组织，国家和社会的实践关系在漫长的前现代历史中是高度融合的关系，在文化上也没有持续出现过"国家"之外强势存在的其他政治、文化力量，社会组织的发展在文化认同上高度同构于"国家"的意识形态。这就使得国家成为其他社会力量发展的重要制度依恃。这里所指的"国家"不仅指向中央政府，还指向地方的类国家性政治组织。从某种意义上说，只是国家性组织与社会性组织在社会治理上发生了一定程度的纵向分工。在这种分工体系中，国家并没有严格地从基层社会中撤出，其基层的触角始终指向税收等资源汲取环节，而那些可以在微观社区层面铺开的公共服务和公共设施则出现了较大的空白，这些空白在社会力量愿意的情况下，则会由社会力量提供，也就是西方某些学者所说的国家"统而不治"地方事务的问题。如果涉及影响范围较广的公共设施，如河流的治理，则往往是在国家力量的统摄下完成的，甚至在影响较广的灾难性事件的治理上也是由国家组织的。然而统一的国家基层组织主要的职责还是对社会资源的汲取和控制，即税收和社会治安。同时国家设置的基层组织，也会随着时间、朝代变化演化为社会组织，即开始设置时是国家规划性的基层组织，随着朝代的更替，在新的制度规划化中演化为社会性组织，如"亭长"等职务，开始是国家设置的，后来，随着朝代的更替而演化为社会性组织。因此，从某种意义上看，国家正式制度的设立也为社会组织的后续发展创造了初始性的条件。

1949 年以来，中国国家力量的发展呈现出日渐走强的趋势，国家制度的细化与国际社会的发展趋势保持了同样的发展态势。国家渗透社会的能力空前提高,从社会中汲取资源的能力也空前强大起来,而社会的网络分散性也越来越超出历史的最高点。但是社会的网络分散性却不是建立在社会内向团结的基础上的,与西方大多数国家一样,社会的网络分散性逐步建立于个人的独立性之上,而不是团体的内聚性之上。这种状态的存在在实际上强化了国家组织力量的同时,也使国家控制社会的抓手变得更加无力,具体表现就是国家组织在基层接触点上显示出无组织的特性,这种特性在某种程度上弱化了国家对社会的控制能力。

可见,与世界上大多数走向现代化的国家相似,中国的现代化进程,重新唤醒了社会个体的独立性,其权利意识和理性思考能力获得了空前的发展,而这一发展又受到近年来信息化技术的强力推进。这一技术的推进在弱化了空间约束力的同时,也使个体行动者的行动轨迹表现出逐步虚化、符号化的倾向,从而降低了个体与他者在同一时空中的偶遇机会。这一变化对于基层社会的"内聚性"产生了"负面"的影响。但是这种影响还远没有达到西方那种"社会支配"对抗"国家支配"的程度。在某种程度上,中国基层社会的国家向心倾向仍然是非常强烈的,这一点从"新型冠状病毒"肆虐,而全国人民能够响应政府的号召,"居家抗疫"的行动配合上得到生动的体现,也是中国国家动员能力明显高于其他国家的明证。

所以,从历史制度主义的分析逻辑看,中国社会力量的发展并不与现代国家的发展同步。中国"国族"的形成,虽然与西方"民族国家"的形成在形式上表现出明显的不同,形成基础也有明显的差异,但是"民族认同"在凝聚社会力量上的表现却有明显的相似性。从这个维度上看,中国传统国家对社会的约束惯性已经渗透进每一个"行动中的个体"及"行动中的社会组织"的生存基因中,从而形成了"国家—社会同构"的格局。

这种"国家—社会同构"的格局成为中国基层社会治理运行的逻辑框架。在不同的环境影响下,这种运行框架会在细节上呈现出某种程度的差异,但是这种差异程度如何,还要看地方实践环境的具体特点。本书后续章节会在具体环境特点的基础上,分析"集中农转居"社区这一典型的基层社会治理结构在社区资源重组、公共品的供给、权威关系与结构、社区公共规则的形成、社区居民参与及社区与政府的关系建构等方面呈现出的具体问题。

　　在此，笔者仅就本章提及的部分内容再次重申以下内容：第一，作为一个基层治理单位，社区并不是人人都享有的生存、生活结构，只有在内部公共资源、经济基础、组织结构达到一定程度时，生活于此社会网络中的个体才会享有社区的福利；第二，中国的社区治理是在国家的强力涉入下展开的，不管是现代还是前现代，国家的涉入不仅是社区治理边界形成的重要条件，亦是社区内部凝聚力发展的必要条件，在社区治理模式的形成过程中，国家力量的影响应该从多维视角进行剖析；第三，社区内部的权威关系和权威结构在历史上是"双轨"的，这种状态的惯性，需要在新的基层治理结构中发现其"残片"，并重新整合，这对于中国基层治理的稳定具有积极的价值。

第三章 "集中农转居"社区的 "国家—社会同构化" 及治理类型划分

"社区"或"共同体"这一概念,从其系统的理论研究的发起者滕尼斯的视角看,显然是与现代社会的治理结构与治理逻辑不相容的。但是我们今天在讨论"社区治理"的时候,其理论背景和实践背景已经明显不同于滕尼斯的"二元分析逻辑"。甚至,我们需要承认,在社会空间发展日渐多维化的当下,社区的存在价值和存在需求都不同程度地提升了。在现代社区治理研究中,特别是在中国的社区治理研究论域内,社区与社会已不再是两个相异的概念,而是两个相容性的概念了。

"集中农转居"社区与"村改居"社区在概念上存在明显的交叉关系,许多"村改居"社区的问题,在"集中农转居"社区中也有体现,而"集中农转居社区"亦有其明显的独特性,我们将那些与"村改居社区"具有共性的特点称为"国家—社会同构化"治理,而在这一点之下,不同的农转社区又由于外部环境与历史发展的不同而建构出一些富有地方特色的治理图景,而这些差异则是本研究进行社区类型划分的重要依据之一。

第一节 "集中农转居"社区的"国家— 社会同构化"分析

在中国的国家治理理念中,社区治理,显然是属于社会治理范畴的,国家有关社会治理现代化的阐释也包含了社区治理现代化的内容。但是这里需要厘清一个问题,即国家治理实践中的"社区治理"概念与学界讨论中的"社区治理"概念是否具有同一性?根据逻辑学对于同一性的界定,中国国家治理实践中的"社区治理"更多的是一种社会治理的考量，多指向最为基层的行政单位——村社，而学理上讨论的"社区治理"虽有种种不同于现实的相对多元的理论分析视角，但是其指向也多是中国最为基层的社会治理单位——村社。因此，虽然在内涵上国家治理实践中的"社区治理"与学理上的"社区治理"存在差异，但是由于外延的高度"类重合性"，我们在讨论的过程中，将不再明确区分两者的差异。

一 关于国家—社会关系中的同构问题

对国家社会关系同构、同一、一体问题的讨论并不是一个新近产生的学理热点问题，可以说它既不新也不热。学者们对这个问题的讨论多是针对传统社会的治理状态的。如孙晓莉在其《中国传统社会与国家同构状态探析》一文中提出，"由于中国传统社会小农经济基础和宗法制度的制约作用，以及忽视个人权利、漠视经济利益的思想的影响，中国传统的国家与社会处于一种同构状态"。而这种同构状态表现为社会为国家的力量所笼罩，国家治理的规则成为整个社会的治理规则，社会为国家所俘获。[①]李艳萍指出，中国传统社会的这种"国家—社会同构"状态之所以产生，其根本原因在于小农经济的主导地位，而直接原因则是宗法制度的盛行，也因为宗法制度的盛行，"家法"与"国法"贯通，德治则成为中国传统的家国治理模式。[②] 在学者们的研究视野中，国家社会的同构关系并未随着中华人民共和国的成立、传统社会的统治方式的结束而消除，相反，在经历了一系列的政治、经济、思想和文化改革运动之后，国家社会的同构关系反而强化了，其典型的表现形式就是"单位制"的形成。[③] 但是 20 世纪末至 21 世纪初叶，学界基本形成的共识是：自改革开放以来，国家—社会同构、国家吸纳社会的治理模式正在逐步走向瓦解，社会的自主性逐步增强，而国家的服务性则逐步增强，这种认识是在"市民社会"应该获得独立发展的理论引导下萌生的。当然，我们并不否认，自改革开放以来，国家对社会的控制的确是走在逐步放松的路上，与其说，国家主动放权社会，不如说是国家在两难中不得不放权市场更为确切。

---

① 孙晓莉：《中国传统社会与国家同构状态探析》，《求是学刊》2002 年第 1 期。
② 李艳萍：《国家与社会同构状态下的传统德治及其启示》，《天中学刊》2008 年第 6 期。
③ 江国华：《中国宪法中的权力秩序》，《东方法学》2010 年第 4 期。

　　自改革开放以来，国家权力的"撤回"，更多的是为市场的发展腾出空间，但是自利的"冲动"并不会"自主"地建构社会的秩序，正如金观涛在其《历史的巨镜》一书中提出的，"如果不存在政治的契约和政治契约组织，经济和社会的契约和契约组织是不稳定的"。① 更为通俗的说法则是，没有政府的规范性法律法规的约束，现代市场的建构与社会组织的发展都不具有可持续性。自 20 世纪 70 年代末，确切说是 80 年代初才真正拉开帷幕的改革开放，在释放了大量的"私域性要素"的同时，国家相关法律、法规的出台却没有同步发展起来，这一现象与制度发展的滞后性密切相关，也是不可避免的现象，我们今天无须"事后诸葛亮"。

　　与市场力量"自发"发展同步的则是"社会力量"的觉醒。20 世纪80 年代至 21 世纪初叶，学界特别是政治学与公共管理学界对"市民社会"的研究达到了空前的"发热状态"，大量的译著面世，向国内学界介绍国外的"市民社会""公民社会"的思想，而这些思想多有"自由主义"的倾向。虽然多数学者都一致认可"公民社会理论是西方近代社会发展过程的产物，不能用来套中国的国情，无视国情，而枉谈公民社会是不合适的"，但是，对"公民社会"进行大量宣讲的过程中却产生了潜移默化的理论导引，这个导引就是：社会与国家是不同的发展主体，要使中国的现代化获得健康的发展，就必须保障社会独立的发展空间，从而对国家形成"制衡"。这种思路带有明显的"二元化"的痕迹。

　　其实，早在 1996 年时，唐士其就撰文指出，"独立于和外在于国家的所谓'市民社会'只是西方资本主义生产方式萌发时期的一种短暂的历史现象，是自由主义思想中理论上的抽象。现代国家发展的历程也就是它（国家）不断地扩大自身的职能范围，向'市民社会'渗透的过程"。② 康晓光等（Kang）更是认为，在中西方学界的视野中，中国政府与社会的关系问题已经走过了借鉴西方市民社会思路的阶段，无论中国学者还是西方学者，对于中国国家与社会的关系都有"中国不同于西方"的认识，这也使理论上的创新成为一件亟须完成的事情。康晓光等认为，国内外学者的研究已经认识到中国政府的社会管理方式并不存在单一的模式，而是根据

① 金观涛：《历史的巨镜》，法律出版社 2018 年版，第 18 页。
② 唐士其：《"市民社会"、现代国家以及中国的国家与社会的关系》，《北京大学学报》（哲学社会科学版）1996 年第 6 期。

不同的社会组织类型采取不同的方式，并将这种管理方式称为"分类管理"。但是从"分类管理"的被动控制视角研究中国政府与社会的关系是不完整的，中国政府与社会的关系更多的是政府主动的"功能替代"，行政吸纳社会理论指出了"行政吸纳社会"的三种主要方式——"限制""功能替代"和"优先满足强者利益"。康晓光等人指出，社会的行政吸纳强调的不是国家与社会的分离，更不是两者之间的对立，而是两者的融合，国家以"社会的方式"进入社会，使国家不再是"纯粹的国家"，而社会组织也因为国家的"社会性进入"而带有了更多的"国家的色彩"。①

"行政吸纳社会"的理念为学界研究政府与社会的关系提供了新的研究视角，也陆续出现了一些以此为工具的研究话题，储建国在《当代中国行政吸纳体系形成及其扩展与转向》一文中梳理了中国行政吸纳体系发展的基本历程，并对行政吸纳精英，形成"精英联盟"的问题进行了分析，指出中国政府已经认识到当时行政吸纳体系存在的问题，在21世纪第一个十年即将结束之际已经开始计划行政吸纳体系向普通民众倾斜的制度设计，只是在具体细节上还十分慎重而已。其实，储建国此处的行政吸纳精英，主要是阐述了康晓光"行政吸纳社会"中的第三种方式，即"优先满足强者利益"。②而蒋金富在《行政吸纳社会的实践逻辑——基于个案的描述和分析》一文中则指出，康晓光的"功能替代"方式仅仅阐释了"延续""发展""收编""放任"等策略，但是在行政吸纳社会的系统化发展中，"功能替代"还应该包括"合作"和"撇弃"两种策略。③而这两种策略则隐含了政府由原来的"高度强势地位"过渡到了"相对强势地位"，社会与政府的"相对平等性"得到了提升，但是政府的优势地位并未发生改变，在政府与社会的互动中，政府主动规划互动规则，最终建构新的"合作关系"的"主导性"并未改变。从本质上说，"行政吸纳社会"理论确实是一种表现较为明显的"控制论"。

---

① Kang Xiaoguan, Han Heng, "Administrative Absorption of Society: A Further Probein to the State-Society Relationship in Chinese Mainland", *Social Sciences in China*, Vol. 2, 2007, pp. 116 – 128.

② 储建国：《当代中国行政吸纳体系形成及其扩展与转向》，《福建行政学院学报》2010年第2期。

③ 蒋金富：《行政吸纳社会的实践逻辑——基于个案的描述和分析》，《天津行政学院学报》2015年第3期。

　　与较为"明显的控制论"相比，较弱的控制论则具体表现为"双向嵌入"视角下的国家社会关系分析。"双向嵌入"这一概念是指，社会组织在资源、合法性、制度支持方面嵌入国家，而国家的意志与目标亦嵌入社会组织的运作中，从而实现提升治理绩效的目标。这种"双向嵌入"的概念化方式，既说明了国家角色的最新变化，即国家正以更为精细的方式将权力触角重新延伸进入社会，也说明了社会一面的转型，即社会性权力一定程度的增长。从而，在这样一个互相嵌入与锁定的过程中，国家与社会双方的权力都得到了提升，而非一种此消彼长的对抗关系。①

　　从"行政吸纳"到"双向嵌入"的发展，说明了行政权力的扩张是有限度的，这个限度一方面与经济的发展及其促动下的社会权利意识的增长相关，另一方面也与行政本身的"专业性"相关。当下，虽然已经很少有人再坚决坚持"政治是政策的制定，行政是政策的执行"的二元分析方法来定位行政部门，但是"官僚制"的优势地位仍然表现为其突出的专业性。在社会发展日渐复杂的信息社会，知识的控制已越来越不可行。官僚机构越来越不能保守其"秘密"，在这种情况下，行政的"放权"就是不可避免的。同时，由于现代社会服务性需求的日渐专业化，官僚性政府组织的"专业能力"和"专业规模"都无法达到社会需求"全覆盖"的程度，而政府提供公共服务正在成为"硬需求"的今天，政府与社会组织的合作就成为无法避免的选择，其自由之处在于选择跟哪些社会组织合作。

　　也正因为如此，"控制论"或"弱控制论"就受到来自学界的其他理论的挑战，程坤鹏等认为，"当前政府与社会组织互动关系的发展远远超脱了分类控制、体制吸纳、行政吸纳等理论解释框架……政府和社会组织在诸多治理场域均以'合作'而非'控制''限制''吸纳'或'功能替代'等形式出现"。② 但是，不管学界对中国国家与社会关系的基本判断有何差异，对于"行政主导"或"合作"关系的稳定性建构都有"秩序导向"的判断，即行政组织与社会组织的合作降低了组织间的"对抗可能"，并有利

---

　　① 纪莺莺：《从"双向嵌入"到"双向赋权"：以 N 市社区社会组织为例——兼论当代中国国家与社会关系的重构》，《浙江学刊》2017 年第 1 期。

　　② 程坤鹏、徐家良：《从行政吸纳到策略性合作：新时代政府与社会组织关系的互动逻辑》，《治理研究》2018 年第 6 期。

于稳定的"结构性秩序"的产生。[①] 但是这种秩序显然并不是一种西方式的国家与社会的"制衡",而是具有明显的中国传统要素的"稳定"。

在这种稳定的状态之下,国家和社会的融合互相促进了对方的"类己化",或者更确切地说是社会更加"准政府化",而政府则日渐"混合化",在社会组织与政府的"合作"中,组织内部的结构也会出现趋同化的倾向,这种趋同化说到底也是"功能协调"的需要。

可见,自改革开放以来,中国的国家社会"同构"的历史性"投射"并未像20世纪末期人们所"假想"的那样逐步消失,而是像世界上大多数国家的发展趋势一样,国家深入社会的程度在逐步提升,甚至是现代社会与国家发展的共同特征。

二 "集中农转居"社区与政府的"同构化"

作为"集中农转居"社区的前身,村庄与国家的同构化也是在1949年后得到强化的,但是在农业仍然是农民的主要经济收入的时代,国家在基层的代表及其行为方式也是为乡村的行为方式所"同化",这种同化也是为了"完成政府的任务"。但是随着农村公社制度的解体与家庭联产承包责任制的推行,"国家吸纳社会的能力"有所下降,孙立平、郭于华曾经讨论过乡村干部通过自我矮化、情景错置和拟亲缘化等极富人情味的方式来行使权力、应对农民日常形式反抗的权力技术——"正式权力的非正式运用"。孙立平等认为,这种方式在本质上是提升了政府的执行力和基层权威的,但是,学界也有不同的声音,比如吴毅就认为这种方式恰恰反映了公共权力的去公共化过程。[②] 这种去公共化,使政府在执行公务的过程中,陷入了基层社会的"非理性网络中",而使其在后续的活动中不得不面对基层的传统治理要素。而传统的治理要素在传统的组织体制解体之后并没有重建,新的农村集体性组织只是零碎地继承了传统的某些片段,并不是一个价值体系与组织运行规则同一的系统,而且1949年以后基层组织功能定位也发生了极大的改变,至农村实行联产承包责任制之时,政府—社会关系只是从原来的"国家—基层组织"的双层关系演化为"国

---

① 毛寿龙、李玉文:《权力重构、行政吸纳与秩序再生产:网格化治理的逻辑——基于溪口镇的经验探讨》,《河南社会科学》2018年第3期。

② 吴毅:《村治变迁中的权威与秩序》,中国社会科学出版社2002年版,第82—83页。

家—基层组织—农民"之间的三层关系，在农民独立性增强的同时，农村组织的结构性功能并未完全离散，这种功能的存在与"农业税费"的征集有关，即农村基层组织有明确的"行政任务"，但是随着农业税的取消，农村基层组织的行政功能"一朝散去"，农村组织的"悬浮化"才真正拉开了序幕。"悬浮化"的"反倒逼"迫使中央政策的转化，"汲取型"治理向"输入型"转型。而农村原有的基层组织运行模式在"资源下放"中无法承接新的功能，乡村治理遭遇"内卷化"的困境，资源流动方式的转型并未发生实质性作用。①

而农转居社区场域中的这种同构过程却有些不同。"集中农转居"社区是中国城镇化发展进程中出现的一种独特的社会现象，其发起方式、动员方式、转化规模、产生的社会影响等都是其他国家的城市化发展所不具有的。可以说是中国在特定的现代化发展阶段对城镇化发展的理解不同而引发的一种具有广泛影响的社会现象。而这种现象不管是在广义的城镇化范畴还是在狭义的地方拆迁安置范畴上，都是具有相对较长的时间跨度的社会事实。在时间被拉长之后，多元利益背后的竞争也会通过各种路径为涉利各方所"了解—重新解读—再解读"，这一过程，显然复杂化了"集中农转居"社区的发展历程，从而使国家、基层社区组织、公民个体之间的互动关系得以"放大"展示。

科尔曼在分析行动系统中个体行动者的行为依赖时，曾对微观系统的行为是如何转化为宏观系统的行为进行了简单的说明，他认为，这种转化主要包括了六种结合方式：（1）个体行动者的独立行动给其他行动者造成了某种外部影响（肯定的或否定的），改变了其他行动者面临的激发其行动的报酬结构；（2）两个行动者之间发生了双边交换；（3）双边交换在其他人参与的情况下发展为市场竞争；（4）竞争超越了经济交换的范畴，导致集体性决定或社会性选择的产生；（5）正式组织，作为一种相互依赖的行动结构出现，在这种结构中一系列的规则得以确立，不对称性相互依赖也开始产生并发展；（6）一种集体权利得以建立。② 但是科尔曼也明确

---

① 陈锋：《分利秩序与基层治理内卷化：资源输入背景下的乡村治理逻辑》，《社会》2015年第3期。

② ［美］詹姆斯·科尔曼：《社会理论的基础（下）》，邓方译，社会科学文献出版社1999年版，第25—26页。

表示，这个分析只是系统内部的分析，系统不可能只受到内部行动者理性判断的影响，外部的影响也是不可忽视的，但是外部影响往往是要通过中介实现的，这种中介很多时候表现为信息的传递，而信息的传递一旦需要通过中介，中介的利益就会影响信息传送的"数量"和"质量"。①

由于科尔曼的理论分析是在微观如何上升为宏观的预设内展开的，带有明显的抽离现实的色彩，但是也为我们分析"集中农转居"社区的"结构性规则形成"提供了理论分析的可借鉴工具。"集中农转居"社区的变迁以"村居"的空间转移为主要特征，但是"事件"本身的系统构成却不仅仅包括村居内的各种要素，甚至村居内的资源再分配、组织职能的变迁在某种程度上也只是"拆迁系统"运行结果的一部分。虽然拆迁系统的启动方可能因地而异，但是，只要拆迁启动，其内部蕴含的各种利益都会陆续被启动。就像科尔曼所说的，个体行动者的独立行动改变了其他行动者面临的激发其行动的报酬结构。在"集中农转居"社区的形成过程中，其他行动者报酬结构的激发，往往不是两个行动者之间的关系，而是多个行动者之间的关系，多个行动者的报酬结构被激活，而激活的报酬结构并不自然地形成资源再分配的公平规则体系，而是在系统内部通过组织化的行为建构各种可重复或不可重复的交易行为，这些交易行为一般而言都不是"市场性的均衡交易"，交易物看起来具有私人的属性，而交易的过程和规则却具有明显的"公共性"，且由于其位于组织内部而具有了的不对称性交易的特点。

在"政府—社区组织—涉入拆迁的营利性组织—村民个体"之间的博弈中，政府是框架性规则的发起者和制定者，其背后则是国家相关的法律法规的约束和国家机器的系统性支持，这种约束和支持一方面为政府在具体的事件中将自身的规则扩大为其他组织及个体的规则创造了制度条件，另一方面也因为相关制度法规的"公开性"而受到更多的居民个体、社会组织的监督，约束着政府组织基层执行人员的"变通行为"。从而使弗里德曼所谓的"结构性相互依赖"成为各方行动者采取具体行为的主要参考点。

---

① ［美］詹姆斯·科尔曼：《社会理论的基础（下）》，邓方译，社会科学文献出版社1999年版，第27页。

在"结构性相互依赖"通过各种组织与非组织行为在具体行动者之间流动起来的时候，政府的文化认可就伴随着"结构性要素"渗透到"非政府组织"的行为中。在此，行政吸纳社会的各种方式以及伴随的政府与社会的协作关系也慢慢生发出来。但是由于"集中农转居"社区的资源投入或资源的再次分配主要来自政府集中的资源，这些资源可能直接来自财政，也可能来自政府动员的资源，不管是哪一种，这些资源都是通过政府而进入社区的，社区组织及公民个体对此都非常清楚，而且越是社区变迁启动较晚的地区，对此种资源的流动方式和再分配方式就越是清楚。

自农业税取消以来，资源的下沉也许没有比"集中化"的过程更为明显的了，如果说在"分散居住时期"，国家资源的下沉是"零星式"的，那么"集中化"及"集中后"的资源下沉就是"集中式"的，这种下沉所带有的"系统性"特点，不仅仅使社区组织的功能更加"同构于"政府组织，也使社区的组织结构及组织元素更加同构于地方政府的模式。

总之，由于"农转居"社区建设本身包含了浓郁的"国家—地方—村居—村民"的复合性利益，其利益的外溢范围不仅仅与拆迁安置的居民相关，还使"公共性组织"的涉入成为必然。在"公共组织"，特别是"政府组织"高度介入"农转居社区"发展的各个阶段的过程中，政府吸纳社会组织的各种方式也在社区基层得到一定程度的复制，从而使政府的结构性要素的流动方式在社区得以重演。

三 "集中农转居"社区的"同构外因素"

在集中化的过程中，农转居社区与政府的"同构"程度有增长的趋势，但是作为基层自治组织的居委会（原来的村委会）以及略不同于政府组织内部的"党的基层组织"，社区在治理方式及资源流动方式上仍然与政府组织存在明显的不同之处，我们将之称为"同构外要素"。

"集中农转居"社区的"同构外要素"比之"城市居委会"要更加突出，虽然在法律约束上两者是接近适用于同一部法律。"集中农转居"社区是从农村转化而来，其原有的社区组织运行制度、社区自有资源、社区居民的结构、社区居民自组织的情况都与完全城市化的、人口高度异质化的城市社区不同。

农转居社区的"同构外因素"主要表现在以下几点。

（一）全员涉入的自治性选举

选举，看起来不是一种资源，但是它却像其他资源一样，在铺开的过程中催生着各种"交换"活动，重新布局博弈的格局和内部资源的结构，因此，科尔曼才将"事件"也列为资源范畴，在此，本文也借鉴科尔曼有关"资源"界定的外延，而将"事件"列为资源的一种，所以，"选举"这一基层最为重要的事件，也将被作为"资源"来看待。

中国草根民主的最突出表现形式是中国农民首创的村民自治制度。"作为中国土生土长的一种民主制度，中国村民自治植根于村落，行走在乡野，人们亲切地称之为'草根民主'。"① 作为中国的"特产"，自然带有浓郁的"中国风"。这种"中国风"其实就是中国传统历史发展及中华人民共和国成立后国家政权建设在基层治理层面烙下的印记。这种印记一方面表现为全员参与中的权利让渡以及家族因素对选举的影响；另一方面则表现为政府对选举的高度介入。

与基层政府及权力机关的产生方式相比，基层自治组织的成员是"全员直选"的结果，其合法性来自全体社区公民的"投票委托"，虽然"投票委托"的方式极为"现代"，与中国传统的"管事儿"的人的产生方式不同，但是经过了中华人民共和国成立以后一系列的"人民当家作主"的教育，即便是生活于农村的耄耋老人也知道"投票"的意义。而"全员直选"则使被选举者拥有了"集体性的依靠"，即他们代表的是社区的全体公民，这个全体是一个集合名词，不是哪一个公民，而是作为一个有机整体的公民团体。政府在单个的公民面前往往会以"规则"约束个体的行为，处于强势地位，但是在"全体"面前却要讲更多的"道理"，这种情况也在某种程度上影响着政府与社区组织的关系。

与上述情况共存的是"集中农转居"社区居民行为的"非现代要素"。"集中农转居"社区虽然也存在居民的多元性来源问题，但是居民中的大多数却是原来同住一村或邻村的人，村内的血缘关系是历史上的宗族纽带弱化版，历史的印记在当下的"竞技平台"上也以新的方式发挥作用，这就意味着在"乱入"到国家制度搭建的"选举程序平台"上，"一家人观

---

① 陈潭等著：《治理的秩序：乡土中国的政治生态与实践逻辑》，人民出版社 2012 年版，第 3 页。

念"的存在是不可忽视的重要因素之一。这一点与现代选举民主制在理论预设上是有分歧的。按照民主理论的预设，选举是资源拥有者在某种集体利益的获得无法以单一个体的形式实现，而不得不采用部分权利让渡的方式实现时，利益相关者群体让渡自己的部分权利给"代理人"，而使自己处于"顺从者"的地位，但是他们让渡的是"使用资源的部分权利"，而不是让渡的资源本身。让渡者是理性的独立个体，他们有权收回让渡的权利。但是在中国农村社区实行村民自治之时，个体村民的权利意识刚刚被唤醒，理性能力亦刚刚起步，极容易受到其他非理性因素的影响。当然这种非理性并不等同于"外来影响"，这是两个问题。但是村民"全员直选"明显受到了乡村中"人情社会""关系远近"等因素的影响，而宗族、血缘就是最明显的一种。虽然村民是"全员直选"，但是也可以"委托投票"，在实际操作中，"一家之主"代为投票的情况并不少见，这也为投票的"集中化"创造了条件。

另外，虽然政府是不能直接介入选举过程的，但是在前置环节上，"全员直选"的候选人却会在较大程度上受到政府的影响。同时，村民也非常清楚，在村居公共事务管理上，完全跟政府没有"交集"的人是很难做出"大事"来的。这种认知一方面与历史因素有关，另一方面也与实践上基层发展的资源投入主体的行政性倾向有关。

所以，村居自治组织的"全员直选"虽是"同构外"要素，也在 20余年的实践中日渐发展出了相对稳定的制度格局。

（二）村（居）民自治的法律保障与自治的"空间"

迄今为止，在中国地方层次有"自治"称谓的除了 5 个自治区、30 个自治州、120 个自治县共 155 个自治地方外，就只有基层群众性自治组织了，而根据《中华人民共和国居（村）民委员会组织法》（以下简称《居（村）民委员会组织法》）的规定，中国最基层的行政单位——村、居民委员会皆为自治组织。其自治性不仅表现为上述的自治性选举，还表现在组织运行的其他方面。

"地方自治"的话题自清末改革而起至 20 世纪中叶，皆有学者对其进行阐释，与西方关于自治的论述不同，清末及民国时期的学者对"地方自治"的使命及实现形式有自己的理解。由孙科作序、吕复撰写的《比较地方自治论》一书就对"官治"与"自治"作出了关系性论述，认为"官治"中的人员无论其在地方的职务如何微末，皆要对国家负直接的行政责任，受国家行政法律限制，而"自治"则是出于本地人民意愿制定之法律并由相应人员执行，这些人员需对地方负责。但是"地方自治"在"官治"之下，而其他的"社会组织自治"更是在"地方自治"之下。① 如此，在"官治""地方自治""社会组织自治"之间又划出了层级。可见吕复的"自治"与西方的"自治"不同，国家的治权并非来源于"公民权利"的让渡，而地方"自治"是在"官治"之下的论述，更是表明了"地方政治"需要服从国家行政的观点。这些都明显不同于西方。

由于中国各界对"合法性"内涵的认知是"外来知识"直接传播的结果，在各种公开渠道中，"公民授权""公民认可"是合法性来源的观点在主流学术语言中占主导地位，但不可否认的是，"上级授权""领导授权"同样是"合法性"的重要来源，如果判断的标准在于"权威是否为民众所认可"。在现代民主时代，"上级授权"与"领导授权"可以被看作"权力转移"的变体，是民众授权在先，而"转移授权"在后。但是在近代民主制度之前，却无法用这种视角来解释"在上者的权威"。韦伯、滕尼斯等在其对社区权威的分析中，都强调了在现代社会之前，家父长制、父亲的权威等权威产生的原因，这种权威的产生并不是"民众集体授权"的结果，而是早已存在的"血缘年龄的差序"引发的"必然性依附"而产生的结果。② 这种血缘宗族的影响，在中国的历史发展中一直都是社会治理甚至是国家治理的基础性要素，因此，在文化认可上，就出现了"公民的认可"或是建立在不同于西方的基础之上的猜想。或者可以认为"合法性"本身也与"现代性"一样是近代的产物，而不是人类社会一直的伴生物。

虽然村（居）民自治不同于地方自治，但是"自治"的要素也以不同于"官治"的方式存在并得到法律的保障。从个体行动者本身的内在需求看，追求行动领域的自决权是个体提高行动效益的重要支撑性要素，但是这个观点的产生也不是历史的遗产，即便从西方的发展实践看，"个体权利获得普遍尊重"也是相当近代的事情。而中国村民自治

---

① 吕复：《比较地方自治论》，商务印书馆1943年版，第1页。
② ［德］马克斯·韦伯：《支配社会学》，康乐、简惠美译，广西师范大学出版社2010年版，第88页。

的法律保障更是要到 20 世纪末期方才在立法层面确立。在村居这一狭小的范围内，实施村民自治会面临一些不曾预见的困难，但是，村居组织法却在基本保障的范围内为村居组织的"自治行为"提供了最为基础的保障。这一保障对于普通村民而言往往就是选举，而对于村居自治组织而言却是其他力量介入村居事务的"保护伞"，在村居有一定的资源维护自身发展时，这种"保护作用"会更加明显。但是对"自治身份"的理解和使用并不一定会在每个村居组织内部达成一致，从一定程度上说，"自治"所要求的不仅仅是权力，更是责任和义务。其对政治性与执行性组织的要求更高，没有一定量的资源作为基础，"自治"是无法达成的，就好像本书前文已经论述的，"社区"并不仅仅是一个时时处处有人就可存在的社会现象，它更是一种"稀缺"资源，需要物质的、精神的、组织的各类因素的有机结合。而自治社区比普通社区更高一层，有法律的保障，是为社区组织的自主性发展创造了最为基础的条件，但是除此之外，却没有提供更为持续性的稳定资源，要靠社区组织自己去创造这个"自治"的空间。

（三）社区自有集体资产量的差异

社区自有资产包括社区村庄时代的集体土地留存，集体用房以及集体产业。在集中化的过程中，集体土地作为一种重要的稀缺性资源为政府、社区组织及社区居民所共识，但是集体土地在集中化之后能否局部保留还要视社区所在的城市空间布局，完全失去集体土地的社区其后续的社区资源调动能力会明显偏弱，而拥有部分集体土地的社区则要看这些土地的具体位置，主要是距离政治、经济中心的位置。就其他的资源看，其特性与集体土地的凝聚价值相似，只是，这些资源的凝聚力会因为使用的空间大小而与集体土地资源产生明显的差异。

虽然资源在市场交易系统中的"价值"由换回的"货币数量"衡量，但是资源交换获得的货币的使用方式才最终决定资源在社区发展中的价值。从这个意义上看，资源的"价值多少"并不是直接决定社区内部凝聚力大小的核心要素，而是社区如何使用这些"交换回来的价值"。

因此，笔者认为，社区的全员性选举、自治的法律保障、社区的自有资源都需要结成相对有序的结构，在系统的运作之下才能达成社区凝聚力的增强，从而推动社区各类公共服务、公共产品供给质量提升的效果。

"集中农转居"社区是从原来的"有机状态"步入"理性状态"的过渡阶段，也或许中国的绝大多数意欲建设为"社区"的空间，皆是要从"有机"或"无序"过渡到"理性有序"状态。但是在"过渡"的过程中，会因为各种因素的差异而产生治理思路的差异。

第二节　"同构"与"非同构"因素的资源流动结构及影响

作为一种较为分散的基层社会组织形态，"集中农转居"社区的生存逻辑与大多数组织保持了一致，正如许多社会生理学家所认为的那样，任何物种的演化都是为了解决生存问题。[①]而"组织获取资源和维持资源的能力是其存续的关键"。[②]在现实的社会实践中，大多数的农转居社区也是在"谋生存"的路上艰难地从各种隙缝中寻找资源。作为一个微型的公共场域，社区为不同的"谋利"群体准备了不同的舞台，但是基层的多元性并不像许多理想主义者所设想的那么"简单"，越是接近基层，社会资源渗漏就越是表现出稀缺的特性，如果这种稀缺的环境再被市场化的逐利"殖民"，各类公共资源的输入就未见得是秩序建构的润滑剂。在社区生存的公共场域内，更高一级的公共组织，尤其以政府为代表，在同构化的逻辑下向社区输入各种制度化的资源，这些资源是在相关政策的约定下，通过相应的程度而流动到社区的，社区自身的主动申请往往是其得以启动的前置性条件，而更分散化的居民则会以形式不一的方式同时向社区公共场域中输入事件性的、时间性的或物质性的资源，这些资源部分是法律规定，但是却与政府的结构性行为保持了异质性的，部分则是因为长期的共同生活而产生的其他社会需求催生的"社会性精神资源"，比如尊重、信任等。这些资源在社区及周边场域中形成一个资源流动的动态张力场，而这一张力场各部分的资源输入数量、输入方式及资源分配的差异则在很大程度上影响着社区治理的基本秩序。

---

① ［美］马克·格兰诺维特：《社会与经济：信任、权力与制度》，王水雄、罗家德译，中信出版社2019年版，第10页。

② Jeffrey Pfeffer, Gerald R. Salancik, *The External Control of Organizations*：*A Resource Dependence Perspective*, Stanford University Press, 2003, p. 55.

一 农转居社区中"同构"与"非同构"资源的流动结构

从组织层面看，农转居社区的组织形态主要是社区自治组织、基层党组织和各类居民自组织，其中，社区自治组织和社区党组织是主体性的，其他组织则具有明显的辅助性。其间或有营利性组织，但是大部分的营利性组织都只是嵌入在社区的地理空间中，并未嵌入社区组织的"管理内部"，这些组织主要是那些坐落于社区地理区域内的纯粹私人经营的产业。但是也有部分看起来是营利性的产业却要在社区组织结构中进行讨论，它们就是嵌入在社区治理结构中的"物业性组织"，这类组织为本社区及其他组织提供物业服务，也收取类似市场的"管理费"，但是他们的最终目的不是给"股东增收"，也不是为了扩大规模，而是在某种程度上提供一种"准社会福利"。社区组织的一般形态明显不同于一般性的社会组织，夏建中、克拉克等人将社会组织界定为"主要是指以促进国家经济社会发展为己任，不以营利为目的、具有正式的组织形式，且属于非政府体系的组织类型"。而社区社会组织则"主要是指以社区为活动范围，以社区居民为成员或服务对象，以满足社区居民的不同需求为目的而成立的各种社团类组织和民办非企业单位"。① 当下，对社区社会组织的研究还非常薄弱，比之超越社区边界的"非营利性社会组织"，它们的影响力相对较小。鉴于"集中农转居"社区的历史特殊性，这类组织的生存模式也是高度嵌入社区主体性组织之中的。因此，在讨论社区的组织性及组织运行时，我们把它们放在一个论域中展开。

政府的流动性资源虽然具有一定的变动范围，但是这种变动范围是在明确的政策、程序约定下进行的，因此，其流动的幅度并不像其他社会或市场性资源那么明显，甚至很多资源在进入社区之前有相当长的一段时间的"预告期"。在新农村建设全面启动以后，政府对农村社区的资源投入往往以项目的方式实现，这种资源投入我们可以将之称为"消耗性资源"，所谓"消耗性资源"，是指这类资源在投入社区之后，会转化为其他方式供社区居民消耗，并随着时间的推移，这类资源的转化方式也会日渐消耗

---

① 夏建中、[美] 特里·N. 克拉克等：《社区社会组织发展模式研究：中国与全球经验分析》，中国社会出版社 2011 年版，第 7—8 页。

完毕，比如社区通过"一事一议"项目修建的社区内道路、路灯、公共娱乐空间等；另有一类资源我们称之为"维持性资源"，这些资源投入社区之后，主要是以"服务性支出"的方式兑现，这类资源虽然也发生了转化，但是转化后并不随着使用者的消耗而日渐"陈旧"，并不会耗损到不能使用，相反，随着服务时长的延伸，服务的能力和服务的质量会逐步提升，只是需要持续地、不间断地投入资源；政府投入社区的资源中，还有一个非常重要且往往被忽视的资源，这就是制度性资源，政府投入社区的制度性资源经常以"红头文件"的方式下达到社区，而以"阶段性"或"年终"考核的方式使社区逐步将政府下达的这些文件制度化，从而形成一种稳定的"政府权威体系"。说到底，政府对社区的"同构化"努力，不仅仅是"历史惯性"使然，也是政府在新的历史条件下，试图"纵向整合"基层资源，从而减少交易成本和未来不确定性的"努力"使然。虽然在这个过程中，需要政府投入较多的"制度设置性资源"，但是相比于基层社区组织，基层政府更擅长制定规则，并将其输入社区中。所以在这个过程中，政府对社区的资源输入是伴随着政府对社区代表性组织——社区主体组织的"拉拢"的。这种拉拢有一个基本的边界，那就是社区组织的"职业化"。所谓社区组织的职业化是指社区组织，特别是作为社区自治组织的居民委员会日渐演化为拿政府工资的工作人员，虽然社区居委会成员的资格是经过社区全体居民选举产生的，但是他们的工作报酬却主要不是社区居民给予的尊重或者是从社区独立的集体资产收益中获得的补偿。

就实体性社区而言，中国的社区主体性组织呈现出的现代性特征主要表现在两个方面：一是组织设置的常态化及理性化；二是组织发展的职业化。组织设置的常态化及理性化是相对于传统中国的基层社会统治方式而言，我们在第二章中已经对中国传统基层社会的治理方式进行了必要的梳理，虽然在中国漫长的前现代社会中，在国家层面发展出了具有一定理性色彩的"类官僚制组织"，但是，在基层社会，并未出现固定的组织形态和组织结构承担除政府以外的社会公共治理职能，家族组织或士绅阶层只是一种"偶尔涉入"公共领域的"管事儿人"，而不是具有明确的公共职责的组织代理人。只有在中国进入近代社会之后，特别是在1949年以后，常设性基层治理组织才日渐常态化、制度化，并将公共财产与个人财产之间的分界点划分清楚，理性化才成为基层治理的“主流意识形态”。但是即便如此，中国农村社区主体性组织的职业性并没有得到良好的发展。从“大队书记”“大队长”到“村长”“村主任”“村支书”甚至部分已经实现村改居的“居委会主任”“居委会书记”都是“兼职”的。这种“兼职”的状态有时表现为“主要忙自己的事，兼职忙集体的事”，有时表现为“集体的营利性事业与非营利性事业一肩挑”。就社区是一种组织而言，社区主体组织的兼职状态如果是后者，社区的凝聚力相比前者更容易获得。在这种情况下，社区内部的分散性资源更容易被调动起来，社区自有资源的存量就会得到有效的提升，从而使社区演化为一个“准股份性公司”。在这种情况下，政府对社区组织主要成员的拉力效应就会相应减弱，因为在社区内部资源已经能够自洽的情况下，社区各类资源的流动结构就会相对稳定，事件性资源，比如选举，对其他资源的再分配效应就会大大减弱。因此，被认为是处于“夹层”中的社区组织，在社区内外资源悬殊的情况下是比较容易作出选择的，关键的问题在于资源的分布状态和拉力的大小。

在日常性的管理实践中，社区的发展与政府的基层治理方向是基本保持一致的，但是这个只是方向性的问题，在实现的具体策略上还会有所差异，更毋论在局部事件上，政府与社区之间还存在整体与部分的利益分异问题。其实，这个问题也会在社区主体性组织与社区居民之间发生。社区主体性组织与其他公共领域的行动者类似，他们并不全是“具有高度自我约束能力的职业人员”。特别是在基层治理的相关制度建设并不完备的情况下，这种低度自我约束的现状更是使“政府”不放心把太多的“资源”直接下放到社区，因而，部分资源是政府以一般性公共产品的方式直接与居民个体发生联系的。如此也出现了政府与居民之间的资源流动。当然这种资源流动往往不是哪一级政府的事，而是“国家”及其代理人“整体性治理”的一种表现。如此资源流动在社区治理场域中形成了如图 3 - 1 所示的结构图谱。

农转居社区跨越了新农村建设、农村社区建设与城市社区建设三个政策阶段，最为明显的资源流动转化表现在其与政府之间的关系上，由原来的资源汲取型关系发展为资源输入型关系，由“压力型关系”变为“拉力—压力合谋型关系”。在基层政府、村级主体组织、村（居）民三者关

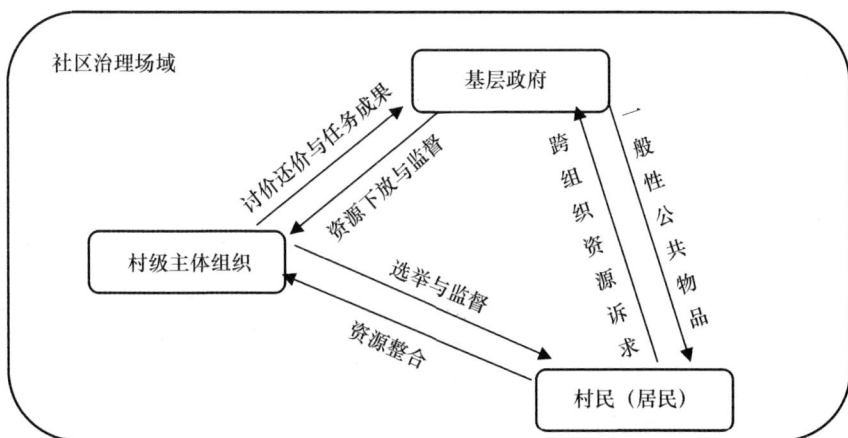

图3-1　社区内部的资源流动结构

系中，最明显的变化是政府对村级组织的"拉力"，这种"拉力"不仅使村两委获得了政府"发包"下的资源、更为广泛的社会关系，部分从压力型关系中解脱的村级组织比之从前更积极地靠拢政府，从而在政府与社区之间建立起"一拉一靠"的合作关系，并从合作中获得自上而下的代理利益，特别是在那些社区内部资源不够丰富，或者社区主体组织的内部资源调动能力有限的情况下更会积极地靠拢政府，目的是从政府那里获得更多的"权威资源"和"物质性资源"，这些资源一旦流入社区，其支配权或者选择支配权就会局部留在社区主体性组织手中，从而增强其在基层的"动员能力"。但是在显性制度层面上，村居组织的权力来源是村内居民、党员的选举认可，加之两委成员长期生活于社区内，生活实践建构起的"社会关系"也会明显影响两委成员的行为，更为现实的是，这种社会关系的质量还会在一定程度上影响其能否完成政府的"发包"任务。在这种情况下，社区主体性组织就会有更多的动力在内外情景中权衡性地争取村民的支持，获取更多的"人情性资源"并结合各类资源的特征利用外部资源，在满足内部需求的同时调动其内部的剩余资源，使各种资源类型在社区内部流动起来。对村民而言，与社区组织处好关系并无害处，毕竟村（居）民身份下的福利分配在绝大多数情况下是由村居组织实施的，"县官不如现管"的逻辑村民是最为清晰的。[1] 但是，他们也通过自己手中的选票及各种"弱者的武器"对村级组织施加压力，使"事件性资源"充分发挥重新分配其他资源的杠杆性作用。如此，在社区两委与村民之间就建立起"互依互靠"的资源合作关系，而这一关系使社区两委获得了自下而上的"谈判权"。当下，随着现代信息技术的发展，国家与公民个体间的直接互动正逐步增多，村民可以通过各种成本较低的方式实现对村级组织的监督跨越，并使政府与社区组织的关系进一步复杂化。

如此，在基层政府、社区两委与村居民之间，就产生了三对两两互动的资源流动结构，流入社区治理场域的资源类型虽然不是单一的，但是它们却会在治理中满足不同的需求，从而使社区内部的资源使用和作用发挥空间发生差异。尽管社区作为一个组织的生存目的比较多元，内部也像企业组织，但也像一般性社会组织那样在组织目标上具有成员的高度统一性。

二 资源流动产生的系统性影响

资源与权力之间的关系一直都是学界关注的热点问题之一，在绝大多数情况下，资源就意味着权力，而权力在各种交换状态下也会转化为资源。《论语·颜渊》中记载了这样一段对话：齐景公问政于孔子，孔子对曰："君君、臣臣、父父、子子。"公曰："善哉！信如君不君、臣不臣、父不父、子不子，虽有粟，吾得而食诸？"在身份制社会中，权力会再生其他资源，在现代社会中亦如此。社区资源的输入方式、驻留方式及分配形式在很大程度上建构着社区内外的权力结构，而权力结构持续的时间越长，其演化为固定规则的可能性就越高，就"集中农转居"社区而言，这种规则的固化具有更加深入的影响。

（一）局部资源流动性的增加或减少会影响社区治理场域内其他部分的连接强度

流动的资源才是权力产生的重要来源，资源的固化则会隔离共同场域内部的竞争—合作关系，从而造成一方权力的减弱甚至消失。在社区治理场域内主要存在三组流动性资源，其中两组具有明显的区域性特点，一组

---

① 陈潭：《选演博弈、策略行动与村庄公共决策》，《中国农村观察》2009年第6期。

具有整体性特点并带有了一定的隐性流动特征。两组区域性流动资源主要是政府向社区输入的资源对应的社区组织向政府输入的人力资源，社区内部可调动的物业性、营利性资源及人力资源等。如果政府向社区输入的资源较多，互动较为频繁，就会在政府与社区组织之间建立更多的正式和非正式的规则，正式的规则一般是政府发文形成的，而非正式的规则则是辅助性地协调政府与社区组织的关系，不管是正式规则还是非正式规则，一旦伴随着资源的高频度流动，其强制性都会同步增强，甚至会衍生出一些主体性社区组织以外的其他组织来助力政府—社区间互动的频度。而社区组织与政府之间规则密度的增加会在很大程度上影响社区组织在其他领域的活动自主性，有时会表现为降低它们与社区公共治理领域其他行动者的互动频率，从而使原来存在的局部治理规则逐步疏松化，出现更多的"漏洞"。漏洞的出现会进一步弱化社区组织成员与其他社区成员的"非正式关系"，从而使社区治理场域表现出明显的制度发展不均衡态势。不容忽视的是，在资源汲取型政府—社区关系被资源输入型政府—社区关系代替之后，那些能从政府获取更多资源的社区往往也是内部资源流动更加通畅的社区，社区积极争取到外部资源，使其能够较好地调动内外资源的优势，从而使各类资源在社区内部形成循环流动的良好态势。[1] 因此，可以说在社区治理的公共场域内，虽然政府的资源输入对社区组织的影响是非常明显的，但是社区内部资源流动的情况才是更为关键的要素，如果社区内部资源流动量大而且资源类型多元，社区内部的互动网络就会更加紧密，外部资源的输入只能锦上添花。如果社区内部不能实现良好的资源流动循环，外部的资源输入就会明显地影响内部的互动网络，最极端的情况下是社区内部网络过度疏离，社区演化为纯粹的行政性、地域性存在。

在此，笔者需要特别说明的是，在大多数情况下，学界更容易关注到社区组织与政府的互动性增强带来的社区内部自治空间减少的问题，但是很少或者无意识地避开了政府的"弱势"情景。在常规性的日常管理中，政府与社区的关系并不是"上下级"的关系，政府的许多工作要得到良好的落实，离不开社区组织的支持，但是在这一交换关系中，社区显然是

---

① 陈锋：《分利秩序与基层治理内卷化：资源输入背景下的乡村治理逻辑》，《社会》2015年第 3 期。

"入不敷出"的，这种"入不敷出"的状况，只能使交换在形式上保持均衡，而实质上是会打折扣的，这一点政府也是非常清楚的，在这种交换关系中政府显然并不一直"高高在上"。

（二）连接强度的增加催生了新规则的产生及系统性治理框架的发展

新规则的产生往往与社区公共治理领域内资源流动激发的互动频率提升及新的公共空间的产生有关，而规则本身是对资源再分配方式的合法性进行界定，也是对权力分布的状态进行再次界定，原来的结构性治理框架在增生了新的规则之后就会形成新的资源流动系统和权力结构。按照传统的组织理论，新增生的权力在产生之初，有更加强烈的扩大"地盘"的趋势，也就是我们通常所说的组织有自我扩张的本性。就"集中农转居"社区的公共治理空间而言，政府对社区的资源输入较之其他规则的生发更为明显，也就是说，政府在社区中的规则延伸与"治理空间"的扩张需求更大，这种扩张需求会在更加显性的区域重构社区的公共治理结构。但是社区内部新的治理规则也处在增生状态，这些治理规则主要是由社区内"趋市民化"的生活方式和居住方式决定的。一般情况下，这些规则的增生不会挤占社区原有的权威强度，反而会在一定程度上增进社区内部的互动频率，在社区自我治理的场域内生发依附性的"次级治理圈"。同时，由于社区行政身份的变化，原来集体农业场域的资源相对减少，互动频率也退化，进而弱化了社区在此区域的"次级治理圈"。

因此，新的结构在社区中的形成状态虽然是由资源流动引发的，但是新规则的增生才是社区治理结构发生转型的直接原因。

（三）资源流动也会改变社区组织的人员结构与兼业状态

作为全体居民的代理人，社区组织是社区公共事务的具体承担者和绝大部分公共事务的决策人。在当下的社区治理中，学界和实践界对社区的定位有"事务化"和"服务化"的倾向，更多的把社区组织作为社区公共产品和公共服务的供给者或购买者看待，这其中与国家、基层政府近年来逐步增加的基层治理需求有关。但是，社区组织还有一个十分重要的身份——社区公民的代理人。

社区组织，特别是社区主体性组织，是社区公民通过合法的程序选举产生的代理人，他们所代理的不仅仅是与社区外的其他主体进行公共事务的协调，更是要代表社区公民表达政治、社会需求。受社区资源输入及内部资源流动的影响，社区组织的身份如果发生过度的"次级治理圈"的失衡，必然会引发组织成员结构的变化，现在"集中农转居"社区的转型尚在进行中，内部人员结构的变化对核心层的影响还没有充分展示出来，即主体性组织的结构变化还不十分明显，但是随着社区组织职业化的发展，这种变化会逐步明显起来。

格兰诺维特在规则、价值及道义经济的关系分析中提到，在孤立的状态下分析单一规则的起源或功能是具有误导性的，因为它们通常与其他规则密切相关，同时，假设规则只有在小型的、本地化社会网络中才能有效运行，也是误导性的，规则应该作为"在更大的社会框架中出现的更大观念结构中的元素"来分析。① 社区公共领域的治理规则虽然有其特殊性，但是从整体上看，社区越来越表现出宏观治理与中观治理的一般性特点，解剖某一社区的扩大性效应正在日益彰显。国家政府、社会经济发展对社区的影响是渗透性的，在这种渗透性的影响下，社区力量越来越成为一个"弱影响"的要素，虽然相对来说社区是独特的，但是对周边广阔的其他社会行动主体而言，社区又是微弱的，在更为延伸的经济与社会保障领域，社区的防御功能显然不可能大过专业性的营利性社会组织与非营利性的国家组织。因此，应该尽早明确农转居社区的公共功能定位，明确得越早，社区发展的积极性价值就越容易凸显出来。

第三节　"集中农转居"社区治理类型的划分

作为共同体的社区，在社会具象层面本就是不可复制的存在，每个社区都在各个细节上彰显自身与其他社区的差异。在滕尼斯那里，这种差异可能会更加明显，因为有机的存在表达的是"世界上没有两片完全一样的叶子"的逻辑。但是，随着现代社会的来临，"有机"的社区被"无机"的社会改造，社会的特点是"合理性"与"机械性"规则的运行。这一规则的入侵，在把社区中的"被道德约束的人""集体的人"变成"被利益约束的人""独立的人"的同时，也把社区的独特性"压榨"到了社区治

---

① ［美］马克·格兰诺维特：《社会与经济：信任、权力与制度》，王水雄、罗家德译，中信出版集团 2019 年版，第 87 页。

理的"细枝末节"之处。即便如此，社区仍然因其"细枝末节"的差异而产生了"生动性"，这种生动性让每一个观察者在深入社区之时，能够"品尝"到它的"酸甜苦辣"。正是因为社区的这种"混合性"才有了社区类型学研究的必要和可能。

本章前两节阐释的"同构化"与"同构外因素"的联合作用就是在描述社区的"混合性特征"，只是这种混合性特征在"集中农转居"社区中表现得更加明显。李培林在其对广州"城中村"的调研中，曾将城中村称为"混合社区"，那种混合是从"城乡意义"上谈的，具体表现就是在"土地制度""社会管理制度"以及"村籍"所附带的福利上有别于城市社区。① 如果从"城中村"与"农转居社区"的元素组成情况看，两者确实是存在交叉关系的，而且共同拥有的元素数量还不少。

从形式上看，"农转居"社区普遍表现为村庄拆迁、村民上楼、社区组织重构、自治范围拓展的过程。其间，制度的变迁在形式上表现得比较明显，但是，社区本身并不是"机器"，制度与规范的"剧烈变迁"，往往引发社区原有的治理结构的反弹，这种反弹有时表现得比较激烈，有时则表现得比较和缓，关键的问题还是社区内部资源的流动状态以及由流动状态决定的行动者互动是否建立了"相对均衡"的制度决定的。

一 社区治理类型的相关研究

在社区类型学的研究梳理中，不可不提两个人，一个就是滕尼斯，一个就是迪尔凯姆。两位社会学先驱虽然在观点上产生了较大的分异，一个把社区作为有机结构来对待，一个则恰恰相反，把社会作为无机结构来对待，但是他们的类型学划分，却使社区与社会的相对差异更加明显地呈现在世人面前，哪怕这种呈现仅仅是在理想类型的意义上而言的。至今，我们再谈及社区的时候，仍然不能越过滕尼斯，亦不能越过迪尔凯姆。

随着社会的发展，社区与社会的差异性更多的是在理论脉络的梳理中表现出来。正如作为个体的人在春风得意时更容易相信个体的能力一样，在人类社会发展的相对平稳期，作为整体的人战胜外在环境的能力逐步增强而未被"教育"之时，群体中的个体也更容易忘记"温情"的价值，而

---

① 李培林：《村落的终结：羊城村的故事》，商务印书馆2004年版，第4页。

奔忙于"效率"带给个体的"荣誉",而世界的真实往往不是因为作为个体的人如何强大,而在于"环境尚在可承受的范围"。"发展的空间"还没有被完全挤压,自然还有自我恢复的空间。正如当初我们面对新冠肺炎疫情,当自然以前所未有的范式向我们拉起警报的时候,个体往往是十分脆弱的,"温情"在人们脆弱的时候更显价值。而社区的回归,也是因为人们再次意识到了"人类不能太任性"。所以当社区回归之时,她已经不是滕尼斯笔下的那个理想类型,但是她保持了"温情"、"归属"与"价值认同"等多种核心要素,而社区也不再局限于"熟人关系结成的小群体",而是扩大到了所有需要归属的群体的边界,其中最大的莫过于"地球村"这个社区。也许是翻译上的差异我们还没有完全厘清,也许是学者们有意无意地区分"共同体"与"社区"。但为前后表述的一致,我们在本书中将不对"共同体"和"社区"作更细致的区分。因此,人类共同体,我们也可以理解为人类社区,虽然这种说法并不普遍。在使用社区这个词时,最为宽泛的空间边界往往为一座城市,而最小的使用范围则是一个村落。从这个意义上,社区与社会的差异在更多的时候表现为社会的边界更为宽阔,因为社会与国家总是连在一起的,我们经常会说美国社会、中国社会。虽然政治家们,特别是欧美国家的最高国家领导人也常把"Community"用在国家层面,那种使用更像是一种"套近乎"的表现,是一种政治表达,而不是学术表达。

而今,社区与社会的类型学差异已不似滕尼斯、迪尔凯姆那个时代那样具有理论分析的重大意义。社会类型的差异性在冷战时代结束之后,也不再是理论界讨论的热点问题,而社区类型的差异则开始逐步引起人们的关注。

随着社会中个体"归属"需求的提高,"小范围的熟识及人际互动"所搭建起来的"微型社区治理结构"明显多了一些"特殊性需求"。当然,"区域"在空间上的具体位置也通过资源配置等种种手段对社区的塑造产生了重大的影响。当人们奔忙于日渐没有区别的城市之间时,只能在"自己家的一亩三分地"上寻求"自己的独特性"。社区的差异或许恰恰是因为它关注的是"细枝末节的纹路",而这些纹路正是完全不同的"叶子"产生的根源。

对社区类型差异的研究在社区研究刚刚起步之时就已有之,费孝通先

生出于民族学研究的视角，对中国西南、中南地区少数民族社区的研究在
一定意义上也是一种社区的类型学研究。随着中国改革开放的深入，城市
社区的形态日渐发生变化，1992 年吴缚龙在其《中国城市社区的类型及其
特质》一文中就曾针对中国改革开放之初，城市社区初步实现市场化划分
的情况作了类型学研究。该文指出，鉴于居住与生产之间的不同关系，形
成了城市社区内部的不同类型，包括，传统式街坊社区、单一式单位社
区、混合式综合社区、演替式边缘社区四种，其中传统式街坊社区是前工
业化时期的典型社区形态，而演替式边缘社区则是我们现在经常会说的
"城乡接合部"社区，这类社区被当时的作者称为最为活跃也最为混乱的
社区类型[1]。吴缚龙的这种划分对后续的城市社区类型划分产生了较大影
响，特别是街坊社区和单位社区的提法，得到了王颖[2]、李国庆[3]等人的响
应。如果将社区的类型从城市范畴扩展开去，最为典型的划分方式应该是
周大鸣、高崇所言的城市社区、乡村社区以及城乡接合部社区，[4] 而其中
的城乡接合部社区也就吴缚龙的"演替式边缘社区"。这种社区往往因为
其亦城亦乡的特点而更富治理的复杂性，也正是因为这种复杂性的存在使
其更具理论分析的价值。上述类型的划分主要是以空间形态为主要特征展
开的，其内部的治理特点并未通过其名称凸显出来。而林闽钢老师则将社
区划分为行政主导型社区、行政引导型社区、多元共建型社区、多元共治
型社区四种，并提出多元共治型社区是中国未来社区治理方向的主张。[5]
这种划分方式明显是以社区治理的主体及其治理形式为标准，如果把这两
种划分标准结合起来，我们会发现在不同的空间类型中，也会存在不同的
主体治理类型。恰如吴莹在其《空间变革下的治理策略——"村改居"社
区基层治理转型研究》一文中所指出的，"空间富含着社会性，体现了生
产关系和社会关系的脉络。空间的变革既是资本运作和权力分配的后果，

---

① 吴缚龙：《中国城市社区的类型及其特质》，《城市问题》1992 年第 5 期。

② 王颖：《上海城市社区实证研究——社区类型、区位结构及变化趋势》，《城市规划汇刊》
2002 年第 6 期。

③ 李国庆：《社区类型与邻里关系特质——以北京为例》，《江苏行政学院学报》2007 年第 2 期。

④ 周大鸣、高崇：《城乡结合部社区的研究——广州南景村 50 年的变迁》，《社会学研究》
2001 年第 4 期。

⑤ 林闽钢、尹航：《走向共治共享的中国社区建设——基于社区治理类型的分析》，《社会科
学研究》2017 年第 2 期。

也生产着新的权力格局和社会关系。新的空间在社会关系和社会秩序的重组过程总被建构出来，而作为一个动态的实践过程，空间也会进一步对社会关系和秩序进行再生产"。①

　　在类型学视角下研究社区是社区研究逐步走向细化的表现，而类型分析下的交叉研究则在一定程度上说明了社区研究已经进入系统化深入发展阶段。在系统化深入阶段，社区的类型学研究应该如何进行呢？

　　正如李培林老师所言，中国著名社会学家费孝通先生早就意识到村落研究中存在个案解释力的局限问题，并一直在探索乡村社区研究的类型比较方法，试图通过类型比较，走出村落个案的局限。但是类型的比较仍然不能克服现实类型的局限性，因为这种现实类型的比较不是经过抽象的理想类型，不具有超越个体经验的普遍解释力，也不是经过还原的原型，不具有历史寻根的意义。同时，由于中国的大一统传统及单一制国家的政治制度影响，即便是对现实的社区治理类型进行划分，最后也会发现所谓类型也只不过是某个方面更加突出而已，类型之间的共性多于它们之间的不同。也正是因为这种情况的存在，李培林主张以理想类型的方式解决上述矛盾。②

　　以理想类型的方式切入研究，以韦伯的权威类型的比较为古典型典范，但是鉴于具体研究方法及研究对象的差异，中国社区的研究要使用理性类型的方式进行比较研究需要较高的理论根底和丰富的前期调查经验积累。笔者自认尚不能达到这个要求，故实在不敢造次使用理性类型的方式进行抽离式的比较研究。所以，本课题虽然采用类型学的研究方法，但主要还是针对"具体"案例的比较。

二　"集中农转居"社区治理的几种类型

　　中国是一个幅员辽阔、人口众多而居住密集的国度。自 20 世纪 90 年代中期以来，中国的城镇化发展速度一直保持着较高的发展水平，现在已经有 60.6% 的人口生活于城市之中。③ 但是在这 60.6% 的人口中，有 40%

① 吴莹：《空间变革下的治理策略——"村改居"社区基层治理转型研究》，《社会学研究》2017 年第 6 期。
② 李培林：《村落的终结：羊城村的故事》，商务印书馆 2004 年版，第 7—8 页。
③ 参见《2019 年我国城市化水平达 60.6%，城镇人口比去年增加约一个百分点》，https://new.qq.com/omn/20200312/20200312A0VR4U00.html，最后访问时间：2020 年 3 月 20 日。

以上的人口是在 2000 年以后作为城市人口计算的，其中还有相当数量的人口是农业人口或以市民身份统计而实际上仍然保留着土地的人口。因此，在居民生活方式与社区治理方式上完全实现城市化的人口覆盖率还会远低于 60% 的比例。在参差不齐的城镇化发展水平下，顶着同一顶帽子的"农转居社区"也不是一个样子的，南北差异、东西差异，甚至区域差异都会通过经济的、政策的、执行机制的差异而对社区的物理形态和治理方式产生明显的影响。

作为一种中国独特的社区发展类型，"集中农转居"社区的发展无法离开政府的规划与推动，从这一点上看，农转居社区皆具有较强的政府导入特点。如果没有政府的介入，社区的拆迁安置就无法启动，如果以此作为社区治理类型的划分标准，"集中农转居"社区的类型划分就是没有意义的，因为，所有的"集中农转居"社区都是政府规划的结果。所以，我们对社区治理类型划分的主要依据是社区变迁过程中的资源输入状态以及社区治理过程中的资源使用方式，而不是政府是否介入。

结合课题前期对社区资源分配格局的研究，将调研的"集中农转居"社区分为以下几种类型：

（一）自主发展：资源内聚型社区

自主发展型的"集中农转居"社区，并不是指社区是一种完全的自发启动模式，而是指社区在经历了拆迁这个重要的变迁后仍然具有相对较大的自主权，拆迁当时它们虽然可以通过一定的程序获得政府的项目支持及其他的配套优惠，但是资源的输入量相对来说是比较有限的，社区需要充分调动内部的资源，才能完成这次拆迁安置，政府在社区变迁上发挥了较大的作用，但是政府并不涉入社区后期管理的具体细节，社区的后期治理主要依靠社区调动自身的资源来解决。

这种类型的"集中农转居"社区的具体表现形式就是"土地增减挂钩"项目推动下的社区变迁。

"土地增减挂钩"政策，又称为"城乡土地增减挂钩"政策，其全称是"城镇建设用地增加与农村建设用地减少相挂钩"，具体是指国家对一定行政区域内的工业化和城市化用地实行指标控制，如果指标内的土地不够用，准许通过农村减少建设用地——"非转农"（新增耕地面积）的办法扩大工业化和城市化的实际用地面积。即"农村增（耕）地"与"城市用（耕）地"挂钩。"土地增减挂钩"政策是守住 18 亿亩耕地红线的产物。①

从背景看，"土地增减挂钩"政策的出台，在很大程度上是为了引导城乡建设集中、集约用地，解决小城镇发展用地指标问题。2000 年 6 月，《中共中央 国务院关于促进小城镇健康发展的若干意见》（中发〔2000〕11 号）（以下简称《意见》）中提出，"对以迁村并点和土地整理等方式进行小城镇建设的，可在建设用地计划中予以适当支持……要严格限制分散建房的宅基地审批，鼓励农民进镇购房或按规划集中建房，节约的宅基地可用于小城镇建设用地"。为贯彻落实《意见》，国土资源部随后发出《关于加强土地管理促进小城镇健康发展的通知》（国土资发〔2000〕337 号），第一次明确提出建设用地周转指标，主要通过"农村居民点向中心村和集镇集中""乡镇企业向工业小区集中和村庄整理等途径解决"，对试点小城镇"可以给予一定数量的新增建设用地占用耕地的周转指标，用于实施建新拆旧"。对目前中国土地政策具有重要影响的《国务院关于深化改革严格土地管理的决定》（国发〔2004〕28 号）也提出，"鼓励农村建设用地整理，城镇建设用地增加要与农村建设用地减少相挂钩"。2005 年 10 月 11 日，国土资源部下发了《关于规范城镇建设用地增加与农村建设用地减少相挂钩试点工作的意见》，在全国部分省市部署开展了"城镇建设用地增加与农村建设用地减少相挂钩试点"工作。2006 年 4 月，国土资源部在全国 5 个省（市）开展第一批试点，山东是试点面积最大的一个，占总试点面积的 35%，周转指标 2.59 万亩，涉及 178 个居民点近 3 万农民。② 自 2009 年起，国土资源部改变批准和管理方式，将挂钩周转指标纳入年度土地利用计划管理，国土资源部负责确定挂钩周转指标总规模及指标的分解下达，有关省区市负责试点项目区的批准和管理。③

"土地增减挂钩政策"引发"农村上楼""集中居住"的数量在三种

---

① 李昌平、马士娟、曹雅思：《对"撤村并居"、"农民上楼"的系统思考》，《中国党政干部论坛》2011 年第 3 期。

② 《山东城乡土地增减挂钩试点调查：涉及 3 万农民》，大众网，最后访问时间：2020 年 3 月 20 日。

③ 《城乡建设用地增减挂钩》，太原市国土资源局尖草坪分局网站，最后访问时间：2020 年 3 月 20 日。

类型中是最多的，在课题组的调查中占比也是最高的。这种方式的变迁不仅是"农转居"变迁，还包含了"新农村"建设的内容。但就"集中农转居"部分而言，这一政策下的"集中化"过程，在三种类型中都是外来资源输入较少的类型。同时，在社区变迁的过程中，村居组织是主要的动员性组织，并且变迁没有其他类型的"拆迁"那么强烈，"强制"拆迁发生的概率低于其他类型，但是隐形的拆迁压力并不小，因为在旧村大多数住户"被拆"之后，村内的公共设施和公共服务大多处于"停摆"状态，"不签合同"最后也会转化为"要求签合同"。在这种模式下，社区内部原有的社会关系、生活方式、经营方式受到空间变化的影响最大，而其他资源的变化则较少。因此，社区内原来的自治组织和党的基层组织仍然保留了较大的自主权。由于这种变迁方式并不是在社区周边环境发生了明显变化的情况下展开的，内源式的变迁所对应的仅仅是一种对"城市生活的模拟"而没有真正实现资源循环重组。社区试图在周边创造的"城市化就业模式"也往往不能奏效，从而不能给社区带来流动性的资源，如果社区在拆迁过程中发生了内部资源透支，也会为未来的社区治理带来很大的负担。

（二）上下结合发展：资源分隔型社区

上下结合发展型社区，顾名思义就是在社区拆迁启动环节既有来自政府的推动，又有来自社区的直接推动，在表现形式上往往是社区自发推动在前，政府推动在后，如此，就形成了两种资源接续投入社区发展的形式。

在这种情况下，政府资源投入的数量要超过资源内聚型社区，因此，社区的资源流动量更大，社区内部治理的资金紧张状态明显舒缓。

这类社区在发展的早期往往是因为居民自主集中或者因为"土地增减挂钩"政策集中了部分居民，但是随着区域经济的发展、城镇规模的扩展，村居中尚未集中的部分按照其他"拆迁安置"项目进行了"集中上楼"，进而完成了"村改居"的制度变迁。

与第一种模式相比，这种模式的变迁在资源输入量上有明显增加，这个资源输入一个是因为区域经济发展带给社区的整体性资源升级，原来的社区耕地、社区宅基地都进入了交易的范围，同时，在城市扩容中进行拆迁，其补偿标准也发生了较大的变化，居民的资源升值空间相对更大一些。这种类型的"集中农转居"社区往往位于乡镇政府及乡镇经济中心周边，在剧烈的空间变化面前，政府对社区的组织性投入并不多，主要是其他资源的投入，因此，社区内部的治理结构保持了较多的自主规划性。

（三）由外而内发展：资源贯通型社区

在农村时代，社区的发展多是依靠自身资源启动的，外来资源数量有限，但是在城市化的过程中，城市经济的溢出效应在很大程度上带动了周边农村的发展，在这些区域还未在行政上脱离"村"的建制之时，经济的发展、居民的就业范式及收入水平已经明显表现出了城市的特性，虽然集体经济等因素的存在还在一定程度上表明了其"非城市性"的一面，但是这一面在城市规划性扩容面前，很快就会被城市"同化"。

在这种模式下，"农转居"的制度变迁与社区的"空间"转化取得了同步发展的成果，政府组织向社区的渗透也更加明显。"农转居"社区的过渡性正在迅速褪去，城市社区的特点彰显，如此，社区内部居民的异质性明显增强，社区承担的政府责任与社区内的多元化权威结构同时增长，政府对社区的资源投入不仅仅局限于"财政"支持与公共服务的替代，社区组织的"准政府化"步伐明显加快。

但是由于个体收益的明显增强，在这种模式下的居民对社区公共服务的供给要求也明显高于其他两类社区，因此，社区组织的专业化层次也远高于其他两类社区。资源贯通型社区已经不再是经营性单位，而与大部分的城市社区一样，转化为"消费性"单位。

三 关于类型划分的补充说明

"集中农转居"社区类型的划分并不是在各社区之间画了一条明晰、绝对的分界线。作为单一制国家的最后一公里的治理单位，社区仍然是政治、经济、社会制度的具体呈现载体之一。在经济社会的发展日渐突破区域限制的当下，社区内部资源的流动规则与区域社会甚至国家的资源流动规则的相似性越来越强。因此，对社区类型的划分只是为了学术分析上的便利，甚至在局部还有特别的突出效应，这些突出效应是为了标明不同社区治理的差异性而不是为了把社区模式化。

本课题在后续章节上会使用"模式"一词与"类型"一词交叉。"模式"一词，本就极容易引起学界的怀疑性讨论，凡言模式者，往往是一种固化的表现，是事物发展呈现出系统化特性，进而引发制度规则逐步稳定化的结果。而"集中农转居"社区说到底仍然是一种"过渡形态"，这种"过渡形态"甚至不能在"一个五年计划"内维持制度的稳定。因此，在此妄谈"模式"确实有其不妥之处。但是在分析"集中农转居"因为资源差异而引起的治理格局差异时，又没有其他一个更加合适的词汇来表达这种差异，所以权且使用"模式"一词。

因此，笔者在上述划分的三种类型就会分别指向后续章节所言的三种模式。

第四章 自主规划发展：资源内聚型社区治理的生发与运行

从概念上看，"集中农转居"社区的概念包含了两层含义，一个就是"集中化"，一个就是"农转居"。集中化表达的是分散的村庄通过"拆迁安置"方式发生了空间上的转化，原来较为分散、平铺的社区空间结构发展为多层、高层的楼房集中居住结构；而"农转居"则可以理解为两种形式，一种是"村的建制"改为"居的建制"，一种为"农民的生活方式"转化为"居民的生活方式"。从实践发展的基本顺序看，"农转居"的两种形式与"集中化"的过程并没有固定的时间发展顺序，部分地区是在生活方式首先发生了变化之后实现建制的更改的，有的是在集中化之后实现建制更改的，而有的则是在建制更改、生活方式"城乡参半"的格局下实现"集中化"的。在调查中笔者也发现，从社区层面看，建制的转化并不意味着政府对社区管理的全面转型，村的管理方式对政府来说相对低成本，而居委会方式则相对高成本，所以，在课题组调查的过程遇到了多次名称上更改为居委会编制，但是实际的管理方式并未发生明显变化的社区。

因此，为了避免在概念上过度纠结，本书所言的"集中农转居"社区，必然包含了集中化的过程，但并不必然包含"建制的转化"，部分社区仍然走在"建制转变的路上"，其生活方式的转化已经启动，农业已经不是社区的主要经营性产业。

资源内聚型社区，是课题研究的第一种"集中农转居"社区类型，也是课题组调查数量较多的一种类型。从 2014 年冬天至 2018 年夏天，课题组调查的此种类型的社区共有 8 个，其中山东省 6 个（济南市 1 个，枣庄市 3 个，滨州 2 个），浙江省杭州市 2 个。调查过程中因为介入方式的差异，有的社区进行了问卷调查，有的社区问卷、访谈皆有，而有的社区仅作了深入的访谈。因此，各个社区展现出来的景象会有一些局部差异。

第一节　社区变迁的政策背景、基本情况及资源重组状态

"城乡土地增减挂钩政策"是资源内聚型社区发生空间变迁的基本政策背景。在"土地增减挂钩政策"下，全国各地的"农民上楼"比例普遍提升。本节将对"土地增减挂钩政策"的基本发展情况，调查社区的基本信息及在空间变迁下社区资源重组的情况进行梳理。

一　社区变迁的背景：土地增减挂钩政策

（一）国家层面的政策发生及其变迁

土地增减挂钩政策的实施目的在于实现耕地总量的动态平衡，实现城镇建设用地占用耕地周转的良性循环。这一政策的前期准备在"1999 年，国土资源部提出的两项政策：一是土地置换政策；一是指标折抵政策。这两项政策是在以计划指标为核心的严控体系下开了口子，是中央政府对地方政府'以地谋发展'诉求的回应。1999 年《土地管理法实施条例》第十八条规定：'土地整理新增耕地面积的百分之六十可以用作折抵建设占用耕地的补偿指标。'"① 2000 年 11 月 30 日，国土资源部下发《关于加强土地管理促进小城镇健康发展的通知》，该通知明确指出："县、乡级土地利用总体规划和城镇建设规划已经依法批准的试点小城镇，可以给予一定数量的新增建设用地占用耕地的周转指标，用于实施建新拆旧，促进建设用地的集中。"紧接着，2000 年 12 月 27 日，国土资源部再次就耕地保护与经济发展的矛盾问题发文，这个发文为《关于加强耕地保护促进经济发展若干政策措施的通知》，该《通知》进一步提出，"为鼓励挖掘农村建设用地潜力，对原有农村宅基地或村、乡（镇）集体建设用地复垦成耕地的，经省级国土资源管理部门复核认定后，可以向国家申请增加建设占用

---

① 连宏萍、陈晓兰：《央地关系视角下的土地增减挂钩政策变迁——基于间断均衡理论的考察》，《新视野》2019 年第 4 期。

耕地指标"。而这些新增的建设用地指标，属于计划外指标，对地方政府积极参加土地整理发挥了不可估量的推动作用。2004 年 10 月 21 日，国务院发布对土地增减挂钩政策产生重大影响的《关于深化改革严格土地管理的决定》（国发〔2004〕28 号）。该《决定》第一次明确提出："鼓励农村建设用地整理，城镇建设用地增加要与农村建设用地减少相挂钩。"在此，"城乡建设用地挂钩"的概念首次提出，《决定》发布以后，全国各地，主要是省级政府也纷纷发布相应的深化改革土地管理的实施政策，如笔者调查的山东省就发布了《山东省人民政府关于贯彻国发〔2004〕28号文件深化改革严格土地管理的实施意见》（鲁政发〔2004〕116 号），其他省份也多有此类文件发布。此一文件的发布使城乡土地之间的"周转"明确受到制度的激励，从而为地方政府"拆旧建新"政策的深入推进创造了更富张力的环境。

在国发〔2004〕28 号文件之后，2005 年 6 月 4 日，《国务院办公厅关于转发〈国土资源部关于做好土地利用总体规划修编前期工作的意见〉的通知》发布，该《通知》指出："按照城镇建设用地增加与农村建设用地减少相挂钩的要求，提出土地利用调整和推进建设用地整理的措施。"2005 年 10 月 11 日，国土资源部下发了《关于规范城镇建设用地增加与农村建设用地减少相挂钩试点工作的意见》的通知，在全国部分省市部署开展了城镇建设用地增加与农村建设用地减少相挂钩试点工作。2007 年 7 月13 日，国土资源部下发了《关于进一步规范城乡建设用地增减挂钩试点工作的通知》，就挂钩试点工作的有关问题进行进一步规范。2008 年 6 月 27日，国土资源部印发了《城乡建设用地增减挂钩试点管理办法》，进一步明确了挂钩内涵："依据土地利用总体规划，将若干拟复垦为耕地的农村建设用地地块和拟用于城镇建设的地块共同组成建新拆旧项目区，通过建新拆旧和土地整理复垦等措施，在保证项目区内各类土地面积平衡的基础上，最终实现增加耕地有效面积，提高耕地质量，节约集约利用建设用地，城乡用地布局更合理的目标。"

但是，随着经济社会发展的推进、城镇土地资源稀缺程度的上升，"城乡土地置换"背后隐藏的巨大经济利益开始在各个政策空间中寻找"出路"。土地增减挂钩的"正面影响"和"负面影响"，特别是后者开始成为学界与实践界讨论的重点，这些问题主要表现在：（1）擅自开展城乡建设用地增减挂钩试点或扩大试点范围，有"遍地开花""泛滥"之势；
（2）片面追求增加城镇建设用地指标，大肆圈占农村集体土地，耕地复垦
成"面子工程"；（3）违背农民意愿强拆强建，农民"被上楼"，严重侵
害农民利益；（4）违反禁止跨县域范围调剂使用周转指标的规定，挂钩指
标"满天飞"；（5）挂钩周转指标收益分配不规范、不合理等①。2010 年
12 月 27 日国务院发布《国务院关于严格规范城乡建设用地增减挂钩试点
切实做好农村土地整治工作的通知》（国发〔2010〕47 号），该《通知》
要求"以增加高产稳产基本农田和改善农村生产生活条件为目标，以切实
维护农民权益为出发点和落脚点，坚决扭转片面追求增加城镇建设用地指
标的倾向，坚决制止以各种名义擅自开展土地置换等行为，严禁突破挂钩
周转指标，严禁盲目大拆大建和强迫农民住高楼，严禁侵害农民权益"。

　　至此，城乡土地增减挂钩政策进入"政策收紧"阶段，2011 年 10 月，
国土资源部相继先后《国土资源部办公厅关于城乡建设用地增减挂钩在线
监管工作的通知》《城乡建设用地增减挂钩试点在线监管系统建设方案》，
12 月又发布《国土资源部关于严格规范城乡建设用地增减挂钩试点工作的
通知》，该《通知》要求"严格增减挂钩项目考核。增减挂钩试点以项目
区为主体组织实施，确保项目区实施后建设用地面积不扩大，耕地数量有
增加、质量有提高……强化增减挂钩试点全程管理。各试点地区要对增减
挂钩指标的下达、使用和核销实行全程监管"。党的十八大以后，随着中
国扶贫政策的深入，2016 年，国土资源部发布《关于用好用活增减挂钩政
策积极支持扶贫开发及易地扶贫搬迁工作的通知》，明确提出，在分解下
达全国增减挂钩指标时，向脱贫攻坚任务重的省份倾斜；2017 年国土资源
部发布《关于进一步运用增减挂钩政策支持脱贫攻坚的通知》，再次强调
增减挂钩政策的重要作用，给予贫困地区地方政府更大的自主权。②

　　国家层面的土地增减挂钩政策，其出发点是为了实现土地资源的节
约。在经济快速发展、市场化快速推进的背景下，土地作为一种极为稀缺
且没有再生性的资源，其市场价值走高的发展趋势应该是政策制定者能够

---

① 任平、周介铭：《城乡建设用地"增减挂钩"制度评价与研究展望》，《中国农学通报》
2013 年第 5 期。

② 连宏萍、陈晓兰：《央地关系视角下的土地增减挂钩政策变迁——基于间断均衡理论的考
察》，《新视野》2019 年第 4 期。

预见到的，但是在 20 世纪末 21 世纪初叶之时，中国的城市化及伴随而生的土地资源的重要性，只是在一定程度上为各个阶层所认知，长期计划经济的烙印，对于国有土地的市场价值尚缺乏深入细致的认识。而地方，作为政策的具体执行者，则更容易在政策执行的过程中发现"利益"的走势，加之地方财政在城市化、现代化发展中的压力，政策的"扭曲"就成为一个大概率事件。

（二）地方层面"土地增减挂钩"政策的具体推行

顾汉龙、冯淑怡、张志林、曲福田等在《我国城乡建设用地增减挂钩政策与美国土地发展权转移政策的比较研究》一文中，曾经对成都郫县长林村"土地增减挂钩"项目的地方执行情况进行了介绍，郫县长林村"土地增减挂钩"项目流程可以分为三个阶段，具体情况如下：第一阶段"土地增减挂钩"指标产生阶段，这一阶段，郫县土地行政主管编制《长林村"挂钩"项目专项规划》和《长林村"挂钩"项目实施计划》。设定项目拆旧区的具体区域、项目建新区及农民安置区的具体坐落并向省级国土资源部门申请"挂钩"周转指标；第二阶段是"挂钩"指标使用阶段，这一阶段，郫县土地行政主管部门在委托建筑公司建设农民安置区的前提下，将建设节余的"挂钩"周转指标等量置换到城镇建新区；最后一个阶段是"挂钩"指标的归还，这一阶段郫县土地行政主管部门委托相关土地整理公司对拆旧区统一复垦，复垦后，省、市国土资源相关部门对复垦后新增的耕地进行审核。经挂钩项目的运作，成都郫县出让新增的 17.6 公顷"挂钩"周转指标，累计获得 11 亿元土地出让金，共实现了 4 亿元的净收益。①

就课题组的调查看，山东、浙江、江苏三省的"土地增减挂钩政策"有众多的相同之处。在基本程序上也非常相像。这种情况应该不是三省的特例，而是全国范围较为普遍存在的情况。之所以出现这种情况，在很大程度上与地方具体政策是在《国务院关于深化改革严格土地管理的决定》（国发〔2004〕28 号）文件的框架下细化的结果有关，比如，在国发〔2004〕28 号文件发布以后，山东省人民政府也发布了《深化改革严格土

---

① 顾汉龙、冯淑怡、张志林、曲福田：《我国城乡建设用地增减挂钩政策与美国土地发展权转移政策的比较研究》，《经济地理》2015 年第 6 期。

地管理的实施意见》(鲁政发〔2004〕116 号),该文件指出了山东省人多地少、人均占有耕地低于全国平均水平的现实情况,并按照国务院文件的规定做了相应的政策细化,但是从总体上看,这一《实施意见》仍然是一个"原则性"的政策文件。关于细节的补充较少,只有两三款,其中涉及对农民的补偿的规定:"征收集体耕地的土地补偿费、安置补助费合计不得低于亩产值的 16 倍,人均耕地 0.2 亩以下的两项费用按法定上限 30 倍补偿。因征地不能使被征地农民保持原有生活水平的,当地政府可以用国有土地有偿使用收入予以补贴。"

2005 年 11 月,山东省国土资源厅印发《山东省开展城镇建设用地增加与农村建设用地减少相挂钩试点工作的实施意见》,强调"农村居民点撤并改造和搬迁安置方案、土地权属调整方案要充分征求农民个人、集体经济组织及有关单位的意见,必须经村民会议同意并由乡镇人民政府报县级人民政府批准"。同时,"挂钩周转指标应优先用于农村居民点和乡村基础设施等建设",2010 年 8 月,在山东省政府发出《山东省人民政府关于加强土地综合整治推进城乡统筹发展的意见》(鲁政发〔2010〕73 号)后,山东省国土资源厅和山东省财政厅联合印发《山东省土地综合整治项目指南》(鲁国土资发〔2010〕110 号),该文件提出,在申报条件上按照"农民自愿、权属清晰、因地制宜、先易后难、循序渐进"的要求,实行全域规划、全域设计、全域整治。这里再次强调的"农民自愿"与课题组调查的情况基本符合,只是在调查中,社区的回答是"自己申请,双方结合"。可见,土地增减挂钩虽然是"省、市、县"三级政府规划的土地整理项目,但是在形式上,"村庄的申请"是项目能够在哪个村启动的第一步。如果基层政府有规划,而村庄最终没有响应,或者拖拉犹豫,没有明确的申请材料,项目的启动也是非常困难的。《指南》在基本原则部分特别强调"村级班子强,农民有进行土地综合整治的强烈愿望"。所以,2012 年山东省国土资源厅印发《山东省城乡建设用地增减挂钩试点项目实施管理暂行办法》(鲁国土资发〔2018〕8 号)第一章第二条再次强调,"增减挂钩试点工作以农民自愿且不增加农民负担为前提"。第二章第十一条规定,"项目报批时,必须附具听证和公示相关材料,未经集体组织和农民同意,不得强行开展"。

在新建小区的公共绿地建设上,《山东省人民政府关于加强土地综合整治推进城乡统筹发展的意见》（鲁政发〔2010〕73号）提到，"可在新型农村社区中适当留出部分园地、林地、菜地，便利居民生活、美化社区环境"。在新建社区基础设施配套建设的问题上，《指南》规定"新增建设用地有偿使用费主要用于项目区内的农用地整理，可安排不超过总额20%比例资金用于社区基础设施配套建设（包括供电设施、给排水设施、村内道路、村庄绿化等）"。

省级政府在"土地增减挂钩"项目上与财政部、国土资源部签署有《整体推进农村土地整治示范协议》，省政府国土资源与财政部门与地市县级政府也会签订相应的协议，当然，村级组织与相应的部门也要签订这个协议。

二 社区简况及调查的基本情况

课题组调查的资源内聚型的社区共有8个，其中山东省6个（济南市1个，枣庄市3个，滨州2个），浙江省杭州市2个。

（一）社区简况

1. 山东省济南市Z社区

山东省济南市Z社区，位于济南市东部，GZ镇政府驻地西邻。GZ镇位于济南市的东南部，东与淄博、南与莱芜搭界，西距市区5千米左右，经十东路横穿东西，是济南市经济和小城镇建设特色重点镇，总面积186.29平方千米，辖6个办事处，60个行政村，人口4.9万余人。Z社区是GZ镇的示范社区，南依309国道，交通便利，位置优越。社区分为两部分，一部分为原W村拆迁安置而成，另一部分则为C村一组居民拆迁安置而成，前者在课题组调查时已建成公寓楼25栋，后者建设安置楼6栋，目前社区内共建成公寓楼31栋1068户，入住群众926户，社区在建公寓楼1栋30户，小高层2栋176户。按照楼房建设与配套设施建设一体化规划的原则，社区服务基础设施和文化设施建设相对完备：投资200余万元，成立了物业管理办公室、矛盾纠纷调解室、医疗卫生室、立体娱乐室、健身室、警务室和治安巡逻队，实行24小时管护；投资560余万元在社区南侧规划建设了文化广场，广场内安装了大型LED显示屏和健身器材，成为全镇的标志性建筑；配套建设1.24万平方米的沿街商住楼和商贸市场、1000平方米的社区服务中心；先后投资225万元新建社区污水处理站 2 处；新建了老年公寓、老人终老送别室；投资 200 余万元在社区北侧高标准修建了和谐大道，实现了与镇驻地零距离对接；实现水、电、路、有线、网络宽带、天然气、暖气"七通"；同时按照全市城乡环卫一体化工作部署，对生活垃圾统一收集存放，垃圾日产日清，道路全天保洁。

2. 山东省枣庄市三社区简况

枣庄市调研的三个社区皆在 XG 镇境内，XG 镇面积 80 万平方千米，下辖 72 个村居，总人口 14 万，曾经获得全国重点镇、全国小城镇综合改革试点镇等荣誉称号，被列入"全国西部经济隆起带经济强镇"。XG 镇的发展在很大程度上依托于镇内一国有煤矿及其衍生的上下游产业，笔者在 XG 镇调查的 3 个社区是该镇"一座中心城，三大组团社区"的组成部分，其中 Q 社区、D 社区位于 ZG 镇的"中心城社区项目"内，G 社区则与其他两个村居在另一组团社区中。

Q 居委会由原来的 Q 村改制而成，是最早迁入 ZG 镇"中心城社区项目"组团社区的居委会，也是该组团社区人口规模最大的居委会，当下 XG 镇的行政商业中心都在该居地域范围内。Q 居委会有 863 户 2568 人，入住 63 栋楼房，由于社区内还有其他居委会的人员入住，社区内部管理实行按片管理的原则，各个居委会只管理自己的人。Q 居虽然已经转化为居委会编制，但是仍然有 1690 亩的土地，且管理着 XG 镇最大的农贸综合市场，居委会最近几届两委的改选频率比较高，基层组织不够稳定。

D 社区居委会与 Q 社区居委会同为 XG 镇政府驻地，有 430 户，比 Q 社区居委会人口少了近一半，耕地面积也少，仅有 450 亩左右，但是 D 居两委较为稳定，特别是党支部书记一职非常稳定，社区有独立法人的企业团队，经营效益远比 Q 居委会的农贸市场管理收益高。社区获"示范村居"奖励多次，在乡镇年终考核中多次获得一等奖。

G 社区原村与 Q 社区等四个居委会连接在一起，村内公共设施基础较差，在土地增减挂钩政策下，全村整村拆迁到新社区，居住条件发生了明显变化。但是居内没有自己的经营性产业，虽然书记一职较为稳定，但是主任一职变化较大，基层组织内部成员矛盾明显。

3. 山东省滨州市两社区简介

滨州市调研的两个社区皆在 DX 街道办事处境内，DX 街道办事处成立于 2003 年 2 月，下辖 8 个社区居委会，26 个行政村，总面积近 40 万平方千米，常住人口近 10 万，其中农业人口 3 万，是原来县城的老城区驻地，交通便利，济青高速从境内穿过，境内资源以"无害农产品"闻名，被命名为"中国优质水杏之乡"。

N 社区由原 N 村拆迁安置而成，占地 100 亩，社区内居民 120 户，近500 人，是一个典型的小村居，在其《村志》中，N 社区对自己的评价是"N 村原是一个土地资源贫乏、工商业基础薄弱的典型的农业村"，但是 N社区积极利用各类资源，只用了 4 年时间就实现了村居内部资源利用的优化，全体村民整体搬迁至统一规划的居民楼，现在社区内有统一规划楼栋9 栋，建有社区综合办公楼、停车楼、老年公寓、篮球场等公共事务及福利设施，社区内还建设有书画室等公共活动空间。多次被评为"尊师重教先进单位"，多次获得"年终考核一等奖"。

G 社区位于 DX 街道著名的 DX 河两岸，现有人口 1000 余人，275 户，社区占地 200 余亩，现有耕地 200 余亩，拆迁安置完成后共建成公寓楼 9栋、建成沿街房 40 间，老年公寓 1 栋，村集体的收益主要依靠沿街商铺租金。

4. 浙江杭州两社区简介

课题组调查的杭州两个社区一为 T 社区，一为 Y 社区，两社区皆在YL 镇境内，YL 镇位于杭州西南部，2004 年由"二乡一镇"合并而成，区域面积 220 平方千米，全镇下辖 16 个行政村，现有人口近 4 万，05、16 省道穿境而过，境内拥有全国溶洞及漂流景区，曾先后荣获全国环境优美乡镇、中国绿色名镇、省级生态镇等荣誉，被誉为"华夏旅游第一镇"。

T 社区由原来的四个自然村合并而成，现有居民 776 户，人口近 3500人，其中本居 2500 人左右，外来人口近 1000 人，社区拥有集体性土地3250 余亩，社区地域内有全国著名的旅游胜地多处，旅游资源丰富，居民就业方式多元，主要是依托于旅游服务性产业。社区多次获生态文明村居，科普文明示范村居等称号。

Y 社区位于 YL 镇西北部，由两个村子合并而成，整村面积 5.87 平方千米，耕地面积 2550 亩，常住人口近 2000 人，近 600 户，产业结构以种植业、养殖业为主，部分居民从事电商经营，Y 社区是著名的"侨乡"，在乡村发展的前期，得到海外侨民的大力支持。当下，拆迁安置的部分约占居民的二分之一，还有部分居民未参与拆迁，另外近年来因为库区建设，Y 社区内还安置了部分库区移民，这些库区移民居住在社区服务中心附近，全部是集中联排二层楼房安置。FS 江从社区南面流过，山清水秀，环境秀美宜人。

（二）社区居民问卷调查基本情况

课题组在社区内的调查，主要涉及问卷调查、访谈两项，问卷调查主要涉及 7 个社区，但是其中 Z 社区分成了两部分，是 W 村和 C 村。访谈对象主要是所属街道、镇主管社区工作的镇长、书记，社区两委成员，社区物业服务人员，村民监督委员会成员以及部分村民代表。

本部分主要是对问卷涉及的调查对象的情况进行说明，居民问卷以村居委员会提供的户籍册为抽样筐，采用随机抽样方式产生调查对象。由于三类社区的问卷是在不同的时间发出的，因此，问卷总量分散在各类型之中，资源内聚型社区共收回有效居民问卷 431 份。具体情况如下。

从居民问卷调查的性别比例看，居民问卷中男女性别比例问题回答总人数为 431 人，其中男性 224 人，占比 52%，女性 207 人，占比 48%，男性略高。从每个社区调查的具体情况看，T、N 两个社区男性比例偏低，而 X、Q 两社区男性比例偏高。其他社区相对均衡。

从居民问卷调查对象婚姻状况看，居民问卷中婚姻情况回答总人数为 431 人，其中未婚 10 人，占比 2.3%；已婚 405 人，占比 94%，处于绝对的优势地位；离异 3 人，占比 0.7%，占比最低；丧偶 13 人，占比 3%。可见本次问卷调查的绝大部分对象是处于婚姻关系中，有配偶的。

从家庭人口数看，本次调查的 431 名对象中，有 151 人是三口之家，占比 35%，比例最高；其次是四口之家，有 104 人，占比 24.1%；再次是五口之家，有 68 人，占比 15.8%；七口以上家庭也比较少，有 5 人，占比 1.2%。在家庭结构上，南北方的差异并不大，Z 社区 C 部分与 T 社区的三口之家比例明显较大。

从受教育情况看，其中初中教育背景的人最多，有 245 人，占比 56.8%；其次是小学学历，有 99 人，占比 23%；前两者相加接近 80%，可见，资源内聚型社区居民的受教育水平明显偏低；最少的是大学，有 21 人，占比 4.9%。南北差距并不大。D、Q 两居的高中以上比例明显高于其他社区，这种情况的出现可能与其位于镇中心有一定关系。

从职业情况看，调查对象中比重最高的是农民，有 216 人，占比 50.1%；其次是农工兼业，有 105 人，占比 24.4%；再次是工人，有 57 人，占比 13.2%。兼业情况最为突出的是 D 社区，这一情况，在课题组的访谈中也得到印证。同时，也应该注意到，部分回答农民身份的，也是一种习惯。也可以从个人收入情况看到。但是从统计数据可以看到，问卷调查对象，在情感认知上的倾向性。

从最主要收入来源看，在 431 份问卷中，调查对象最高收入项是出外打工收入，有 199 人，占比 46.2%，其次是单位工资收入，有 109 人，占比 25.3%，自办工商企业收入占第三位，占比 14.4%，农业收入已经低于 10%，为 6.3%，蔬菜种植等副业显然已经不是社区的重要收入之一，同时房租、地租收入占比也不高。可见周围的流动人口并不多。同时也可以看到社区中有相对固定的稳定收入来源的居民比例已经占很大比重，自主经营人口也已经是主要收入选项的第三位。

从个人年收入情况看，在 431 名调查对象中，有 182 名选择个人年收入为 1 万—3 万元，占比最高，为 42.2%；其次是 1 万元以下，有 157 人，占比 36.4%；个人年收入 5 万元以上的访谈对象占比较少。Z 社区的两个部分以及 Q 社区的居民收入状况比之其他社区明显偏低。特别是 Z 社区 C 部分，收入情况令人担忧。

从调查对象的年龄看，在 431 名调查对象中，50% 略高的人在 36—55 岁之间，其中 46—55 岁的比例略高；56—65 岁的调查对象比例接近 20%，而 18—25 岁的调查对象比例最低。总体上看，此次调查的对象各个年龄段的分布较为均衡没有高度集中的倾向。

虽然课题组将以上几个社区划在资源内聚型社区这一类中，但是其内部仍然存在一定程度的差异。这种差异与社区所处的地理位置、资源拥有的数量，社区能够调动的资源有很大关系，下边将对社区变迁中资源变动的情况进行说明。

三　社区资源重组的基本状态

按照前一章对资源的界定，资源的重组包括了物质资源的重组，主要是房产、土地等资源的重组；组织人力资源的改变，主要是社区内组织类型的转化；制度性资源的调整，主要是政府的政策及社区内形成的正式与非正式规则的发展等等。由于本课题会在后续部分对其他类型资源的变化进行阐释，此处主要讲述在"集中"过程中，最为基础也最为引人注目的资源——土地房产资源的重组情况。

资源内聚性社区资源的重组主要导源于房产的变化，而房产的变化主要与拆迁安置政策的相关规定及执行的情况有关，在笔者调查的上述 8 个社区中，杭州市的 Y、T 两个社区皆是按照一户一宅的方式以户为单位安置的自建房。而山东省内的社区则全部是以"上楼"的方式集中居住，课题组调查的住户全部为多层住房。

（一）山东济南 Z、枣庄 Q 和 G 等社区的上楼政策及其执行

土地增减挂钩政策的执行以项目制加以推行，因此同一个村庄在不同的年份申请不同的项目也会有补偿政策与标准上的差异。但是由于最后的款项是打入村居账户的，各个村居内部会有一定的调整，如此，在居民层面上，影响到他们的就只有拆旧的补偿和换新的贴钱两个方面了。但是对于拆旧、换新还有一些执行上的细节会影响到居民的资源拥有量。

1. 拆旧的政策及其执行

拆旧政策在山东各地的执行大同小异，课题组在 XG 镇的调研中了解到，在拆迁中为了让居民更明白地了解政策，都会下发一张红色的"明白纸"。这张明白纸中会明确本村居拆迁安置参照的具体法规政策。虽然明白纸会在最后强调"本明白纸仅针对某某村居的拆迁安置，其他村居另行规定"。但就笔者调查的情况看，在同一时期根据土地增减挂钩政策进行的拆迁安置，拆旧与换新的政策非常相似。

课题组在 XG 镇调研中拿到一份明白纸，这一明白纸是针对 XG 当时正准备拆迁的一个居委会，明白纸上标明："补偿范围以主房、配房为主，具体标准为：两层楼房 500 元/平方米，一层混砖结构房屋 450 元/平方米，砖木结构房屋 350 元/平方米，土木结构房屋 220 元/平方米，其他附着物（厕所、院墙、门楼、迎门墙、树木等）按主房、配房补偿总额的15% 进行补偿，其余部分一律不予补偿。"

而我们在对 G 社区的调查中了解到：

（那当时是什么政策，就是拆的时候的政策？）当时分了四个阶

段，两层的楼房当时是 550 元，一层的平房 450 元，带尖顶的一层的 350 元，还有个土墙，土墙是老百姓七几年六几年挑的个墙，是 220 元。不过这种土墙的不多，主要是尖顶的。他这个呢这是平房价格，还有奖励政策。就是在一定期限内拆完，按一次给的，奖励 1 万块钱。再往后就是差一天，一天的价格。咱们村一个星期就拆完了。老百姓都得到了一万块钱。这里还有个什么呢，奖励一万块钱外，还有个 15% 的附着物。主要是院墙、北楼、厕所。房屋造价的 15%，是要先量出房屋的面积，你这个面积就是给 10 万块钱，然后再给 15000 元。院子不算，这个交付国家了。（G 社区党支部书记）

这里在两层楼房的价格上发生了差异，这种差异与村落所处的位置以及拆迁的时间有一定关系。

而济南 GZ 镇的情况则是计算院子的，就课题组的了解：

当时定了几个标准，土地最早是 25000 元一亩，就是那个宅基地，一般是二分地五千块钱。当时就是指那个院子，另外砖瓦房是 380 元一平方米，土坯房是 300 元一平方米，没有年份限制。再好的，最高浮动 30%，就是说那个砖瓦房，盖的新的还有二层的最多不超过 450 元每平方米，按照建筑面积算的。后来这个宅子的是延续的，院子的提高了。房子直到现在也是原来的价格，院子的价格涨了一倍成了 50000 元一亩。（GZ 镇建委主任）

这种情况在居民访谈中得到印证：

最初的时候是可能是两千五百块钱一分，这个一分就是 66.7 平方米，以后随着土地价格的上升，后来成了五千块钱一分，你这个宅基地包括院子包括房屋的占地面积……但是不管大小村里的宅基就是五万块钱一亩，五千块钱一分，这是一个单独的标准，另外呢，就是根据你的宅子的质量，瓦房一伙土坯的一伙，你装饰的到什么程度。（Z 社区 W 村居民）

一般来说，村民们的旧房估价都是在村两委组织或者村两委的协助下进行的，绝大多数村民的估价都不会低于标准规定，村民之所以最终还是选择了村里自己评估"旧房子"，主要是因为"村里评估不花钱"，可以降低成本，毕竟"羊毛出在羊身上"。从课题组调查的情况看，农户拆迁的房子一般不会超过10万元，少数房子特别好的可能在十几万元。但是也会因为种种原因出现少数村民的旧房估价过高的情况，这个问题相对复杂，不是本部分讨论的问题，暂且搁置不谈。部分村民也会对拆迁的公平性有疑问，但是大部分的疑问不在拆旧上，而在换新上。

2. 换新的政策及其执行

换新政策是身份约定下的区域性政策，多数情况下只针对户籍在本村居的居民，是本村原住民，但是在拆迁前户籍迁出了村子，拆迁当时户籍不在本村的，不再享受换新政策，而只是给拆旧的钱。

换新有两个结合起来使用的标准，一个是原来住房的面积，一个是家庭的人口数。多数情况下是按照人均来计算换新面积的。据课题组的调查，枣庄XG镇是按照人均50平方米进行分配的。

我们在XG镇明白纸中看到了有关换新的规定："安置房为多层及小高层楼房，新房面积摸底丈量登记的住房、配房面积之和为对等安置面积，双项作价，各自找差。多层住宅对等安置均价为760元/平方米，小高层的对等安置均价为935元/平方米，结合村现有集体经济组织分配人口，人均可享受50平方米新建房屋选房权，选房面积大于对等安置面积且不超出人均50平方米，超出对等安置面积多层楼房均价为860元/平方米，小高层均价为985元/平方米；选房面积大于对等安置面积且又超过人均50平方米的部分按照市场价计算。"

这一规定在针对其他访谈对象的记录中得到印证：

> 现在这个楼房是人均50平方米，上房的这个情况是啥呢，有760一家的，有860一家的。（什么就760，什么就860呢？）760就是你的老宅子平方面积，你像我，家里有五口人，我家原来有300平方米的老房子的面积，所以我可以要到300平方米的新房子，但是每个人不能超过50平方米，那么我250平方米就照760，剩下的50平方米就是860。（这样的房子有房产证么？）房子是商品房，还没有办下证

来，办证再交钱。（G 社区党支部书记）

可见居民拆迁安置这个事情由于涉利面积大，政策约定非常细致，透明度也非常高。但是在人均的问题上，地方之间有一定的差异，济南 GZ 镇就是按照每人 40 平方米分配的。在人口相对较少的社区甚至有每人 35 平方米的规定。

对于换新来说，最大的问题是要多大的房子，如果房子的大小定了，剩下的问题就是要哪一栋的几层的房子，如果家庭人口较多，又有足够的原面积和资金筹备，还会牵涉要几套什么样的房子的问题。虽然，在本节已经有关于人口的统计，但是，一户中的人口并不总能分到房子，因为虽然是明白的一家人，也常年居住在一起，但有人的户口却因为种种原因不在本户内，有的是因为结婚时本地户口已经被冻结，无法迁入，有的则是因为上学户口迁出，无法再迁入，还有的因为孩子刚出生几天，没来得及上户口。这种情况明显影响了各家的福利分配情况。在笔者的后续调查中发现，有的地区在提前知道要拆迁的情况时，在政策允许的范围内，突击生孩子，给计划生育工作带来极大的挑战。

在确定了换新面积之后，就是选房的程序，在程序上各地都有相差不大的规定，这些规定多与旧房拆除及拆迁协议签署的顺序有关。如果都能严格按照相关的程序确定顺序，有专门的组织有序地解决选房的问题，居民的意见往往比较小，但是部分社区在选房上却忽视了程序的问题，造成了部分村民的明显不满：

> 上房这也是我的一个不满，也是老百姓的一个不满。为什么，上房，他应该合理地分配。这个他按前后排序，这个排队是排那个领房子的房号。他有先就有后，是吧，你这个先后，咱是在先在后你得按照合理的分配观点。他当时不是在那个老粮所大院子，他一拥堵进去了，一拥堵进去了就有先后呀。他这个先二百号之前的，人家房子是挑好楼层，二楼三楼，还带着车库。后来的剩的一楼五楼，不光没有车库，还是孬楼层，这不剩下的车库，给没有车库的人买，花高价买的。前面有车库的，是一千四百多块钱一平方米，后来买的一千六百元。你悬殊得太厉害了吧。还有一个什么事，盖

房子的时候不叫老百姓看。盖得很差，这个我们村的水管道全部都裂了。水管道整天的裂，因为当时施工的他没叫老百姓参与。虽然花了钱了，但是没干了那个活。重新翻得有一百多万元，我们村里上哪里拿这一百多万元。我们村里这个班子压力很大，就是这一点。对，这是老百姓的一个热点。房子虽然是高楼大厦，但是质量……（Q 社区村民代表 2）

对于村民来说，拆旧换新自然在多数情况下是愿意的，那些没有拆迁的住户多是因为经济上买不起新的房子，或者没有谈好拆迁的条件而最终没能搬进新建楼房里。多数没有拆迁而留在原地的更是越来越拆不起，搬不起了，因为越往后拆迁入住新房的成本越高，对于大多数农民家庭而言，超过 20 万元的搬迁成本就是不能承受的了。特别在是土地增减挂钩政策下，村级集体组织并不能从拆迁中获得其他积累，相反部分村居还因为拆迁而增加了债务负担。村居因为这些新增负担，而不能在其他方面进一步提供新的公共服务。

（二）浙江杭州 Y、T 两社区一户一宅式自建房安置

浙江杭州调研的两个社区或者是按照宅基地的方式配的地方，或者是统一建的排屋，但是两个社区新建的房子都是在各自内部按照统一样式修建的。Y 社区根据其侨乡的特点统一建设了极富欧洲风格的"别墅式排屋"而"卖给村民"，每栋"排屋"分给 4 家，每家 250 平方米左右，每平方米 900 元，由于村民原来的房子也多是两层甚至三层的房子，旧房与新房相比，面积更大，虽然拆迁也是按照原住房是砖房还是其他材料的房子进行补偿，但是毕竟房子面积的均值是高于北方的，因此拆旧补偿单户平均量也相对较高。由于卖给村民的这个价格远低于建设成本，村内补偿较多，村内债务累积得就更多，这一点与山东略高于成本卖给居民不同。而 T 社区村居只是在统一规划的基础上划定各家的地基面积，也就是只是给了一块有固定边界的地块，村民自己建设一栋栋的"联建房"，两户一栋，每户两间，共 3 层，村民建设过程中得到村里一定程度的资助，这些资助主要表现在水泥、砖瓦等建筑材料的补助上。

总体上说，两个社区在拆旧标准上与北方拆旧的标准相差不大，而换新上则产生了较大的差异。在某种程度上与南北两地人口密度及村内土地

资源的数量有很大关系。在村内资源循环的状态下，村内财政的压力也非常大。以 Y 村为例，村里基本上没有什么集体产业，为安置村民建设"排屋"村内每平方米补贴 800 元，累积起来就是一笔很大的支出。

从大多数村民的角度看，"上楼"比原来的生活是"方便多了"，从而也愿意"上楼"，但是在"如何上楼"的问题上，村民的态度和想法就会更加富有弹性。在笔者调查的山东的几个社区中，上楼主要是根据家庭的人口情况结合原来房产情况，而浙江调研的两个社区则与家庭人口多少没有关联，只是与户口是不是在拆迁区域有关，一户就分配一个宅基地或者分一份"联建房"。

> （家庭人口多少对住房分配没有影响么？）我们这个房子没有，我们就是一户 250 平方米，四家分一个，那边的红房子，你上午去过了。原来也是一户一个宅基地，现在也是平均分，没有什么差别。（Y村村委会主任）

但是这种资源流动方式在社区内也引起一定的不满：

> "我原来的房子是村里最好的房子了，也不能说是第一吧，但是我那房子是他们那些房子能比的么？三层的房子，全是砖瓦结构，门窗也是我用心选的，屋里的装修，还有那门楼，不知道有多气派，你也知道，房子就是你在村里的身份，是不是，我这是一辈子的心血，是我（在村里身份的象征），对不对？现在好了，一家就给这么一个房子，四户一个，大家都一样了，你说我心里什么感受？我一辈子积累起来的（村里地位），就这么没了？成了都一样了？"（Y村村民代表3）

（三）村内资源的外流

按照各省"土地增减挂钩政策"的相关规定，项目资金由中央、省、市、县共同承担，按照规定的投资规模，中央和省投入70%，市、县投入不低于30%。同时约定，超过省确定项目投资规模的资金，由农村土地综合整治项目所在地承担。财政部门要根据批准的项目预算、项目进度和质量情况及时拨付资金。项目启动初期要及时拨付启动资金（不超过项目资金总额30%）；项目竣工验收前，按照不超过项目资金总额的80%拨付资金；项目竣工验收后，按照财务竣工决算审批批准金额拨付剩余资金，但须预留不低于项目竣工财务决算5%的质量保证金。在实际执行过程中，基层落实资金的能力各有不同。比如课题组调查的GZ与XG两镇，皆是地下有煤炭的资源型乡镇，但是XG镇的煤炭储备量大，而且有大型的国有煤炭企业，土地增减挂钩项目在具体执行过程中需要完成土地整理验收拨付的30万—50万元的整理费用，是经过煤矿周转完成的。煤矿出钱进行土地整理，验收合格后再把钱划归煤矿，村居组织在拆迁中没有过多的财政压力，而GZ镇则是需要社区自己垫付，这些钱对社区来说不是一个小数目，申请各类贷款、借款对基层社区组织造成极大的压力。GZ镇的这种情况，同样存在于浙江杭州调查的两个社区，特别是Y社区。因此在山东济南GZ镇及浙江杭州YL镇，社区建设的集中居住的房子，并不完全是"安置房"，在社区内同时建设了部分"商品房"，这部分商品房，是以市场价格卖给"外地人"的。

> Z这个社区呢，它是其中的一号楼到十二号楼有土地增减挂钩政策，其中十三、十四、十五、十六啊咱是搞的这种土地招入大产权房，就是土地啊采用市场化运作，土地招标挂的形式，就是和咱市区的房子同样的产权，咱现在房产证有两个颜色，可能咱手上拿的房产证都是那种红颜色的枣红的……就是土地增减挂钩政策的落实啊有难度。（GZ镇副镇长）

即便是在社区建设的各类行政性收费上已经进行了减免，但是村居组织承担的费用仍然是比较大的。在社区建设用地范围内增加部分"商品房"指标，对于缓解社区的经济压力是一个相对容易操作的路径。而这一办法在使社区内部人口结构进一步复杂化的同时，也为社区带来了其他的后续性收入，这个收入，就是外来人口的"非福利性收费"，这种情况将在后文中进行必要的解释。

（四）社区内居民房产拥有情况

本题是对居民刚刚搬入社区时，家庭拥有的房产数量的统计，从表4-1显示的内容可以看到，社区原村民中81.6%的户数拆迁后只有一套房子，其中浙江杭州市调研的两个社区一套房子的比重更高，甚至100%的居民只有一套房子，这是社区内一户只有一份宅基地，而平均分配的结果。而山东的几个社区中，Q社区的情况最为特殊，居民有一套和两套房子的户数基本持平，分别是43.3%、41.7%，二套房户数占比略低，而到课题组进入社区调研时，Q社区二套房和三套房的比重都有增加，分别是56.7%、15.0%，而一套房比重则明显减少，为23.3%。同时，Q社区也是调查的几个社区中，唯一调查到有5套房子户的社区，其他社区的情况则变化不大。

表4-1　　　　　　　　　　社区ID*最初房子数量交叉列表

			最初房子数量						总计
			0	1	2	3	4	5	
社区ID	W	计数	3	69	2	0	0	0	74
		社区ID内的百分比	4.1%	93.2%	2.7%	0.0%	0.0%	0.0%	100.0%
	C	计数	0	16	4	0	0	0	20
		社区ID内的百分比	0.0%	80.0%	20.0%	0.0%	0.0%	0.0%	100.0%
	Y	计数	0	38	2	1	0	0	41
		社区ID内的百分比	0.0%	92.7%	4.9%	2.4%	0.0%	0.0%	100.0%
	T	计数	0	40	0	0	0	0	40
		社区ID内的百分比	0.0%	100.0%	0.0%	0.0%	0.0%	0.0%	100.0%
	Q	计数	1	26	25	7	0	1	60
		社区ID内的百分比	1.7%	43.3%	41.7%	11.7%	0.0%	1.7%	100.0%
	N	计数	8	74	9	0	0	0	91
		社区ID内的百分比	8.8%	81.3%	9.9%	0.0%	0.0%	0.0%	100.0%
	X	计数	2	39	3	0	0	0	44
		社区ID内的百分比	4.5%	88.6%	6.8%	0.0%	0.0%	0.0%	100.0%
总计		计数	14	302	45	8	0	1	370
		社区ID内的百分比	3.8%	81.6%	12.2%	2.2%	0%	0.3%	100%

也就是说，在此种类型的"集中农转居"社区中，大部分居民并没有因为集中拆迁而获得更多的房产福利，农民上楼，失去的是自己原来的农

家小院，获得的也只是一套多层或高层的公寓，生活方式发生了明显的变化。而多数农民在拆迁的过程中，也因为住上了楼而把家里积蓄投放到了"新楼上"。相对于城市里的购房者而言，农民上楼虽然不需要向银行贷款，但是绝大多数村民也是把自己累年的积蓄甚至未来的收入"消耗"到了这一套楼房里。

第二节　社区治理的现实效果及居民满意状态

在城市社区，社区治理的现实效果不仅跟社区自治组织的工作状态相关，还与社区物业性服务组织的管理水平直接相关，甚至在一些商品房小区，物业的影响会更大一些。本节将要讨论的社区治理的现实效果主要是从社区物理环境治理的现实效果而言，其他治理内容留待后续章节讨论，而居民满意度也主要是从整体上看居民对社区生活的满意状态。

一　社区治理的现实效果

（一）社区公共基础设施

本题为多项选择题，如表 4-2 所示，有 431 人回答，回答次数 1657 人次，从居民个体的角度看，他们能够使用的公共设施中，垃圾桶、路灯、室外健身器材的普及率是最高的，可以说，这些是最基本的公共设施，但是也不是所有的社区在这些最基本的公共设施上都有配备，Z 社区 C 部是没有配备路灯的。而垃圾桶作为公共卫生的最为基础的设施，各个社区的配备基本到位，室外活动场地与国家近年来在社区的投入有很大关系，而路灯则是社区夜间安全的重要基础性条件。但是在更加专门化的公共设施上，社区的配备则明显弱化，比如，儿童活动场地，图书室等具有一定专门性的场地则明显减少，相对而言，老人活动场地的配备比之儿童要好一些，具有一定高档消费性的室内活动场地则更少。

（二）社区公共卫生

本题也是一个多项选择题，如表 4-3 所示，从居民回答的情况看，社区中的公共卫生情况总体上看比较好。据课题组的调查，在资源内聚型社区中，社区物业服务皆没有相应的物业公司介入，而是社区组织相关人

表4-2

社区ID*能使用的公共设施交叉列表

社区ID		公共设施a										总计
		室内运动场地及器材	室外健身器材	球场	图书、读报室	垃圾桶	儿童专有活动场地	老人专有活动场地	路灯	凉亭	其他	
W	计数	43	64	44	33	52	28	50	46	25	4	74
	%	58.1	86.5	59.5	44.6	70.3	37.8	67.6	62.2	33.8	5.4	
C	计数	0	15	1	1	20	1	1	0	3	3	20
	%	0.0	75.0	5.0	5.0	100.0	5.0	5.0	0.0	15.0	15.0	
Y	计数	2	21	18	7	40	6	17	39	5	1	42
	%	4.8	50.0	42.9	16.7	95.2	14.3	40.5	92.9	11.9	2.4	
T	计数	3	10	1	6	36	1	10	38	9	1	40
	%	7.5	25.0	2.5	15.0	90.0	2.5	25.0	95.0	22.5	2.5	
D	计数	1	32	4	30	34	0	6	31	0	1	41
	%	2.4	78.0	9.8	73.2	82.9	0.0	14.6	75.6	0.0	2.4	
Q	计数	5	36	1	0	55	15	2	48	2	0	60
	%	8.3	60.0	1.7	0.0	91.7	25.0	3.3	80.0	3.3	0.0	
N	计数	14	78	34	25	88	37	40	86	48	26	99
	%	14.1	78.8	34.3	25.3	88.9	37.4	40.4	86.9	48.5	26.3	
X	计数	6	43	12	12	30	8	24	35	3	0	55
	%	10.9	78.2	21.8	21.8	54.5	14.5	43.6	63.6	5.5	0.0	
总计	计数	74	299	115	114	355	96	150	323	95	36	431

注：* 表示百分比及总计是以应答者为基础；a 表示在值1处表格化的二分群组。

表4－3 社区 ID* 不良公共卫生交叉列表

社区 ID		社区内不良公共卫生现象ª							总计
		地上经常有乱飞的纸屑	垃圾房的垃圾收集不及时	小区里有居民丢弃的水果皮	污水清理不及时	居民把垃圾堆在楼下（弄堂里）而不放入垃圾箱	没有以上各项内容，小区卫生良好	其他	
W	计数	0	0	0	2	3	69	0	74
	%	0.0	0.0	0.0	2.7	4.1	93.2	0.0	
C	计数	0	0	1	0	0	19	0	20
	%	0.0	0.0	5.0	0.0	0.0	95.0	0.0	
Y	计数	3	2	3	1	5	31	1	45
	%	7.1	4.8	7.1	2.4	11.9	73.8	2.4	
T	计数	2	4	4	4	1	31	0	46
	%	5.0	10.0	10.0	10.0	2.5	77.5	0.0	
D	计数	1	6	1	15	1	23	0	47
	%	2.4	14.6	2.4	36.6	2.4	56.1	0.0	
Q	计数	1	3	2	5	4	50	4	65
	%	1.7	5.0	3.3	8.3	6.7	83.3	6.7	
N	计数	4	1	5	1	1	90	0	102
	%	4.0	1.0	5.1	1.0	1.0	90.9	0.0	
X	计数	3	4	5	1	3	43	0	59
	%	5.5	7.3	9.1	1.8	5.5	78.2	0.0	
总计	计数	14	20	21	29	18	356	5	431

注：* 表示百分比及总计是以应答者为基础；a 表示在值 1 处表格化的二分法群组。

员维护公共卫生工作，有的社区是成立居民负责的公共卫生服务小队，有的则只是简单由社区安排一定数量的卫生员。从调查数据看，D 社区是一个特例，相比其他社区 D 社区的公共卫生问题较多，这与 D 社区尚未完成拆迁安置有关。但是居民问卷毕竟受到多重因素的影响，比如 Z 社区 C 部分，在课题组调查的过程中，C 社区的公共卫生情况明显不如其他社区，但是居民对此并未有明显的感受。有一点是可以确认的，那就是居民上楼以后，社区的公共卫生情况发生了质的变化，在城乡一体化发展的大背景下，越来越多的"出身"于农村的居民都渴望实现基本生活环境的现代化，而所谓的现代化在生活上的体现，无非就是基本公共设施及基本公共服务供给的城乡一体化。从国家投资建设的角度而言，集中化居住可能是一体化发展最有效率的途径，特别是在中国人口如此众多的情况下。

（三）社区公共安全

如表 4 - 4 所示，居民问卷数据显示，居民感受到的社区内没有偷盗事件的比例最高，但是也没有超过 40%，仍有 34.6% 的居民认为社区内是有偷盗现象的，但是低于 5 件/年，从数据看，还有部分居民对社区此类事件不怎么关注，这个比例达到 9.7%。就单个社区的情况看，Q 社区的情况比较特殊，社区内偷盗事件发生的比例明显较高，有 70% 的调查对象认为社区内的偷盗事件每年达到"10 件以上"或者"非常多记不清楚"，同时，其表示"不知道"的比例也高达 15%。

表 4 - 4   社区 ID 偷盗事件数量交叉列表

			偷盗事件数量						总计
			没有发生过	5 件以下	5—10 件	10 件以上	非常多记不清楚	不知道	
社区 ID	W	计数	10	40	16	0	0	8	74
		%	13.5	54.1	21.6	0.0	0.0	10.8	100.0
	C	计数	0	18	0	1	1	0	20
		%	0.0	90.0	0.0	5.0	5.0	0.0	100.0

续表

社区 ID			偷盗事件数量						总计
			没有 发生过	5件 以下	5— 10件	10件 以上	非常多 记不清楚	不知道	
	Y	计数	20	14	0	0	4	4	42
		%	47.6	33.3	0.0	0.0	9.5	9.5	100.0
	T	计数	22	12	1	0	0	5	40
		%	55.0	30.0	2.5	0.0	0.0	12.5	100.0
	D	计数	23	18	0	0	0	0	41
		%	56.1	43.9	0.0	0.0	0.0	0.0	100.0
	Q	计数	1	5	3	26	16	9	60
		%	1.7	8.3	5.0	43.3	26.7	15.0	100.0
	N	计数	77	17	0	0	0	5	99
		%	77.8	17.2	0.0	0.0	0.0	5.1	100.0
	X	计数	16	25	2	0	1	11	55
		%	29.1	45.5	3.6	0.0	1.8	20.0	100.0
总计		计数	169	149	22	27	22	42	431
		%	39.2	34.6	5.1	6.3	5.1	9.7	100

从表4－5的数据看，社区内的安全情况表现较好，除了Z社区C部分以外，其他社区的调查对象表示"非常安全"的比例皆在90％左右。

表4－5　　　　　　社区ID＊天黑后在社区里散步安全交叉列表

社区 ID			天黑后在社区里散步安全			总计
			非常安全	需要一两个 伴才会安全	说不好	
	W	计数	72	2	0	74
		社区ID内的百分比	97.3	2.7	0.0	100.0
	C	计数	11	1	8	20
		社区ID内的百分比	55.0	5.0	40.0	100.0

续表

			天黑后在社区里散步安全			总计
			非常安全	需要一两个伴才会安全	说不好	
社区ID	Y	计数	37	2	3	42
		社区ID内的百分比	88.1	4.8	7.1	100.0
	T	计数	36	1	3	40
		社区ID内的百分比	90.0	2.5	7.5	100.0
	D	计数	36	3	2	41
		社区ID内的百分比	87.8	7.3	4.9	100.0
	Q	计数	55	1	4	60
		社区ID内的百分比	91.7	1.7	6.7	100.0
	N	计数	92	5	2	99
		社区ID内的百分比	92.9	5.1	2.0	100.0
	X	计数	49	3	3	55
		社区ID内的百分比	89.1	5.5	5.5	100.0
总计		计数	388	18	25	431
		社区ID内的百分比	90.0	4.2	5.8	100.0

但是从表4-6社区安排的巡逻情况看，总体上说，社区内"经常会看到"巡逻人员的比例略高，其次是"有巡逻人员，偶尔看到"，占比最低的是"没有安排巡逻人员"。三个选项的比例相对均衡，在这种情况下，X、T两社区的情况就比较引人注目，超过50%的人表示"没有安排巡逻人员"，但是两社区的治安情况并没有明显变坏，可见，社区的内部巡逻情况与社区的治安状态之间的关系相对复杂，仅考虑社区的公共治安供给还不足以考查社区治安的影响因素。从社区本身的情况看，资源内聚型社区的居民结构相对同质化，同一村居集体拆迁后人际关系网络受到的影响比较小，能够形成一定的"社区眼"功能，同时，社区所处的位置并不是人口高度流动的地区，这种状况强化了内部监督的功能。

表 4-6   社区 ID * 看到为社区安全而巡逻的人员交叉列表

			看到为社区安全而巡逻的人员			总计
			没有安排巡逻人员	有巡逻人员，偶尔看到	经常会看到	
社区 ID	W	计数	0	18	56	74
		社区 ID 内的百分比	0.0	24.3	75.7	100.0
	C	计数	0	8	12	20
		社区 ID 内的百分比	0.0	40.0	60.0	100.0
	Y	计数	7	9	26	42
		社区 ID 内的百分比	16.7	21.4	61.9	100.0
	T	计数	20	16	4	40
		社区 ID 内的百分比	50.0	40.0	10.0	100.0
	D	计数	3	30	8	41
		社区 ID 内的百分比	7.3	73.2	19.5	100.0
	Q	计数	13	35	12	60
		社区 ID 内的百分比	21.7	58.3	20.0	100.0
	N	计数	27	34	38	99
		社区 ID 内的百分比	27.3	34.3	38.4	100.0
	X	计数	40	6	9	55
		社区 ID 内的百分比	72.7	10.9	16.4	100.0
总计		计数	110	156	165	431
		社区 ID 内的百分比	25.6	36.2	38.3	100

二　居民满意度状态

农转居居民生活空间状态的转化只是表层的现象，在我们能够想象的测量指标之外还"暗藏"着众多的不可测量因素。这些不可测量因素对居民的生活感受度也会产生明显的影响，因此，课题组对居民迁入社区之后的生活满意状态进行了调查。

（一）社区生活的整体满意度

课题组在问卷调查中以"您对社区生活的总体满意度"为题，询问社区居民对当下社区生活的满意状态，其中"1 = 非常不满意；2 = 不满意；3 = 一般；4 = 满意；5 = 很满意"，调查结果如下。

如表 4 - 7 所示，社区居民对当下生活的总体满意状态较好，达到
"满意"以上，但是各个社区的情况有一定的差异，其中，Z 社区 W 部分
的满意度最高，而 Q 社区的满意度最低，从多个调查数据显示的信息看，
Q 社区的数据处于相对不满意的状态也是比较客观的。

表 4 - 7   对当下社区生活的满意度

社区 ID	平均数	N	标准偏差
W	4.64	74	0.694
C	3.85	20	0.875
Y	3.71	42	0.918
T	4.00	40	0.816
D	3.93	41	0.565
Q	3.30	60	0.788
N	4.51	99	0.660
X	4.24	55	0.470
总计	4.02	431	0.723

由表 4 - 8 可见，在调查的 8 个社区中，从整体上看，居民最满意的项
目较为集中地表现在公共服务、自然环境和基础设施三项上，但是集中的
程度并不高，都在 25% 左右。其中 Z 社区 C 部分与 N 社区对于公共服务的
满意状态比较集中，Q 社区对自然环境的满意度比较集中，而 D 社区对于
房屋质量的满意度比较集中，但是 D 社区并未全部完成拆迁，大部分是对
自建房的评价。

表 4 - 8   社区生活中最满意的项目

			最满意						总计
			基础设施	公共服务	人际关系	房屋质量	自然环境	其他	
社区 ID	W	计数	24	20	4	1	25	0	74
		社区 ID 内的百分比	32.4	27.0	5.4	1.4	33.8	0.0	100.0
	C	计数	1	12	2	0	5	0	20
		社区 ID 内的百分比	5.0	60.0	10.0	0.0	25.0	0.0	100.0

续表

			最满意						总计
			基础设施	公共服务	人际关系	房屋质量	自然环境	其他	
社区 ID	Y	计数	12	4	1	4	15	6	42
		社区 ID 内的百分比	28.6	9.5	2.4	9.5	35.7	14.3	100.0
	T	计数	8	8	6	7	8	3	40
		社区 ID 内的百分比	20.0	20.0	15.0	17.5	20.0	7.5	100.0
	D	计数	4	4	8	23	2	0	41
		社区 ID 内的百分比	9.8	9.8	19.5	56.1	4.9	0.0	100.0
	Q	计数	14	7	6	3	29	1	60
		社区 ID 内的百分比	23.3	11.7	10.0	5.0	48.3	1.7	100.0
	N	计数	17	49	6	9	15	3	99
		社区 ID 内的百分比	17.2	49.5	6.1	9.1	15.2	3.0	100.0
	X	计数	19	15	6	4	11	0	55
		社区 ID 内的百分比	34.5	27.3	10.9	7.3	20.0	0.0	100.0
总计		计数	99	119	39	51	110	13	431
		社区 ID 内的百分比	23.0	27.6	9.0	11.8	25.5	3.0	100

　　按照表4-9显示的数据，总体上看，居民最不满意的项目的在一定程度上集中于基础设施与房屋质量两项，其中基础设施的集中度略高，而以Z社区C部分的为最高，房屋质量的问题主要集中于Q社区居民的反应中，D社区对自然环境的反馈比较集中，这种状态与课题组调查中的访谈资料也是相一致的。

表4-9　　　　　　　　　　社区生活中最不满意的项目

			最不满意							总计
			基础设施	公共服务	人际关系	房屋质量	自然环境	无	其他	
社区 ID	W	计数	18	7	15	14	0	20	0	74
		社区 ID 内的百分比	24.3	9.5	20.3	18.9	0.0	27.0	0.0	100.0

续表

			最不满意							总计
			基础设施	公共服务	人际关系	房屋质量	自然环境	无	其他	
社区ID	C	计数	17	0	0	1	2	0	0	20
		社区ID内的百分比	85.0	0.0	0.0	5.0	10.0	0.0	0.0	100.0
	Y	计数	8	4	1	4	0	15	10	42
		社区ID内的百分比	19.0	9.5	2.4	9.5	0.0	35.7	23.90	100.0
	T	计数	4	3	0	0	7	14	12	40
		社区ID内的百分比	10.0	7.5	0.0	0.0	17.5	35.0	30	100.0
	D	计数	13	2	5	1	20	0	0	41
		社区ID内的百分比	31.7	4.9	12.2	2.4	48.8	0.0	0.0	100.0
	Q	计数	3	9	0	47	1	0	0	60
		社区ID内的百分比	5.0	15.0	0.0	78.3	1.7	0.0	0.0	100.0
	N	计数	24	3	5	2	5	60	0	99
		社区ID内的百分比	24.2	3.0	5.1	2.0	5.1	60.6	0.0	100.0
	X	计数	17	9	14	3	3	9	0	55
		社区ID内的百分比	30.9	16.4	25.5	5.5	5.5	16.4	0.0	100.0
总计		计数	104	37	40	72	38	118	22	431
		社区ID内的百分比	24.1	8.6	9.3	16.7	8.8	27.4	5.1	100

　　C部分居民对基础设施感到明显不满，在很大程度上与社区内部至今未安装路灯有很大的关系，社区内只有一处室外的"健身场所"，也就是国家体育局捐赠的"空中漫步"等体育健身设施，其他的基础设施基本为零。

　　Q社区的房屋质量问题主要是水管的铺设质量明显不达标，在社区居民尚未搬入社区之时，生活用水管道就发生了质量问题。居民入住以后，水管发生了爆裂，大量的自来水流失，而居民家中却无水可用。水管的维修费用较高，超过了社区的承受能力，况且房子才刚刚交付使用，就出现了这个质量问题，责任方不在社区而在建筑开发方，但是到课题组调查之时，这一问题还没有解决。农转居社区的住房质量问题虽然在问卷中表现不够明显，但是在深入社区调查的过程中，不止一个社区的居民偶尔会谈及房屋质量的问题。尤其是房屋外墙的质量问题。从开发商建设与自住房建设两个建设主体的利益看，自住房是为自己建房，房屋的质量关系一家人的安全，所以，在激励上的动力明显高于开发商建房。但是部分"集中农转居"住房出现的明显的墙体开裂，输水管道爆裂，下水道被水泥堵塞等问题，在很大程度上是开发质量不合格加监督不到位引发的。在集中安置房建设的过程中，居民对于未来的住房质量都是非常关心的，但是他们却不被允许对住房质量进行监督，委派代表参与监督的机制也未建立起来。

（二）社区生活的改善度

调查中，课题组在问卷中以"您认为当前社区的生活与原来村里的生活相比"为题，询问社区居民对当下社区生活的改善度，其中以"5 = 有很大改善；4 = 有一些改善；3 = 没有什么变化；2 = 有些变差了；1 = 变差了很多"，调查结果如下：

从表4-10显示的数据看，社区居民认生活条件改善了一些，其中Z社区W部分的居民认可的改善度最高，Q社区的改善度反馈最低，而Z社区C部分该年度略高于Q社区，Y社区的情况也有些偏低。由于D社区尚未完成拆迁，所以，在此未对D社区进行数据统计。

表4-10 社区生活改善度

社区 ID	平均数	N	标准偏差
W	4.82	74	0.506
C	3.85	20	0.745
Y	3.97	39	1.063
T	4.32	40	0.730
Q	3.65	60	0.971
N	4.66	99	0.771
X	4.31	55	0.836
总计	4.23	387	0.803

（三）基础设施与周边环境的评价

课题组对"您对小区基础设施与自然物理环境的总体评价"情况进行了调查，其中"1 = 很不好；2 = 不好；3 = 一般；4 = 比较好；5 = 很好"，均值情况如下。

从表 4 - 11 显示的情况看，总体上说，居民对社区基础设施与自然条件的评价接近比较好的一端。其中 W、N 两个社区的整体评价明显好于其他社区，而 Q 社区与 Y 社区的评价较低。Y 社区集中安置区域的基础设施尚未完全建成，但是由于社区原有的公共基础设施仍然是可以使用的，只是集中安置区距离原有设施距离较远，造成了一定程度的不方便。而 Q 社区则存在部分人为的原因，造成公共设施使用的不满。在课题组调查时，Q 社区两委及理财小组的访谈对社区两委的"自评"都明显好于居民的评价，在与居民的聊天中课题组了解到，社区服务中心现在的办公场所是社区"租来的"，每月要支出"租金"，至于租金多少，不甚清楚，而在"租用"的办公楼北面，有一栋尚未装修的独体小楼。而这栋独体小楼就是规划的"办公楼"。

表 4 - 11　　　　　　　　　　小区设施总体评价

社区 ID	平均数	N	标准偏差
W	4.58	74	0.641
C	3.85	20	0.745
Y	3.43	42	1.039
T	3.60	40	0.709
D	3.71	41	0.716
Q	3.20	60	0.898
N	4.46	99	0.690
X	3.84	55	0.688
总计	3.83	431	0.766

社区居民虽然对居住情况的评价呈现出较好的倾向，但是社区生活成本的提高也是非常明显的，从课题组的调查看，社区居民的收入状态明显不能跟城市居民相比，仍然处于比农村收入略强的处境，但是迁入集中居

住社区以后，如果社区对于原来的农业分散经营模式没有组织化处理，居民的生活成本提高产生的影响就会非常明显。

> 远了嘛，没法种，再说不种，时间长了地就荒了，但是有的还得来回跑，骑着车子，出车祸，好多次了，回家种地，现在没有公交车了，条件好的还能自己开着车，现在老的没车，你再自己雇车，咱的粮食都不够雇车费。(Z社区C部分居民代表2)

> 随着社会的发展应该是越来越好，但是前提，刚才咱说了好的一方面，随着社会的发展老百姓的压力越来越大，他这个花销越来越大，你像纯农民啊，你指望种地你挣不到钱啊，这个种地就是解决了生活温饱问题，吃饭不用花钱，但是其他的可不行，他这个收入哪里来啊，就是种完了地以后出去打工啊，男孩吧，有下井的有搞锻打的，总而言之得生存啊……秋天咱这个玉米就是接着收了接着晒了扒了接着就打，但是这个花销也是大了，花销大了。(Z社区W居民代表2)

第三节　资源内聚型社区治理的一体化结构及推拉关系

资源内聚型社区治理以"城乡土地增减挂钩"政策的项目实施为基本依托，政府、其他社会组织向社区输入的资源主要是外部资源，而社区所在区域的经济发展往往没有明显的"优势"，并不能从市场的运行中获取其他的经济收益，周边经济发展对社区发展的支持力度有限。

在项目运行的过程中，社区自身亦需要承担较大的资源投入风险。"土地增减挂钩政策"中每亩复耕以后给予的补贴不管是30万元还是50万元，都要在复耕验收合格之后才能兑现。而复耕中相当比例的支出都需要村居出资，这个负担对于村居来说是个不少的支出，如果村居没有钱就需要以各种方式获得贷款，加上村居为了集体安置的顺利，往往会在居民购房环节给予资助，这些连续性的支出使部分村居的债务因为拆迁而有不同程度的增加。这一点我们在前文中已经有所说明。

笔者调查的此类社区，或者已经更名为居委会，或者已经完成拆迁安置而尚在"更名"的路上，但是无一例外的是，在村民看来，"村—居"治理的结构性转化并未发生，主要原因还是因为社区内主体性管理组织——村居两委的人员来源、产生方式、工作方式等都没有发生明显的变化。但是实际上，随着集中化的完成，社区治理的结构已经在发生改变。只是这种改变在村民看来不是很大，因为还是"自己村里人"管自己。

一　社区治理的一体化结构

资源内聚型社区在很大程度上保持了原村的人口结构和社会关系网络，即便是在空间结构上几个村落集中后形成一个社区，各村之间的隔离仍然是十分明显的。这个情况的存在不仅与村民一直以来的习惯及想法有关，也与地方政府在集中化过程中的初衷有关。

> （你们有没有意愿和 W 融合，融合成 Z 社区？）有啥好处啊，归这个 Z 社区，如果俺入了 W 村，地叫俺种不？那平时各方面不都得有补助吗？这块有没有？我们搬过来以后，房产证还没下来，管理他们管过来了吗？收电费他们那边收个总的，我们那边得抄水表，敛起来以后再交给他，交给 W 社区，自理不了，但是想融合起来也不那么容易。（C 部分居民代表 2）

> 你像我们这个地方呢我们一般就是整村进行搬迁，把这一个村的所有人全都从一个地方搬到另一个地方去，并且是统一的搬，说搬一块搬，就是集体说走就走，然后说上房都上房，到目前为止没有打破这个行政村的建制，包括我们建房的时候在这一片就建这么一个村子，我把这一个村子全都放在这个地方，你这个村子它不是一个独立的，它周边还有很多楼，是别的村的楼，但是相对来说比较集中居住，这样呢就是没打破行政村的这个建制，还是由行政村进行领导，所谓行政村领导就是它的党支部跟村委会，它是有党支部跟村委会的，这个基层组织是存在的，村委会还是法人代表，所以说社区管理上村两委就是村委会和党支部进行社区管理。（XG 镇副镇长）

同时，从村民的角度看，即便是名称发生了改变，变成了居委会，也只是形式上的。他们并没有因为"上楼"就变成了真正的"居委会"了。

> 居委会吧你看它是现在不是还没实行起来，不是么，这个居委会现在还没实行起来，它是叫Q居，但是没统一管理，现在还是以咱们那个单个的一个小村子管理。因为都刚上房，那个正规的管理还没统一起来，你要说不正规吧，也算是正规了，关键是咱村里跟他村里，比如说你在一班我在二班，你绝对不好一时半会就合并起来。（还合并不了？）嗯，暂时就是这样。（也就是说咱光改了名字，但是咱还是按照咱原来村的模式）对对对，原来的，原来的那些组织，这不是咱说的、简单地咱说改、改成居委会就是咱说了就行，它有一个过程。（Q社区村民代表1）

看起来没有发生明显的结构转型的社区治理状态，实际上正在走向"城镇化"与"现代化"的一面。一方面，其工作内容正在发生明显的变化；另一方面，社区原有的服务对象的边界却没有发生变化。令人觉得奇怪的是即便是村居组织，它们承担的任务已经明显不同于以往，而调查对象却仍然十分肯定地说它们实际上没有改变。

> （您觉得我们改成了居委会以后有什么变化吗？）改居委会吧，他只是一时的，就是吧，他只是城市化的一个趋向，但是没有什么待遇，目前，没有像城市居委会一样的待遇，城市居委会，也是一种管理服务，拿工资。农村呢，还是农村的工资。（就是虽然我们改成居委会很长时间，但是就是相应的基本的制度还是一样的？）对，对，还是一样的。只是名称上的改变，那镇里对咱们的其他的工作都没有变化，他们对咱们其他方面的这个关系理顺啊，相关的其他的这个事情，比如说申请优惠，扶持之类都没有变化。和原来是一样的。（D社区书记苏）

因此，不管是居民还是社区组织，对于是否变成居委会了，关键还是社区工作人员的"工资"由谁发，居民是否享受城市居民的待遇。如果工资、补贴仍然是社区自己解决，居民也未享受到城市居民的待遇，即便是社区管理的内容已经发生了很大的变化，社区主体性组织和居民仍然不认为自己已经是居委会了。应该说这种认知也是合理的，在城乡二元结构下，村庄的各种事情由自己解决，现在虽然上楼了，名字改了，但是各种公共事务的花销和居民的待遇仍然是村居时代的模式，从社区的感受来说，的确是没有"变成城里人"。

（一）一体化治理结构形成的环境：历史与现实的综合

"城镇化"是现代社会发展的重要标志之一，生活方式的改变对于长期居住于农村的居民来说是一个巨大的诱惑。

> 一个行政村，因为行政村地理位置不一样，经济条件不一样，受一定的约束。我举个例子：你要说我的村想打一条路，到人别的村了，是不是呀。你就不一定能办成事。他不利于行政管理。那时候可以说当时那老百姓呢，也都怨声载道，就是说下雨地下泥呀出不去，就是出行很难，也不方便，污水遍地，垃圾遍地，当时的情况。（G社区闵书记）

中华人民共和国成立以来，城乡之间的差异所造成"农村人"跟"城里人"的身份差异，主观上也在一定程度上推动着"集中化"的发展。但是集中化毕竟不是完全市场化的行为，作为一次集体性的行动，各类因素的影响皆轮番发挥着作用。

1. 传统的"封闭式治理"的制度惯性影响

传统中国，特别是明清以来的中国社会，以村庄的"封闭性自给自足"为典型特点。瞿同祖说，"清代州县政府将一切有关公众福祉之事——福利、风俗、道德、教育、农业等等——都视为自己职权范围内的事。在这些被中国人视为官府'管理'范围内的事情中，有许多在别的社会里被视为民间社会的事。当然，政府并不是等量齐观的执行所有职责"。① 如此，士绅阶层便成为某些政府事务的实际承担者。而这种承担，在很多时候表现为缩小版的国家治理格局。在整体性的地主经济之下，"家族经济＋家庭经济"是中国农村经济发展的重要特点之一，家庭经济

---

① 瞿同祖：《清代地方政府》，范忠信等译，法律出版社2003年版，第282页。

发展的封闭性与儒家思想的结合在费孝通先生的"乡土中国"理论中已有明白的呈现。建立于血缘基础上的事业性家庭、家族在乡村"公务"面前是优先需要考虑的"管理主体"，而具有血缘、地缘关系的"一家人""拟制一家人"自然也是需要优先照顾的。在现代化的发展进程中，这种"身份"网络关系正在逐步弱化。中国现代化历程真正启动的标志是1949年中华人民共和国的成立，而今，这一历程也不过70年的时间。市场的发展优先冲击的是城市，而农村只是市场化、城市化、现代化发展的资源性后方，这一后方在很大程度上承继着"村庄自治的基因"。虽然说"村庄自治基因"的存在或许并非坏事，但是未经过市场化与普遍化教育的村民在绝大多数时候试图维持的是"有人管事"，而不是"我们来商量事"。很多时候，"管事的人"还需要是本村的人才行。这一点在张静老师对下围村的调查中得到进一步的呈现。因此，在基层的文化基础和行为习惯上，封闭式治理就再次生发并拓展开来。

2. 居民支付能力、社区支付能力有限

市场发展是社会分工细化的重要条件，而分工细化则意味着原来的供给主体发生职业化的转变，从而使一体化的供给格局最终瓦解。但是资源内聚型的社区不仅在居民的行为选择上较为保守，其支付能力也受到明显的约束。在笔者调查的几个社区中，有少数社区已开始收取物业费用，但是物业收费极低且收取情况不容乐观，大部分社区对于本村户籍人口是不收费的。据课题组问卷调查的结果，居民的受教育情况以中学以下为主，主要的收入来源是外出打工，而年收入在1万元以下的占比35.4%。在此种情况下，社区要向居民收取跟城市居民一样的物业费几乎是不现实的，即便是部分社区以0.3元/平方米的标准收取物业费，仍然存在较大的困难，收取的成本远高于城市社区。另一方面，社区在拆迁安置的过程中多有欠账，在短期内尚看不到解决的路径。依靠社区引入外来的物业服务是行不通的。况且还存在另外一个问题，即社区原有的农业经营剩余问题。能够集中化的村居，人均土地拥有量已经不多，在南方人均8分地已经算多，而北方人均3—5分地的居多，社区中还有部分居民的土地已经被完全征用。在这种情况下，社区集中居住后如果引入外来物业，物业组织并不能解决农产品经营的种种问题，还可能在物业管理与农业经营之间产生矛盾。在社区一体化管理结构下，虽然各方的支出都以低成本实现，但是"权威的相对集中"却使物业服务人员与其他人员的职责边界交互重叠，在遇到"重大事情"时能够较为顺利地达成行动一致，利于社区内部矛盾的解决。

3. 基层政府的财力及制度供给能力有限

资源内聚型社区的地理位置虽多为镇街周边社区，且并不近繁华的都市中心，在国家漏斗式的财政体系中，镇街能够获得的独立财政支持明显受到限制。镇街组织在社区基础设施建设上的投入非常有限，组织结构上的普遍下沉受到较大的限制。从笔者调查的情况看，即便是浙江杭州的部分镇街组织在社区中设立了派出性的人员，其主要的工作仍然是协助收取养老、医疗等社会保险费，极少插手社区的日常运行，社区的主体性组织仍然是本村原有的居民。况且，社区当下的医疗、养老保险的收取与一般农村社区并未有所差异。在政府只能为社区两委中少数人员每月发放不到1000元工作补贴的情况下，政府对社区的控制能力就明显受到了限制。当下，社区两委及其他物业服务人员的工作补贴主要来源还是社区自身的集体收益。同时，虽然社区已经实现了"集中化"居住，但是遗留下来的"土地确权""集体资产确权"等事务仍然明显区别于城市社区居民对"社区组织"单纯的"生活休闲娱乐"需求。集中化形成的管理问题更加复杂，镇街组织的管理能力与人员储备等远不能满足社区良性治理的需要。

（二）社区治理的一体化：全能型社区的组织形态

资源内聚型社区虽然在一定程度上实现了"城镇化"的目标，居民从世代居住的"村庄"转移到了集中居住的"楼房"。为此，社区的公共事务"大幅度"的提升。原来"个人各扫门前雪"的情况普遍得到改善，公共场域的问题开始由专门的人负责解决，甚至很多原来私人场域的问题也开始由公共组织解决，比如吃水、种地的问题。社区治理的内容在实际上明显扩容，这一点与居民们所谓的"没有改变"的陈述并不一致，但是，在这种情况下，社区的上层组织——政府，并未在社区内设置新的"派出机构"，同时，社区也未因为"公共事务"的增加引入"市场性"组织解决"公共池塘资源"的供给问题。社区基本上是依靠原有的资源扩容了治理组织的规模，而实现了治理的"一体化"。这种一体化的实现，表现出了资源内聚型社区治理的封闭性倾向，也是其尚未从原有的"村庄"治理思维中挣脱出来的表现。

在城市社区是"三驾马车"共治，而在资源内聚型社区中却是"一驾马车"统一治理。在这种组织形态下，社区集体经济的经营、社区公共事业的经营、社区政治文化的发展皆是在原有的"两委"格局下展开的。政府的力量虽然会对社区产生一定的影响，但是，政府并不会在社区集体经济经营和内部公共服务供给上直接加以干预，其指挥的链条到达社区的边界时，会交由社区组织"接力"（如图4-1所示）。社区本身的边界较为清晰，外部力量要进入社区会受到各类隐形规则的限制和约束。社区需要依靠自身内部的各类资源达到"统一治理"的目的。

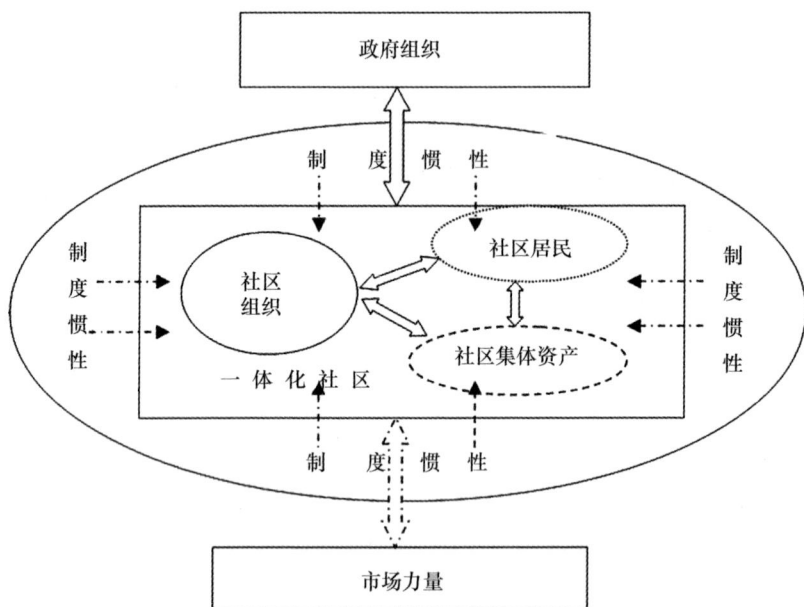

图4-1 一体化社区治理关系图

（您负责咱村里，主要负责什么？）我主要负责这个治保方面的，就是包括什么呢，包括俺村里车队，我也负责电，就是咱农村的这个浇地啊，水利设施，这些我都具体负责，包括打扫卫生，各级领导现在不都是要求环卫一体化么，这个检查了或者什么，这些我都负责。（那个车队是您负责管理吗？）对，我负责管理。（保洁这一块是咱村上几个人？）负责的固定人员是4个，分4个点，就是如果要有大的上级考察，俺这十几个人就全力以赴，另外你赶到农忙的时候，晒玉米了、小麦了，剩下麦糠等等，这些都得俺这十几个人打扫，他们（4个）弄不过来。（平常就是咱那4个保洁的？）对对，他们那工资是两部分工资，村里给他一部分，镇上给他们补贴一部分。（D社区治保主任）

（那你们的物业完全是由村委来管的，负责人是书记，主任管电，会计也管物业的账？）

对。现在物业上主要负责保洁、水电，那么既是主任又管电，既是村会计又管物业上的账，不矛盾。挺好的。物业由村里来干，关系好处理。他们都是村里的干部嘛，都听他们的。村里的干部嘛，每天在村里待着，不去别的地方，也没有多大的事。（G社区物业主任）

这种格局在某种程度上也是在强化社区的封闭式管理，随着社区整体性地搬入楼区，需要解决的问题逐步增多，这些增多的问题，在社区拆迁启动之时就已经落在了社区组织的身上。社区组织，更明白地说是社区两委，一方面在学着城市经营者的思路以出租物业的方式赢取收益，另一方面也学着现代农业的方式或者经营土地流转事业或以经营现代农场的方式谋取更多的利益。在笔者调查的几个资源内聚型社区中，或者有自有物业可以出租，或者有自有服务型组织可以经营的就算是比较好的社区了，有的社区因为地理位置的原因，周边并没有流动性市场的形成，即便是在建设之初特意设计了临街物业，也只是处于"等待出租"的状态。而随着集中化的完成，原来分散的集体需求却不可避免地重新推到了"社区经营者"面前，在新的"公共需求"面前，社区两委组织实际上承担着更大的公共责任。集中之前，各家的土地是分散经营的，集中后，土地的事情急迫地需要集体的力量加以解决；分散前，各家的房屋是自己修缮的，集中后，房屋的维护则需要集体解决；集中前，各户门前及周边的卫生是自己打扫的，集中后，社区内的环境与安全维护都是集体的责任。

即便是政府在社区的网格化组织，其成员也是由社区原来的"小组组长"等人承担，政府并未在人事上另辟他途，进行独立的组织建构和组织任务的安排。

（那个小组长也是叫网格管理员是吧？）对，楼长和那协管员，协管员也叫网格员，实际上我们最早搞的是楼长跟片长管理制，我们搞的这个楼长跟片长管理制呢我们搞的早，后来镇里又上别的地方学习这个网格化管理，来到这里我一看这材料呢就是我们这社区片长楼长管理制度。现在就是弄成网格化了，就是网格管理员了，那是又换个名词。网格长是咱书记，片长监督楼长，网格长监督楼长，就是咱书记监督。（Q居副书记）

这种一体化不仅表现在社区两委组织职责的高度重合上，还表现在社区治理"执行末端"的内部化上。社区物业服务人员、社区集体经济经营人员，甚至社区土地流转后的承包人皆由社区原村民承担。所以社区治理的各类主体就表现出明显的内部组成"一体化"的形态。

二 "政府—社区组织—居民"的斜拉关系

"政府—社区组织—居民"之间的斜拉关系是"集中农转居"社区普遍存在的三方关系，但是由于资源类型及资源数量的差异而在具体的微观环节上有所不同。

如图4-2所示，在资源内聚型社区中，基层政府在社区中的资源投入和人员投入都是非常有限的，特别是在后者上更是明显不能在细节上主

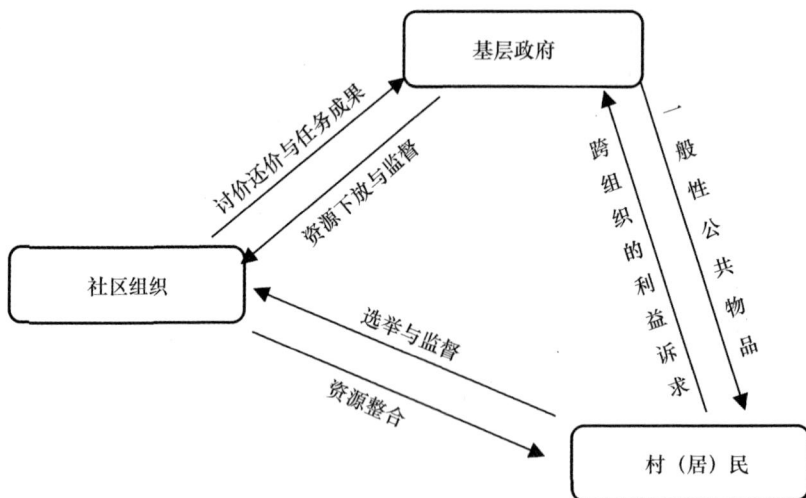

图4-2　一体化社区治理中三方推拉图

导社区的主要管理实务。王铭铭等在其《乡土社会的秩序、公正与权威》一书中提到，"村两委是国家权力在村落的代表"的观点①。就当下来看，村（居）两委特别是村（居）民委员会虽然是由选举产生的，但是党组织的领导地位以及历史的制度惯性依然明显影响着政府与社区组织之间的关系。在它们之间有时强烈表现为上下级关系，即"村居不作不行"；有时又表现为相对平等的关系，即可以商量商量。

> （您觉得我们跟村是一种什么样的关系？）怎么说呢，你像那种硬性的任务，确实就是上下级，你像前几年的时候那个合作医疗，像教育实践活动，虽然他是教育活动，但是他必须学够 6 次，这一块就是上下级，不管你用什么办法你得把任务完成了。他就是集中学习不能少于 6 次。我们每次学习都有一个学习资料，派人给他们送去，他们家里人谁接收的，拿回回执单来。还比如各种报表吧，有的时候这些报表是非常紧急的，你比如说上周六下的这个丧葬费补贴的这个表格，每个超过 60 岁的新农合的户籍在村里的人，如果去世了就能来领这个 800 元的补贴。这个事情本来是个好事，但是它太紧急了，你要通知到村里每一个满足条件的然后让他们准备各种材料，材料不是很好准备的，但时间就这么两天，你没有办法，你必须跟村里这么说，到时间必须全部整理完毕，如果你漏掉了哪个人，人家肯定是不能愿意的，这就感觉非常像上下级关系。再一个就是这个宅基地确权。这个牵涉每家每户。还有些地方出现二次承包的情况，就是说有些人家的地他们不愿意种了，种一天的地还不如我出去打一天的工挣钱挣的多。现在村里就说你说你这个地不种了，你倒给他了，他又倒给另外一个人了。现在这个人有可能都不知道他种的是谁的地。现在这个确权应该确给谁，那个人家现在种着一点的人家就觉得挺委屈的慌，这个地只要确给谁了，他就可以抵押了，贷款了，哪种用途了。和老百姓打交道的时候应该是很麻烦的事，但是这就是你的任务，不完成不行。现在一个村就这么多户，咱下去吧又谁也不认识谁，谁也

---

① 王铭铭、王斯福：《乡土社会的秩序、公正与权威》，中国政法大学出版社 1997 年版，第 33 页。

> 不知道谁家有多少地。你不了解情况，你只能通过村委会。但是另一种情况，比如村里有的时候申请一些上边的优惠啊，什么工程啊，他们就直接找镇里，镇里再找办事处，说那个村里申请一个什么工程，不行，你看看就给他们吧。然后他们再报的时候就通过办事处报。所以说我们办事处就是上传下达，就是协调，这时我们跟村里的关系就是很平等的关系。(GZ镇街道办事处书记)

但是村（居）两委组织在其与政府的关系上，更强烈地感受到的是政府的"支配性"地位。

> 像我们一个村事情很多的，当然很多也是为了村里的利益，但是上面什么事情都到我们这边，对不对啊？各种会议、各种文件都要我们来。我们跟居委会还不一样，人家居委会为什么配合？人家工资待遇比我们强多少？我们这里一个月的补贴多少？(Y社区书记林)

从村居组织成员的角度看，他们完成的基层政府下放的硬性的任务也是社区利益所在，这一点与GZ镇街道办事处王书记说的是一致的，但是对于街道或镇的具体执行方式也保留了意见。

> 现在上级安排的任务，俺现在完成的还是很好的，这个为什么，你像俺完成的任务，所谓是完成上边的任务同时还都是老百姓的事，你像合作医疗，合作医疗要按别的村，也都是从老百姓手里边起的，主要是办事处跟镇里啊，他们就是对我们这个村民也是很想把事办好，他们有时候就是硬压，他们只要结果，不要过程，其实怎么落实的这工作他们不问，他们只要结果，虽然他们的初衷是好的，但是这个办事处跟镇里对这落实的方面、这细节上这一块……(Q社区副书记)

为更清楚地了解居民对社区两委的工作认识，课题组对"村两委把哪项工作放在首位"进行了多项选择的调查，具体情况如下。

如表4-12所示，在居民的视野中，从总体上看，村居两委组织放在首位的工作是"谋取更大的村集体收入"，但是这个选项较为集中地表现

表4-12 社区ID村（居）两委把哪项工作放在了首位交叉列表

社区ID			村（居）两委把哪项工作放在了首位						总计
			谋取更大的村集体收入	解决各类矛盾和纠纷	完成政府安排的各项任务	忙着自己的副业，解决自己家的经济需要	着力于提升社区的公共设施与环境水平	不知道	
W	计数		21	0	27	0	26	0	74
	社区ID内的百分比		28.4	0.0	36.5	0.0	35.1	0.0	100.0
C	计数		0	0	15	1	4	0	20
	社区ID内的百分比		0.0	0.0	75.0	5.0	20.0	0.0	100.0
Y	计数		3	1	12	1	9	16	42
	社区ID内的百分比		7.1	2.4	28.6	2.4	21.4	38.1	100.0
T	计数		3	1	16	0	9	11	40
	社区ID内的百分比		7.5	2.5	40.0	0.0	22.5	27.5	100.0
D	计数		6	1	18	0	15	1	41
	社区ID内的百分比		14.6	2.4	43.9	0.0	36.6	2.4	100.0
Q	计数		17	6	17	8	8	4	60
	社区ID内的百分比		28.3	10.0	28.3	13.3	13.3	6.7	100.0
N	计数		54	5	10	0	13	17	99
	社区ID内的百分比		54.5	5.1	10.1	0.0	13.1	17.2	100.0
X	计数		22	13	7	0	5	8	55
	社区ID内的百分比		40.0	23.6	12.7	0.0	9.1	14.5	100.0
总计	计数		126	27	122	10	89	57	431
	社区ID内的百分比		29.2	6.3	28.3	2.3	20.6	13.2	100

在 N、X 两个社区中,在 C、Y、T、D 中表现并不明显。与之形成对比的是,"完成政府安排的各类事务"虽然在总体比例上略逊于"谋取更大的村集体收入"选项,但是除了 N、X 两社区外,其他社区的数据都比较突出,而且在本社区范围内,集中化比例是最高的,这一结果在某种程度上可能与 N、X 两社区访问员由政府部门人员跟随有一定的关系。同时,"着力于提升社区的公共设施与环境水平"的整体性比例也相对集中,达到20.6%,而"忙着自己的副业,解决自己家的经济需要"的比例最低。

因此,可以说即便是在资源内聚型的社区中,居民和村两委都能明显感受到他们与政府的"紧密"关系。为了深入了解居民对村居组织的认识,课题组对居委会的性质进行了调查,具体情况如下。

如表4-13所示,在村居组织的性质问题上,居民对社区村(居)组织的"政府"或"准政府"定位也是比较明显的。虽然从单项上看,认为"村居组织是居民自治组织"的比例略高,但是实际上认为"村居组织是政府组织"的比例要远高于"居民自治组织"的比例,况且还有21.5%的调查对象对于村居组织的性质表示"不知道"。

表4-13 社区 ID * 居委会性质交叉列表

			居委会性质				总计
			政府组织	形式上是居民组织,实际上是政府组织	居民自治组织	不知道	
社区 ID	W	计数	43	4	27	0	74
		社区 ID 内的百分比	58.1	5.4	36.5	0.0	100.0
	C	计数	10	10	0	0	20
		社区 ID 内的百分比	50.0	50.0	0.0	0.0	100.0
	Y	计数	16	5	9	12	42
		社区 ID 内的百分比	38.1	11.9	21.4	28.6	100.0
	T	计数	12	11	8	9	40
		社区 ID 内的百分比	30.0	27.5	20.0	22.5	100.0
	D	计数	0	0	41	0	41
		社区 ID 内的百分比	0.0	0.0	100.0	0.0	100.0

续表

			居委会性质				总计
			政府组织	形式上是居民组织，实际上是政府组织	居民自治组织	不知道	
社区ID	Q	计数	14	13	28	5	60
		社区ID内的百分比	23.3	21.7	46.7	8.3	100.0
	N	计数	8	10	43	38	99
		社区ID内的百分比	8.1	10.1	43.4	38.4	100.0
	X	计数	10	7	26	12	55
		社区ID内的百分比	18.2	12.7	47.3	21.8	100.0
总计		计数	113	60	182	76	431
		社区ID内的百分比	27.7	22.5	28.4	21.5	100.0

　　从表4-13及表4-12的情况看，社区组织在集体经济、村居基础性公共设施及环境优化上的全方位照顾是比较明显的。虽然政府在社区内部没有直接委派人员，但是政府对社区组织的影响不仅直接深入，而且居民在文化认知上也有将社区组织归类于政府组织的倾向。这种状态对于社区组织的自治不是一个有利的因素。

　　社区两委组织的"权力体系"基本上覆盖了社区所有居民公共事务的所有领域。所以看起来"权力"处于三种类型的"顶配"位置，也正因为如此，社区两委的职务就表现出"吸引人"与"责任重"的双重特点。但是对于社区组织来说，一个相对封闭的社区，"一家人"的"熟人社会"，村里的舆论监督往往是非常传统的，这种传统类似于"抱怨"在传统社会中的作用。

　　我们这里，你在村里横行霸道不行的，要文明，老百姓的田，老百姓的地，你去把那个强挖掉，他死都要骂你的。（Y社区记账员）

　　同时公众荣誉感的吸引力也是非常突出的。

这个体会很深就是两点，一点是也有一点成功，在没进入这个村委会工作之前呢，在社会上虽然也是做生意，也是各界不少朋友，但是呢这个从进入村委会工作以后呢，就体现的这个人生不一样，为村民服务也很好。（Q 社区副书记）

当时村里的年轻人都住了楼房了，村里的老人住着儿子闺女的房子不方便，有的家里没有住老人，有的就住着老人，这个住了老人的就心里不平衡。不平衡他那个说话做事就是不那么好听，老人就难受，还有一个就是那些没有跟儿女住在一起的老人，还住在老村里，那里环境不行，吃饭、吃水、出入都不方便，年轻人又不能陪着老人在那里住，慢慢的就出现困难了。就盖了这个老年公寓，有 40 户搬到这个老年公寓了，搬过来了之后，太幸福，太满意了。你一去那里，看到老人的那个笑脸，看到他们的轻松状况，看到他们的这个表情，你受点委屈，受点难，受点打击，值！（Z 社区 W 部分党支部书记）

不管老百姓上这里来吧，他找到我的事我能给他办成，我觉得这是最高兴的，不管什么事。只要他找到我了，我给他办成了就高兴，就是人的一种成就感。他只要相信我，我能给他办成我就高兴。再就说呢你像老百姓要求的你像这个运输，搞运输，他每年能多挣一点钱，这个每年的收入增加，咱也高兴。（Q 社区书记）

如果村民的内部监督和个体荣誉感不能发挥作用，"上访"就可能会被发动起来。

这个属于老百姓很关心的一件事，这个水很重要，家家户户都用水。水管道，房子漏的现象比较多。问题是里边，当时用的沙和砖，还有那个灰都是不达标的。有个别的人阻止老百姓，不让老百姓看。这个事做得不太好，然后有些老百姓就上访了，以前的账目也不清。然后大家也曾经也上过市里吧，好像是。（Q 社区居民代表 2）

虽然社区居民会选择"上访"这种公开的抗争行为，但是他们很少在社区内部选择非正式的、公开的"集体性监督"或者是"集体性请愿"。

在课题组调查的几个资源内聚型社区中都没有出现社区居民向社区组织发起"集体性请愿"的活动。他们更倾向于向上级政府部门表达这种意愿。

在正式制度的协调范围内，"选举"的监督压力应该是最强烈的。居民对社区组织的不满往往会在选举上反映出来，虽然选举并不能解决所有的问题，但是选举却可以把那些他们不满意的人以最低成本选下来。即便是那些早已改制为居委会的社区，其居民的"家族化"聚居特点仍然比较明显的社区，家族的影响在选举中的作用仍然是两面的。

> 俺这村主要是书记换得比较频繁，就是两届换一次、换一个书记，村委呢也是两届换一次，换得比较频繁。你看农村呢，它就是一个姓氏，你像这个俺杨书记他在这里干，给他找绊的没别人，除了他的兄弟以外别人不会有这种想法，按说应该是本家的应该支持他的，他本家的就恰恰相反，就给他拖后腿，拖得还很厉害。就是想闹事的那些人本来是感觉我是本家的、你应该多给我争取利益，结果你没给我争取到利益，他就给他找绊。（Q社区副书记赵）

除了选举以外就是村内的村务监督委员会在发挥着对"两委"的监督作用。

> （您觉得村务监督委员会的工作做得怎么样？）行，很好，很认真啊，（他们能不能看出一些问题并且提出来？）有些具体的事该提的他就提啊，不过咱们这边挺正规啊，领导对财务挺重视这一块，就是领导先审批需要买什么东西，支部村主任先审批，出纳员拿钱，该谁买的谁买去，买完了拿回发票来，发票是村务监督委员会签字，支部书记签字然后交给我才到记账中心去报账。村务监督委员会每个都审了。（Z社区W部分村务监督委员会委员）

但是村务监督委员会的工作状态在很多时候受到"两委"的影响，不能发挥作用的时候往往也是受制于"两委"。在更为宏观的制度不能发挥作用时，村务监督委员会往往无法也无力发挥良好的监督功能。从制度建设的约束力看，能够切实落地的国家政策对基层的约束力会更加直接。在这一点上，社区组织和居民都有清晰的认识。

> 反正大的方面，党的十八大以来，风气好了。地方风气好了，不
> 是地方风气，从上到下。这个风气从哪来的，从上来的。（G社区闵
> 书记）

因此，对于基层治理，框架性的制度建设仍然是根本性的，在国家框架性制度建设比较稳定的情况下，基层其他公共事务的建设会更加顺畅。

虽然政府与社区组织之间有极强的"协作性亲密关系"，但是政府在很多时候对于社区组织能否按规则公正行为并不持完全的信任态度，在基层治理中，制度建设的不完备、公民素质的提升等各个方面的影响因素也确实不能保障基层治理的透明与公正。如此，浙江近年来已经出台政策限制村居为居民交纳养老、医疗等保险金，并提高政府直接服务于居民的能力，但是这种成本不是每个地方都能承担得了的。

资源内聚型社区是三种类型中最接近于传统社区的一种，在政府、社区组织、社区居民三者之间形成了一种政府与社区组织、社区组织与社区居民的强关系，但是这两类强关系的表现方式并不一样，政府与社区组织更强烈地表现为行政上下级的强关系，而社区居民与社区组织则是人际关系型的强关系，前者因为任务而得以建构，而后者因为情感、责任而得以建构。在高度追求效率及结果的背景下，前者的表现就会更加明显，社区组织也就更容易倒向政府。

三　资源内聚型社区治理形态的阶段性社会价值与发展困境

资源内聚型社区治理形态是城镇化发展过程中，原生的农村社区整体性发生空间转化之后，在外部资源量不充足且组织输入有限的情况下，社区为应对新出现的公共治理问题而建构起来的相对封闭完整的治理形态。这种治理形态对处于急剧变迁中的部分村民发挥了基础性的保护作用，有利于基层社会的稳定，但是这种保护基本上是最低层面的，能够解决的问题也非常有限。

从社区本身的规模看，每一个治理单位的容量并不大，即便是在像Q社区这样较大的生活单元中，人口规模也未超过3000人。但是相对于社

区能够调动起来的资源而言，这一社会单元却存在明显的短板。这些短板中的部分问题可以通过后续的制度建设得到缓解，而部分问题则可能随着时间的延展而继续扩散。

（一）资源内聚型社区治理形态的阶段性社会价值

资源内聚型社区治理在走向城镇化的过程中并没有细化公共物品的供给方式，甚至将很多的私人事务也纳入了公共组织服务的范围。免费为户籍居民提供物业服务的社区在调查中并不少见，不引入外部市场而使用本村人力资源提供公共服务更是普遍存在的现象。在社区调查中，这些自有资源的使用，被称为"照顾村里人"。即便是每月500—800元的劳务工资，对许多村民来说也是"说得过去的"，因为毕竟在自己家里工作，工作和家庭都能照顾上。而在集中居住之后，遗留的农地耕种问题，许多社区也都有相应的集体解决路径。其实，村居在为"集体村民"谋取福利的路上，一旦开启了"福利之窗"，只能越走越远。

（像这种福利，咱们村里还有其他的吗？）其他的钱根本不叫农民负担一点，农业方面来说吧，俺集体有农业机械、机井、水泵、电，都是扯到地头，渠道都是修得很好的，这个每年的收割，收割一季也得万把，包括今年秸秆还田，就是玉米收割，花了五六万吧，耕种。（从种到收都是统一的？）统一耕种，统一浇灌，统一施肥，统一收割，集体把这个钱都负担了，不叫农民拿一分钱。（对老人有补助吗？）70周岁以上的，每人每月60元，80周岁以上每月80元，每月都发。另外，村里现在有分配，装卸费什么的分配给他们。他们，如果他们一分钱没交的，也分配给他们钱，还有这个医疗，村里有这个条件，都补贴。（除了用于农业上、老人福利上，还有哪些地方？）奖学金，要是本科，6000元，研究生，10000元，博士或者清华北大20000元。奖励是叠加的。（Q社区报账员）

咱这你看这收玉米，村里一亩地补助五十块钱。村里出钱，补助你五十块钱让你秸秆还田，但是不是发给你50元，是补助50元直接实现秸秆还田，就是村民掰了那棒子拉回家了，但是那玉米秸秆还在地里，村里为了不焚烧直接雇人把秸秆粉碎了还田，要不然老百姓不管不顾的砍吧砍吧都堆到地头上，当时不烧，不一定什么时候有人给你扔上个烟头，扔上个火着了是吧。这个呢所以说村里就是一亩地50块钱补助给粉碎的那个车，全部就说只要是 W 村的地全部都给你粉了，包括地头街尾的那些秸秆。（Z 社区 W 村民代表 3）

Y 社区甚至还在房屋建设支出上为居民承担部分费用，使绝大多数村民能承担起拆迁换新居的成本。这一点已经在前文中有所提及，此处不再赘述。

在城镇化进程中，那些能够自立于市场的组织或个人可能会从集中化中获得了更多的收益，因为他们有能力购买等面积的或者更多面积的安置房，从而大幅提高家庭的整体资产，但是部分农民家庭则不能负担这些因拆迁带来的住房成本，更何况还有后续的其他生活成本的提高。而社会的不稳定往往不是因为"共贫"或者"共富"，而是因为"不均"，这一点无论中外皆是如此，在中国的传统文化之下，特别是在传统遗留更为浓郁的"乡村"中，这一点会更加突出。而不均之下，通过内聚型社区提供的这种"身份"福利，对于中底层居民来说，不仅仅是"保障性福利"，还是没有被社会遗弃的"尊严"。

在基层政府资源明显有限的情况下，社区组织如果能够充分调动各种资源参与基层治理也是在国家治理体系中增加了多元化发展的力量。在城镇化发展过程中，各类社区的人口规模、人口结构会有更加多元的呈现形式，商业化的小区有其社区治理的独特逻辑，单位化的传统社区有其治理的特点，而集中化的农转居社区也应该在发展的道路上寻找一套合适的发展路径。当下，从"集中农转居"社区的发展来看，社区调动内部资源参与社区治理的确是一种相对低成本的运行模式，虽然部分居民质疑其治理的水平，但是笔者认为，社区治理采取一种什么样的治理方式，能够在什么程度上维持主要是由居民的认可决定的。如果片面地拿农转居社区与城市商业小区对比，很可能在最终意义上不能适应社区治理的现实。

（二）资源内聚型社区治理形态面临的发展困境

资源内聚型社区在短期内发挥着社会变迁缓冲器的作用，这种缓冲可以把相对剧烈的社会变迁带来的冲击在一定程度上弱化。但是这种缓冲也是需要付出成本的。

首先，资源内聚型社区治理在部分区域增加了社区的经济负债，为未来社区治理的发展埋下了隐患。

> 你像我们村干部补贴都是上面拨的，财政主要拨个 20 万元啊，拨个几万元啊。说是这样说的，到现在还没有付清呢。你做好了，工资起码三年才拿得清。咱们现在路灯改造，是拿了 25 万元。事情是这样子的，因为村里没有钱，有钱从上面来了，大家分一点，比如像我们村里的情况，现在都是一样，我们 YL 镇的四个村不欠账，其他的村多多少少都欠账的。(Y 社区记账员)

> (我们村每年花在这些公用事业上的花费大概在多少？) 这个花费真是不少，大概在六七十万元吧。这个没法省啊，每年社区在维护啊、道路啊、绿化啊、监控啊，每年投入都很大，今年就只那个×××就占了 160 万元，今年我们北边盖的大棚，种的草莓啊什么的观光农业，大棚的果树盆景啊，花费都很大。(我们每年都花这么多钱，收支上能保证吗？) 这个收入上要逐步的吧。农业吧，逐步的吧。(您现在是不是感觉压力很大呢？) 压力大啊，压力很大，压力大也得撑住，也得干啊，老百姓也得生活啊。(Z 社区 W 部分支部书记)

资源内聚型社区即便是已经完成改制，也未按照现下城市社区管理的模式在公共设施投入等环节上进行管理，社区基础设施的投入及居民福利的发放在很大程度上都依靠社区，而社区在选举等环节上还要依靠居民的支持，因此，在基础设施投入及社区福利上有内在的制度激励。更为麻烦的问题是，社区的"欠债"往往具有责任主体不明确的问题。从制度上看，社区组织以公共身份的欠债，应该不因社区组织中人的变化而变化，但是在实践中并不如此。上届组织的欠账，下届组织不承认的情况也时有发生。如此，基层组织的社会信任与权威性都受到较大的影响。

在调研的部分社区中，社区组织的欠债主要是面向社区居民的，即社区组织是向社区居民借债而形成的基础债务，而这个债务的利息往往高于银行利益，因此，在本金数额并不巨大，但是经过了时间累积之后，数额惊人的情况也是有的。如此，对于社区的长远发展及内部的风险控制而言都是一个严峻的挑战。

其次，社区维护成本较高，特别是住房质量问题引发的维护成本问题没有制度化的保障措施，不利于社区未来的稳定发展。土地增减挂钩政策下的集中居住明显地受到资金投入的影响，而且在拆迁安置过程中绝大多数农民的经济能力仅仅是能够做到补足房款，而住房维修基金等的筹集则往往无法完成。在住房质量存在一定问题的情况下，社区组织既无住房维修基金进行调动，亦无法从居民那里筹集资金进行房屋维护。因而，在房屋质量出现明显问题时，居民对公共组织的诉求就极容易转化为"无人负责"的事项。这种状态的存在对于社区的稳定发展是极为不利的。

> 嗯，盖得很差，我们村的水管道全部都裂了。水管道整天的裂，因为当时施工的没叫老百姓参与。虽然花了钱了，但是没干了那个活。（这个水管道到现在还不断地漏吗？）嗯，不断漏。（得重新翻新一下吧？）重新翻得有一百多万，我们村里上哪里拿这一百多万。嗯。我们村里这个班子压力很大，就是这一点。对，这是老百姓的一个热点。房子虽然是高楼大厦，盖得质量很差。（Q社区居民代表2）

在基层组织建设上，社区组织当前的角色定位和基本职能尚不能对社区基础设施的发展产生明显的影响，相比于其他两种类型的社区治理，资源内聚型的社区在资源可调动空间上更是捉襟见肘，在这种情况下，社区组织对政府的依赖性会更强。

最后，作为最接近村庄治理的社区治理形态，社区居民内部的血缘一体化结构仍然保持了相对完整的状态，这种状态对于社区现代化的突围有一定的影响。

资源内聚在阶段性的发展中是一种社会缓冲剂，在身份上建构出一种较强的内部认同，这种内部认同在剧烈的社会空间转化中发挥了积极的作用。但是另一方面，由于社区内的"福利群体"多是原住民，在"土地增减挂钩政策"下完成集中居住的社区在周边经济发展上明显不如其他两种类型的社区，社区内流动人口的数量相对较少，对于社区的异质化管理影响不大。一般化管理规则的涉入受到传统观念的影响也会相对明显。社区外来力量的"空降"往往会受到内部原生力量的排挤，而内部"自生"的人力资源要产生强大的"魅力型＋法理型"领导的概率并不高，在这种情况下，如若社区比较有幸"遇到"极富现代治理能力的"带头人"，在平稳过渡的制度建设上仍会面临较大的挑战。

第五章　上下结合发展：资源分隔型社区的产生与发展

从"集中农转居"社区的产生来看，三种类型的社区皆有明显的政府推动倾向。但是在完成拆迁各项事务进入"社区治理"阶段之后，内外部资源投入的差异开始对社区治理的方式产生影响。与资源内聚型社区相比，由于外部资源投入的增加，资源分隔型社区能够在更大程度上改变社区内部的治理格局。

这种上下结合的发展方式在地理区位上也与内聚型的社区治理不同，资源内聚型社区多是经过土地增减挂钩政策完成社区空间转化，而上下结合的资源分隔型社区则或是与小城镇发展的扩张有关，或者与重大工程项目、自然资源的整理开发有关。在社区变迁的启动上，政府的资源投入量会明显多于资源内聚型社区。

第一节　社区基本情况及资源重组状态

一　社区基本情况

资源分隔型社区在变迁之初及拆迁完成之后的资源输入量与资源内聚型有明显的差异，类型之间的区分度比较高，同时，就类型内部的区分看，课题组选择的几个社区在变迁的政策依据上亦存在不同。这些不同主要表现拆迁资源的分配差异上，但是在居民入住社区之后，其外来资源，特别是政府的社区输入方式却是有明显的相似性。

（一）社区简况

课题组调查的资源分隔型的社区共有 3 个，其中山东省济南市 1 个，浙江省杭州市 1 个，江苏省苏州市 1 个。

1. 山东省济南市 M 社区

M 社区位于济南市东部，现为 ZY 街道所在地。社区东临 XY 风景区，有纵横两条省道分别从社区南、东两侧穿过，交通方便，地理位置十分优越。社区现有的常住居民主要为 NG 村原村民组成，另有少部分铁路、公路拆迁户，近年来，随着 ZY 街道经济的发展及社区公共设施的提升，外来务工人员租住社区的情况明显增加，社区内外租房人员与常住人口比例发生了逆转。

2004 年 10 月以前，M 社区所在地属于基本农田，社区建设的起步以临近铁路、公路的拆迁安置为起点，2008 年前，先后两次建设社区公寓 14 幢，2010 年以后，特别是 2012 年 XY 风景区改造工程，直接引发了 NG 村的整体拆迁。现在，M 社区占地 218 亩，楼房 43 幢，有高标准幼儿园 1 处，建筑总面积为 186800 平方米，已经入住 5000 余人，其中 1600 人为 NG 村原村民，3000 人左右为外来租房户或购房户。

NG 村原有的 3000 亩土地多被征用，现只有 350 亩耕地分散于各户手中。集体土地资源稀缺，为发展经济、增加集体收入，社区注册建立了有独立法人身份的物业管理公司。社区物业公司不仅承担着社区物业服务的职能，还在春耕、秋收等环节为拥有土地的居民提供耕种、浇灌、收割服务。另外，为节约社区支出，社区物业还承担着部分社区基础性公共设施建设与维护的工作。

当前，M 社区内的各类公共设施及居民服务点建设已经非常齐全，有各类室内、室外健身设施与健身房、棋牌室、篮球场、休闲广场等公共娱乐空间，有会议室、图书室、书画室等文化娱乐空间，还有菜场、超市等生活用品店及诊所等医疗空间。社区发展的各项制度也在慢慢步入正轨。

2. 江苏苏州 H 社区

H 社区是苏州市 WJ 经济技术开发区的一个农民拆迁安置社区，社区开发自 2004 年始，分批次完成拆迁，安置方式皆为农民宅基地自建房。拆迁当时，以每户为一个单位批准一块 200 平方米的宅基地，各家根据区里统一规划的样式自建住房。当下，社区占地共 1000 余亩，共安置了 FJ、YM、YZ、ZQ、LJ、TX 等 9 个村的部分居民，课题组调查时已经入住居民 907 户，总计 3319 人，外来人口 2000 多人。2008 年成立 H 社区办公室，建立社区服务中心，2009 年成立社区党支部，2011 年社区党支部升格为社区党委。社区党委现有党员 130 余人，下设三个工作站党支部，各工作站与社区部分行政村两委组织合并办公，原来的村级组织仍然存在。社区与村级组织之间有一定的职责划分，村级组织仍然管理原来村组织的事务，包括集体财产的经营和分红等，而社区则在整体上管理物业服务、社区卫生等涉及所有社区成员的公共事务。

社区保安、保洁、物业服务、绿化服务的人员皆由社区统一招聘产生，不与社区内的各村级组织发生联系，人员管理归社区，但是工资发放归开发区财政统一拨款。

当前，社区内有各类公共活动空间，集中在社区服务中心的办公楼上。同时，还规划建设了社区食堂，主要功能是解决社区居民传统的婚礼宴请等难题。虽然社区有实体上的服务中心，但是社区在身份上仍然不具有明确的行政身份。由此也造成了社区服务中心在协调各个村之间的关系时处于比较尴尬的境地。

3. 浙江杭州 Z 社区

浙江杭州 Z 社区位于杭州市北部 YH 经济开发区 DH 街道内，DH 街道是 2015 年新组建的街道，课题组调研时，街道内各社区也处于关系调整阶段，Z 社区是由 ZH 村、ZJ 村、TS 村、GB 村四村的大部分居民合并而成立的新社区，而四村中拆迁较晚的少部分居民则与外来杭州的购房者一起构成了 WM 社区，Z 社区内的居住以原 ZJ 村居民为主，社区内的组织已经处于分化过程中，虽然 ZJ 村原两委仍然担任新的 Z 社区的管理者角色，但是其主任已经明确不再继续任职 Z 社区，而是调整到 WM 社区担任这个多元化社区的第一任书记。

Z 社区的拆迁主要是铁路、公路及经济开发区建设需要而引发的，社区第一批拆迁是 2004 年，后经三次拆迁而成为目前的样子，原村居民大部分安置在统一规划建设的排屋，少部分安排在高层商住房内。社区内物业、卫生等服务已经不在社区两委组织管理的范围，其工作人员的安排、工资、福利等也由街道相关部门统一发放。现在社区内两委工作人员共 6 人，1 人为街道拆迁办的公务员，属于挂职书记，其余 5 人是社区常驻工作人员，其中包括 1 名大学生村官。虽然 Z 社区与 WM 社区在街道规划上是同等级的，但是 WM 社区只是挂了牌子，并没有人员编制安排，暂时由 Z 社区代管，社区内的 1 名大学生主要负责 WM 社区的公共事务处理。虽然 2014 年时，社区已经更改为城市社区编制，但是到课题组调查时，各类公章，包括村公章、支部公章、合作社公章等仍然是原村的公章，管理上并未理顺。社区集体经济的主要收入就是物业出租和对外借款产生的利息。

（二）调查对象的基本信息

课题组在社区内的调查，主要涉及问卷调查、访谈两项，访谈对象主要是社区两委成员、社区物业服务人员、村务监督委员会成员以及部分村民代表。

本部分主要是对问卷涉及的调查对象的情况进行说明，本次调查所涉及的资源分隔型社区的居民问卷以村居委员会提供的户籍册为抽样筐，采用随机抽样方式产生调查对象。本种类型的社区共收回有效居民问卷 182 份。具体情况如下。

1. 居民问卷调查的性别比例

该问题回答总人数为 182 人，其中男性 118 人，占比 64.8%，女性 64 人，占比 35.2%，男性受调查数明显高于女性，这一点与资源内聚型社区有一定的差别，这两个比例在资源内聚型社区中分别是 52% 和 48%。从每个社区调查的具体情况看，三个社区男女性别比例也非常相似，没有像资源内聚型社区一样表现出明显的差异性。

2. 居民问卷调查对象婚姻状况

该问题回答总人数为 182 人，其中未婚 14 人，占比 7.7%；已婚 154 人，占比 84.6%，处于绝对的优势地位；离异 4 人，占比 2.2%，占比最低；丧偶 10 人，占比 5.5%。可见本种类型的调查对象中绝大部分也是处于婚姻关系中的，但是比例略低于资源内聚型社区，比例降低了近 10 个百分点，同时未婚、离异、丧偶的比例皆有提升。这三个比例在资源内聚型社区中分别是 2.3%、0.7%、3%。

3. 家庭人口数

在本次调查的 182 名对象中，五口之家的比例是最高的，为 33.5%，其次是四口之家，为 22.5%，再次为三口之家，为 20.3%，居于第四位的是六口之家，比例为 14.3%。这种情况与资源内聚型社区有一定的差别，资源内聚型社区占比最高的是三口之家，比例为 35%，五口之家仅占 15.8%，且南北之间的差异性也不大。而在资源分隔型社区中，南北差异

性比较明显，M 社区作为北方社区占比最高的是三口之家，比例为
28.0%，而其他两个社区明显更加趋向于四至六口的家庭。可见，在调查
的三个资源分隔型社区中，南方家庭规模比北方大。

4. 受教育情况

居民问卷调查对象共 182 人，其中初中教育背景的人最多，有 83 人，
占比 45.6%；其次是大学，有 41 人，占比 22.5%；再次是高中，有 33
人，占比 18.1%；小学的比例是最低的，有 25 人，占比 13.7%。这种情
况也与资源内聚型社区有一定的差异性，虽然两种类型中初中的比例都是
最高的，但是资源分隔型的比例比资源内聚型少 11.2 个百分点，资源内
聚型占第二位的是小学，而资源分隔型的是大学及以上，小学的比例是最
低的。可见，在课题组调查的社区中，资源内聚型的社区在教育程度上明
显比资源分隔型的低。同时需要注意的是，在资源内聚型的社区比较中，
南北差异不大，但是在资源分隔型社区中，南北之间有明显的差异。需要
说明的是，课题组调查的社区数比较少，不知道扩大了调查数量之后，这
个差异是否仍然存在。

5. 职业情况

从调查问卷的信息看，在被调查对象的职业状况中比重最高的仍然是
农民，但是这个状况主要由 M 社区较高的占比（51%）拉升的，而其他
两个社区主要是工人和其他身份的人，可以说除了 M 社区以外，其他两个
社区已经明显表现出了社区居民身份多元化的趋势。这点已经与资源内聚
型社区有明显差异，资源内聚型的社区居民以农民和务工加务农的身份
为主。

6. 最主要收入来源

从调查对象对最高收入项的回答看，在 182 份问卷中，占比最高的是
"单位工资收入"，有 79 人，占比 43.4%；其次为外出打工收入，65 人，
占比 35.7%；其他各类比例皆未超过 10%。这一点与资源内聚型有一定
差异，资源内聚型占第一位的是外出打工收入，有 199 人，占比 46.2%，
其次是单位工资收入，有 109 人，占比 25.3%，可见，资源分隔型社区居
民中有较为长期的工作单位的人数明显高于资源内聚型社区，具有季节性
的、偶发性就业的人数虽然也占有相当的比例，但是相比资源内聚型社区
而言，这个比例已经明显下降。同时，此种类型的社区中，"自办工商企

业收入"和"粮食收入"占比都低于资源内聚型社区。而房租、地租收入占比要略高于资源内聚型社区，特别是 H 社区的"房租地租收入"为最高项的占比已经达到 13.9%。

7. 个人年收入

在 182 名调查对象中，有 62 人选择个人年收入为 1 万元以下，占比最高，为 34.1%；其次 1 万—3 万元，有 53 人，占比 29.1%；第三位的是个人年收入 5 万元以上的访谈对象，有 41 人，占 22.5%，占比最低的是 3 万—5 万元的，为 14.3%。相比于资源内聚型社区，资源分隔型社区的收入状态有一定好转，年收入低于 3 万元的调查对象比例为 63.2%，低于资源内聚型的 78.6%。年收入 5 万元以上比例明显提高，比资源内聚型高 19.36 个百分点。特别是浙江的两个社区，居民收入已经以 3 万元以上为主体。南北差异非常明显。

8. 调查对象年龄

在资源分隔型社区调查的 182 名居民中，各个年龄阶段的人相对比较均衡，只有"18—25 岁"，"66 岁以上"两个年龄段的被访对象比例偏低。与资源内聚型社区的情况相比，"36—55 岁之间"的被访者比例略低一点，但是相差不多。总体上看，两类社区调查对象的年龄结构差异性不大。

综合上述基本数据，可以发现资源分隔型社区在家庭人口数、受教育程度、最高收入项、个人年收入等方面与资源内聚型社区有明显的差异，而且与资源内聚型相比，在上述项目上，类型内部之间的南北差异也表现得更加明显。

二　社区资源的重组：拆迁政策下的资源再分配

与上一章相似，本部分主要是对拆迁安置政策下，土地、房产资源在拆迁安置下的再分配情况进行分析。资源分隔型社区资源的重组主要导源于房产的变化，而房产的变化主要与拆迁安置政策的相关规定及执行的情况有关，在笔者调查的上述 3 个社区中，山东济南的 M 社区是以"上楼"的方式完成集中安置的，居民多数住在多层的公寓房中，也有少数居民在高层公寓中安置，而苏州 H 社区与杭州 Z 社区多是宅基地产权置换，置换后，居民主要是在三层半或者两层的排屋中安置。

（一）山东省济南市 M 社区的上楼政策及其执行

M 社区的拆迁虽然最早是由公路、铁路建设项目而启动的，但那时仅仅涉及村中的少部分人家，对社区治理的影响较小，当时的拆迁补偿情况已经比较模糊，据调查对象的描述，当时的拆迁补偿额度是比较低的。

> 这个村啊是从 2004 年铁路搬迁，就是这个济青铁路建设那时候搬了 80 多户，就在这边，它一盖盖了四栋楼，这是那 80 多户的，那 80 多户搬迁的时候和现在这个政策不一样，那时候的政策就是太便宜了，补偿吧咱这种房子才 220 元，一平方米才 220 元，如果是土坯的才 150 元，再一个就是盖了屋咱还有一个天井了，咱叫天井，这种的没有（意即院子不算在赔偿范围内）。（M 社区村民代表 3）

社区最终完成整体性的搬迁是因为 XY 风景带的建设。这一风景带是济南市东部规划建设的重要自然景观区，涉及 XY 河两岸多处村庄，而 M 社区是其中之一。由于拆迁涉及水库扩容的问题，因此，M 社区的拆迁又被居民戏称为"三峡移民"，意思是他们跟三峡移民一样是"因水"而迁。

1. 拆旧的政策及其执行

与课题组调查的苏州、浙江的情况不同，山东济南 M 社区的拆迁表现出"一地一政策"的特点，即各个地方的拆迁都会制定独立的拆迁安置办法和程序，比如，M 社区的拆迁就是一个项目独立的方案。这一方案的全名为《XY 河两侧旧村改造补偿安置实施方案》，方案的适用范围仅限河两岸村庄，与其所在镇、街道其他地方的拆迁不同。这一点，在资源内聚型社区的调查中也有呈现，资源内聚型社区内部有多种拆迁方案、明白纸，这些方案中都会明确设定，本次拆迁仅仅针对某个社区、某个村。

根据《XY 河两侧旧村改造补偿安置实施方案》的规定，旧村改造拆迁补偿分为建筑物的补偿和附属物的补偿两部分：

（1）建筑物补偿标准：

> A. 房屋补偿：房屋的补偿价格由区位价和重置成新价两部分组成，区位价按房屋建筑面积每平方米 500 元确定，重置价砖混结构一

等每平方米 663 元，砖混结构二等每平方米 481 元，砖木结构一等每平方米 559 元，砖木结构二等每平方米 416 元，砖木结构三等每平方米 338 元，成新率根据房屋建设年限、房屋现状等因素由房屋评估机构确定。

房屋建筑面积补偿单价＝结构等级单价×成新率＋500 元

B. 面积认定：

①有房产证的，按房产证载明的面积进行认定。

②无房产证的，以现状房屋进行认定，但最高不超过建筑容积率 0.9 的标准，超出建筑容积率 0.9 的面积部分适当补偿，具体补偿标准为建筑面积每平方米 350 元。

③街道办事处、村居规划为楼区的，按照规划的面积进行认定。

（2）其他附属物的补偿：

按照《XY 河两侧旧村改造附属物补偿标准》进行一次性货币补偿，具体补偿价格由物价、林业等部门进行评定。

附属物包括：院墙、畜禽舍、温室、地面、水井、乔木、灌木、果树、淡水养殖、厨房、房屋内附属设施（有线电视、电话、暖气、太阳能、化粪池、地下室等），附属物的赔偿有一定的标准赔偿额度，具体还要看物价、林业部门的折算情况。

同时，拆迁本身还附带一定的奖励性政策：

①安置到高层、小高层的，按照被安置人口每人奖励建筑面积 5 平方米，奖励面积不计入安置面积，安置户被安置到多层的，不享受建筑面积奖励。

②凡在签协议期内签订补偿协议者，按照签订补偿协议的时间奖励 3000—15000 元不等（此处对文件规定的内容作了适当调整）。

③签订补偿协议 15—25 日内完成旧房拆迁的，每户奖励 10000—50000 元不等（此处对文件规定的内容作了适当调整）。

④被安置人原有房屋可以自行拆除，也可以委托安置人拆除，但均

不付任何费用，每个院落发给动迁费 500 元（此款验收合格后付清）。

而我们在对 M 社区的调查中了解到：

> 刚开始的时候，方案分了一、二、三，没有一等，再好的房子都按二等，我曾经跟做工作的人说，我这个房子是不是该算一等，我是建筑工头，我使得材料多、盖得漂亮、装饰得也好，只有旧社会的将军楼才算一级房，这种房上哪里去找啊。它的政策都算二级，不管房子孬好都算二等。赔偿按照房子的面积，好比按 800，空地基就按 700。有的人经济条件好他愿意过来住楼，抢着来住楼。后来的搬迁就按照 800 元一平方米，基本上按照这个方案，没有一等，就算是房子没顶了算是三等……你是高层，他还送 10 平方米4（家里两口人，每人 5 平）。只要楼是高层（超过五层），就多给 10 平方米。（M 社区村委监督委员会委员刘先生）

> （铁路、公路拆迁跟这次拆迁相比有何不同？）总体来说还是这个合适，这个合适就是刚才我说的这个院子有钱了，一个平方还七百块。这个（院子补偿）也是，一上来也没有钱，没钱。但是人有知道的就直接上上头去找到省里，ZY 镇一共搬迁三个村，人那两个村就去找的了，但是亏了隔得近，透露过来，我们这里也找，别人有咱就有，就是那答复的，到了一个多月就确定下来就有了，一个平方七百。（咱们这个奖励是怎么发的？）奖金就六万五，开始时说的是有差别的，最后，就是都拿了这个奖金，不管先后了。因为咱农村吧，他家大，他连天井（院子）也算上了，只要是在你这个院子里的，院墙、树、偏房等等都得算上，所以说这个补偿很合适。（M 社区居民代表 3）

可见，虽然政策的规定是具体而分类的，但是在执行的过程中，因为测量的成本、被拆迁地区特定的人文影响以及拆迁中的各类协调与博弈的展开，拆迁的具体赔偿情况与政策的约定并不完全一致。从约定看，有区位的赔偿问题，如果每平方米都有 500 元的区位赔偿，即便是按照二等的标准进行赔偿，也要超过每平方米800元的赔偿额，但是，在奖励的总量上，各家就会有明显的差异，实际执行中，较多了采用了"一刀切"的政策，而这种政策对绝大多数人来说是可行的，或者用村民自己的话说是更加"合适"的。从总体上看，M社区是因为风景带建设而引起的拆迁，从居民角度看是比较满意的，据课题组的调查来看，在一些细节的补偿上问题上基本是按照补偿政策来的。同时，政策的可协调空间也是存在的，合情合理的要求，在经过协商之后也是能够达成的，比如院子的赔偿问题，在原来的政策文件中，院子的确是没有赔偿约定的，在课题组的调查中，山东其他地方的赔偿也存在院子不赔偿的问题，但是经过协商，M社区的搬迁是做了赔偿的，这种协商以有利于村民的方式进行赔偿的安排在很大程度上降低了可能的社会冲突风险。

2. 换新的政策及其执行

与资源内聚型社区的安置标准有较大的相似性，M社区的拆迁安置主要是按照人口数量进行的，当然也结合了其他需要考虑的因素。

A. 安置标准：按照人均建筑面积40平方米的标准进行优惠安置（选择高层、小高层的每人奖励建筑面积5平方米），被安置人应就近选择安置房户型和大小，上下浮动最高不超过40平方米。选择的安置房面积小于应安置面积的，小于部分每平方米按1000元给予补助；选择的安置房面积大于应安置面积的，超出部分按照市场价购买；放弃安置的，除对原有房屋进行正常补偿外，再对应享受的安置房面积每平方米按1000元进行一次性货币补偿。

达到分户条件的，由被安置人提出申请，经所属街道办事处、村居确认符合条件并经公示无异议后，可增加40平方米的安置房，因分户增加的安置房面积按照成本价购买。

安置房的安置价均价为1100元/平方米，成本价均价1800元/平方米，市场均价3000元/平方米，配套房700元/平方米。

B. 人口确定：此次拆迁安置采取以人为主的办法，按照人口进行安置，人口核定以201X年2月10日零时前的户籍档案为准。同时，在核定时间前结婚、生子而未落户的，原户籍在本村的义务兵、在校学生、服刑人员等享受安置政策，村内有住房、户口不在本村，但祖籍在本村的享受 80 平安置房；在核定时间前去世的，在村内有住房、户口、祖籍皆不在本村的，户口虽在本村、无住房，已经出嫁、户口未迁出的，一律不安置。

调查中，课题组了解到，政策执行基本是按照规定推进的：

> 按照你家的大小，按照地基的大小，我们老俩，在自然村有个小家，小家总面积 80 平方，房子加院子一共 80 平方。上面按照每人四十平方分配，我们就只能要 80 平方，80 的是 1100 一个平方，就是 88000 元，配套房是 700 元一平方，可能是 5 个多平方，一共 3500，总共需要交 91500 元，我那个房子也就赔了这么个数，还有一个不管房子大小有一个 65000 元奖金。我过来住楼没交过钱，我还有乱七八糟、暖气、太阳能、树等之类的乱七八糟，还找给我 7000 多块钱。7000 块钱不算奖金，老百姓房前屋后都有树，老家折合差不多十万，我换了这个楼，剩下 4 万多。（M 社区村委监督委员会委员刘先生）

但是政策的制定再细致也无法概括所有现实的特殊性，因此在政策执行中就会出现新的解释，并引发被拆迁者的不理解甚至拆迁矛盾：

> 你户口在外还不给你房子，家里农村不是大院吗，你不管院多大，你户口在外的，不给你这个每个人四十平方。孩子还没成家的时候老的在农村有个意识——他得不管咱多么苦多么累得给孩子置上点家业，这样我就买了个地给孩子盖了处房子，在拆迁的时候那个文件就是你户口在外、家有住房，你不和老祖在一起但你有单独住房，不管你家里两个孩子三个孩子不管你几口人，就给你八十平方米，就沾了家有住房这个光了，有些孩子出门在外、有和老的不管多大都在一块、没单独一个家，一点也没有，在拆迁的时候也挺啥的（没有安置），就容易有矛盾。我这个小孩呢给了个八十（平方米）的房子，他在市里住，它就在闲置着，闲置着就说孩子考虑到早晚叶落归根。（M 社区物业经理胡先生）

有时，即便是政策有空间，也需要讨价还价才能达成：

> 我的孙女不属于超生，这个媳妇来了家里，如果一个孩子没有也不行，他就不给我们落户口。不落户口就拉倒，但是一搬迁没有人家的楼房，所以我就不签。我就是不搬迁。我就是想我的孙子和孙女，是 NG 村的人，又没有去别的地方，人家想回来，你们户口冻结了，俺们觉得不合理，你给我们房子，我们就签合同。分房子的时候孙子和孙女后来都有了，他们家就 160 平方米，他必须要有两个楼房，我的孙子就是那年结的婚。你不给房子，他怎么娶媳妇，没有他的楼房，他去哪里住，户口冻结了，他起不回来，你建楼没有人家的事，你拆了人家的房子，光给钱，不给房子，这样有好几户。你认为光拆了房子，按平方给钱，不给楼房，他去哪里住……你在 NG 村有两个女儿，就算嫁到外村，但是户口没走，只能有一个人能享受。养老只要一个女儿养老，还能两个都是养老婿。在外面上学，参军、上学都可以有房子。没有人因为孩子闹意见，人家这个分配很合理。（M 社区村委监督委员会委员刘先生）

从访谈资料反映的内容看，在拆迁这一重大的资源再分配面前，女儿和儿子的身份还是产生了明显的差异。政策约定上有区分，而居民也未对此提出过多的疑问。而自己的儿子则不同，孙子、孙女也是要去争一争的，因为"他们是村里人"。

总体上看，不管是在拆旧还是在置新上，政策规定与实践之间虽然有一定的差异性，但是从居民角度看，资源的调配总体上是得到大部分的认可的。经过这场资源重组的过程，家户之间原来明显的住房差异被拉平了不少。虽然村里人再"故地重游"时会感慨万分，特别是在刚刚搬入社区，原村一片瓦砾之时，会有更多的"不舍的"。但是随着在社区生活的时间延长，卫生、安全、社区福利的优化，更多的人还是认可这次因"拆迁"而启动的生活空间转化是"好事"。

据课题组调查的数据，在 M 社区被调查的 100 名居民中，家庭拥有房产数量超过两套的超过 70%，其中三套以上住房的占 28%，仅有一套住房的住户占的比重仅为 26.4%。这种状况与资源内聚型社区的调查形成鲜明的对比。当下，房产已经成为中国居民最为重要的固定资产之一，而通过拆迁而获得的房产，可以说是资源重组后，居民能够获得的最大收益。

2020 年 6 月，课题组再次重访 M 社区时，社区的发展已经再次发生了明显的变化。这些变化将在后续部分进行阐释，此处不再累述。

（二）苏州、杭州 H、Z 两社区一户一宅式自建房安置

1. 拆旧的政策及其执行

苏州 H 社区的安置明显不同于山东 M 社区，H 社区是属于典型的"数村并居"模式，虽然拆迁的原因是开发区建设，但是在拆迁上并不是整齐划一进行的，其主要原因在于各村民原住宅之间的距离相对于北方村镇而言密度略低。部分村民不愿拆迁的，仍然留在了原地。按照《WJ 区集体土地住宅房屋拆迁补偿安置办法（试行）》文件的规定：

> 选择宅基地自建房安置方式的，按被拆迁房屋重置评估价 + 被拆迁房屋装修评估值 + 附属物补偿 + 补贴补偿 + 按时搬迁奖励的总额进行补偿。
>
> 房屋重置评估价按照城镇房屋重置价结合成新的评估单价 × 合法建筑面积。2002 年 4 月 1 日前批建的房屋，一宅中的附房以合法批准面积为准，按房屋重置评估价补充，不作安置。不足批建面积的按实际面积计算。2002 年 4 月 1 日后批建的，不再另计附房面积，超过批建部分按违章处理，不予补偿。
>
> 房屋区位补偿为 720 元 × 房屋安置基准面积。
>
> 按时签订搬迁协议的，原则上给予不大于 18000 元的奖励。
>
> 附属物补贴按照规定由各镇合理确定。

Z 社区的拆迁则是根据《杭州市征用集体所有土地房屋拆迁管理条例》的规定，由所在 DH 街道制定具体细则。在拆旧补偿上主要的根据是：

> 合法主屋面积的确认以批建面积为准，如审批面积为中、小户的目前已经达到大、中户人口标准的以现有在册人口为准，如现有在册人口少于审批建房时标准的按审批面积户型为准。（大户：占地 125 平方米，

中户：占地110平方米，小户：占地75平方米，建房年限以镇、村确认为准。）

附房每户按30平方米计算。

在规定时间内签约的进行奖励2万—3万元。

房屋补偿的具体标准，则由市、县房屋拆迁管理部门应当会同价格、国土资源、规划等行政管理部门按照当地上一年度同类地段、同类用途新建房屋的市场平均价格，确定被拆迁房屋的货币补偿基准价。

就课题组调查的情况看，旧房拆迁基本是按照政策执行的：

（谁负责给原来老宅子作估价？）动迁公司啊，我们动迁公司有一个平台的，专门有一个拆迁公司的，它也是市场化运作的。外面招的，就是招进来几个拆迁公司，公开招标，对老房子进行估价。（他是按照咱的人口数给咱们估算还是根据咱房屋质量？）以前的老房子也是按照人口数来造的，所以说这个问题不大的。当然也要考虑房屋质量，包括是几几年的，是砖木结构、还是土木结构。一般折现了之后，平均每户差不多，二三十几万元，这个价格大部分差不多能接受，能接受就可以了。（H社区工作站主任周先生）

（拆迁过程中有人不想拆么？他们不拆的怎么办？）我们这个拆迁是愿意就拆，不想拆就不拆。当时又不是我们一个村在拆迁，拆迁的旧房加上各种补贴、奖励，每户的钱再来这里土建，基本上是够了，土建的话，当时也就是花个十来万元，我差不多花了16.5万元的样子，土建是够了的，如果说你要装修的多好，那就不一样了，是不是？你要装修的太好了，那肯定是不够的。那些不拆的就是想多要点钱，或者他们在市里有房子了，不想拆，不想拆就不拆，他们就还在那里呢。（H社区物业服务人员沈先生）

实际上，也不是所有村民都能达到差补平衡。

（当时就是把您老房子拆了，也是当时是主动拆除的？）我不是楼房，因为我是平房，平房就规定了那个一个平方就是按三四万块钱，三万多，四万不到。（奖励有么？）按时签约就有的，1万元多一点吧。我家人口多，分的宅基地是200平方米的，自己还是需要再补一些钱，才能建起来。（H社区村务监督委员会叶先生）

杭州Z社区的拆旧情况与H社区非常相似，只是H社区是分4次完成社区拆迁安置的。旧房的评估也是委托相关机构根据市里统一的测算标准计量的。调查中，居民的反馈都没有提及区位补偿的问题，看起来，南北方在这个问题上保持了一样的执行策略，虽然政策上是规定了区位补偿的，在实际执行中，这个因素并没有单独计算出来。从政策约定上看，苏州的区位补偿已经明显高于济南，虽然两者从所在区域相对于市区的方位来说差异性并不特别大，H社区是苏州市下辖区所属经济开发区一个普通村居，而M社区则是济南市一下辖区的街道所在地。从拆迁的赔偿额度上看，居民对于赔偿的接受度明显是高于资源内聚型社区的。

2. 建新政策及其执行

苏州市H社区的安置政策是按照原农村的宅基地政策进行安置的，宅基地管理的基本政策对于各家申请的宅基地有如下规定：

农村村民一户只能拥有一处不超过标准的宅基地，其中房屋占地面积不得超过宅基地面积的70%，宅基地以户为单位安排，大户（五人以上，含五人）用地面积200平方米，中户（三至四人）用地面积170平方米，小户（一至二人）用地面积120平方米。

据课题组的调查，在执行上，是严格按照政策规定进行的自主建房。各家分配的宅基地在执行标准上是一样的，开发区和镇里对于各家的建房没有其他的资助，也没有进行统一的设计，只有规范上的要求。

（当时咱划这个宅基地的时候，是每家每户都一样的宅基地吗？）按照人口来计算的。我们呢是这样的，一到两个人是一个小套，小的套型，（宅基地面积）是120平方米，然后三到四个人是170平方米；

200 的是四个到五个，不，是五个以上，最大 200 平方米，我们家里六个人，可以分到就是 200 平方米的宅基地，在这个 200 平方米的宅基地上就可以建房。（H 社区工作站主任周先生）

但是实际上，课题组了解到，这些地皮也是要出资购买的：

我们这个房子不是统一建的，当初就是按照农村宅基地进行的，每家按照人口多少，跟你说的杭州的情况不同。当时，这块宅基地就是 10 万左右，你要建成什么样子的，你自己来，也有给了几张图纸，后来他们反正就是，这个总的面积高度控制它。所以，你看到我们小区里的房子是各种都有的，有三层，还有平房，那些家里经济条件不好的，低保户啊，原来他们就是平房，他们要搬过来也没有多少钱，也就是一层的。只要不超过标准，各家就是管自己。（H 社区居民座谈会）

我们就是统一，统一建造，每户一套，不管你是有多少人，就是 1 个人是村里户口。QJ 经济开发区，用到咱们这块地了。最后大家也（同意）当时肯定刚开始的时候嘛也就老人想不通，大多数人百分之七十的通过，再做下去，那个排屋就是 QJ 经济开发区是统一规划的，二十四万三千元一套。（那当时咱拿到补偿的这一块是多少钱呢？）"这个嘛大约二十万元左右，自己原来的房子估价估出来，有些人家还不够，估出来二十万元左右，还要（贴）钱。（Z 社区村务监督委员会凌先生）

可以看到 H、Z 两社区虽然都是按照宅基地进行的安置，但是 H 社区进行了更加细致的内部类别划分，而 Z 社区则是按照户口进行了简单的分配。H 社区把建房的自主权下放给了居民，而 Z 社区则在政府的统一规划下进行了统一的安置。同时，随着时间的推进，各地皆意识到了宅基地安置不是一种"经济型的土地使用方式"，陆续废止了宅基地安置。

从 M 社区、H 社区、Z 社区调查的情况看，各地的拆迁安置政策虽有一定的差异，但是，资源分隔型社区的补偿政策也是明显好于资源内聚型的。总体上看，虽然资源分隔型的社区安置不是发生在中心城市扩张区域，但是它们往往与经济发展保持着密切的联系，这种紧密性明显高于资源内聚型社区。但是从拆旧与换新的均衡性上看，两种类型的社区拆迁都存在原有资源的浪费及内部分配的不平衡问题。从另一个角度看，资源分隔型的社区拆迁安置之所以能够以更高的资源投入社区重建，与各地的政策启动方式及地方财政的支持力度有明显的关系。Z、H 两社区的发展是因为经济开发区建设而启动的社区空间重建，而 M 社区在课题组调查时已经被确定为 ZY 街道中心社区，街道办公楼就在 M 社区，社区周边经济发展状况也明显好于资源内聚型社区。

（三）土地资源的再整合与集体经济的扩张：社区间的比较

1. 土地资源的再整合

与资源内聚型社区相比，资源分隔型社区的土地资源更加稀少，甚至已经完全被地方征用。在资源内聚型社区中，随着农民居住空间的转化，生活方式不得不发生改变，原来的耕种方式也日渐不相适应，土地流转成为村居土地耕种的主要转化方式，但是土地经营本就不是一种高产值产业，与工商业相比，流转的土地能够收回的利润不高。在土地资源的利用上，资源分隔型的社区的主要经营方式是土地出租，甚或是土地征用补偿，这两种方式体现出更多的商业经营的倾向，虽然在地租收益上，其收益率未必是令居民满意的。

对 M 社区而言，社区未被征用的土地已经不多，大部分土地已经被公共工程或者是工厂租用。这种租用的成本较低，且没有特别的经营角色，社区仅起到了"转发"的中介作用。

> 2004 年铁路搬家户，我是铁路搬家户，占了俺们一部分地，后来就是我们这里有个八大公司，全在我们 ZY 了，就是占得我们村的地，给的是租金，按照粮食产量给钱。执行的 ZQ 区的规定，占地一亩 1268 元。这个钱一年一发。原来人多，一家三亩来地，三千多，四千块钱不到。现在，你看我家就三人，我和我的对象，我的儿，我儿媳妇结婚晚就已经分过地去了，没她的地。这三口人合二亩一分地。就这么点地。一年也就两千四五百块钱，就这么点钱。（M 社区居民代表 4）

虽然占地的人家对于这个补偿表示不满意，但是那些没有占地的人家还表示羡慕，调查中课题组了解到，那些土地没有被八大公司租用的人家还有部分零散的土地，需要自己承担耕种事务，种子、化肥、人工等的成本算上，还不如把地租出去。虽然村里集中解决了相当部分的耕种问题，但是居民需要自理的耕种成本与收益之间的计算仍然是比不上出租的收益。

但是拆迁却使集体可以经营的资产发生了明显的变化。相对于 M 社区而言，H、Z 两个社区的土地资源更多的是转化为了集体经营的模式。

2. 集体经济的扩张

与 M 社区的土地收益方式不同，H、Z 两个社区皆采用了土地征用入股的方式进行集体资产再投资和分红。Z 社区的土地征用是分批进行的，在最近一次全部完成拆迁安置之后，DH 街道将四个村合并建成了新的 Z 社区。课题组调查时，这个新社区的合并还未最终完成，以 Z 村为主的社区架构还在搭建当中，但是一些经济性合作组织已经开始建立。其土地征用与股份化的情况就被分成了两种合作方式：

> 我们现在沿街房就是我们四个村联合弄了个叫 YN 公司，具体这个全称我也不知道，另外有人在管的。（这个 YN 公司是谁在管?）说实话，就是四个村的支部书记在管。四个村合并为一个社区，今后四个村，也不存在合作社了，就是 YN 公司在搞经济。YN 公司主要是管这些沿街房的租金。收了租金也是按比例来分的。我们村是 39%，四个村，我们村最大，39%。其他村子一个村是 16%，一个村 22%，还有一个 23%。这是四个村的比例。（Z 社区助理会计）
>
> 其实呢，我们村现在主要是沿街的出租房有部分收益，也不是很多，现在根据 YH 区的政策，我们还有一个 60 亩左右的新的开发项目，这个项目也是我们四个村在一起做的，就是当时我们村的地不是已经全部征用了吗，但是后来呢，又返回给我们部分土地，当然也是以较低的价格购回的，这个土地呢就是让我们自己经营的，这样社区将来也有一部分收益，这个事情呢，我们几个人也是很头疼的，主要是这个是集体的土地，将来如果经营不好，压力很大，我们前期已经把部分的集体收入投入到这个新项目中，现在还未产生收益。压力很大啊。（Z 社区居委会主任郑先生）

而 Z 社区的集体收入不仅包括自己经营、负责的临街租金，还有在前期土地征用中的股份收益，这个收益是由街道统一经营、收取的。而 Z 社区居民只是收取股份分红的一部分。

> 更早一点的时候，我们村土地征用的钱不是投在 YN 公司的，当时我们是土地征用每亩 9800 元，我们是 3000 多亩地，就是当时收入了 3166 万元的土地征用款。但是这个钱我们是作为经营股投入到街道的一个 XTY 公司的，这个 XTY 公司也是经营临街房出租和标准厂房出租的，其实这个 3166 万元也不是完全是投资给 XTY 的，其中有 2000 万元左右是借给他们的，他们不是给 9 村做投资么，我们村是有土地征用的，有钱，但是有的村是没有钱的，这样我们就借给他们。他们支付给我们利息。你像现在我们这个总资产已经有 5400 多万元了，每年都有收益。利息部分每年差不多也要 100 多万元。(Z 社区助理会计)

从以上信息可见，浙江省 Z 社区的土地征用并不是以简单的租金的方式返回给社区居民的，居民的土地以及原来的依靠土地进行的生产被新的生产方式替代以后，村级组织和基层政府组织介入了这个出租的过程，以有组织化的方式，使租金进一步转化成了"资本"，再次投入市场，但是这个资金的再次投入市场，也不是强制性的，特别是以"经营股"投入市场的部分，这个部分是需要经过村民同意的。课题组在调查中发现，Z 社区的会计资料显示了数份退股申请，申请的理由都比较简单，或者是家里要装修，或者是家里没钱，等等。申请者按照程序皆可以退回"经营股"的股份，自然在退回以后也就无法再享受集体分红了。

苏州 H 社区的情况与杭州 Z 社区有相同的地方，这些地方主要表现在征地收益的再次"市场化"上。而不同之处在于，H 社区在集中拆迁之后，经济权利几乎完全上收给地方政府下的"总公司"了，社区组织只是单纯地在提供社区服务，而原村组织还承担这部分政治功能。

> (刚才您说的那个不到二三十万元，现在到 200 万元，主要是靠什么收入?) 200 多万元主要是资金的投入，农贸市场什么的、总公司啊、标准厂房，出租的形式，我们承办企业到这里的比较多，主要是

租金收入。（我们自己经营的么？）农贸市场是总公司投资的，这边有一个，那边也有一个，是一个总的平台。其实是几个村，七八个村、六七个村，我也不知道，就是他们投资的，还是怎么的，后来呢都是总公司在操作。我们开发区的总公司，咱开发区的政府负责的。那个除了农贸市场这一块，还有一个是租金收入，出租厂房什么的，也是开发区部门建的平台，就是有一个，就是，叫什么来着……就是高科技的，高新企业的那一种孵化企业，是我们 WJ 地区的一个平台，就是必须要有多少专家，什么的。就像一个产业园似的。好几个村，我们也是造了一栋楼，主要是靠那栋楼的租金收入。（平台的那个账目是咱村负责管理的？）也是他们负责我们的，多少钱一股，就是总公司牵头的，跑工程的么，然后招商引资不可能是每家去找谁，我们力量又不够，通过总公司招商引资过来的，我们也就是等他们把那个收入给咱们就行。（H 社区工作站周主任）

相对于资源内聚型社区而言，资源分隔型社区的资源流动表现出明显的政府介入力度增强的趋势。社区组织需要自主解决的内部资源整合问题，在资源分隔型社区中有减弱的趋势。甚至像 H 社区、Z 社区这样，物业服务也不再由社区组织内部资源来解决，社区组织在这些事情上已经完全没有发言权。而社区的集体经济经营权，在 M 社区还是基本完整的，但是政府试图介入的倾向已经非常明显，而 Z 社区政府介入社区集体经济的经营已经实现，但是政府尚保留了部分经营权给社区，但是 H 社区的情况则最为突出地展示出政府全权介入社区集体经济经营的趋势。

第二节　社区治理的现实效果及居民满意状态

在资源分隔型社区的变迁中，拆迁安置的启动主要是本地经济社会发展的结果，当然这种驱动有时也会因为政府的推动而带有部分的"超前性"。从社区建设的根本目的来看，社区发展是为了让生活于其中的人能更加"舒适"，能满足更多元化的需求。在这一点上，资源分隔型的社区与资源内聚型的社区是没有差别的，但是社区建设的进程和方式可能会使居民们感受到不同。

一 社区治理的现实效果

（一）社区公共基础设施

社区公共基础设施是社区显性发展的重要表现之一，课题组对资源分隔型社区的具体调查如下。

本题为多项选择题，如表 5 - 1 所示，有 182 人作出有效回答，从居民个体的角度看，与资源内聚型社区的情况非常相似，居民能够使用的公共设施中，垃圾桶、路灯、室外健身器材的普及率是最高的，除了 Z 社区的室外健身器材使用情况低于 50%，其他两个社区在基础性公共设施上的使用情况都比较高，可见设施的分布比较均衡。但是在更加专门化的公共设施上，与资源内聚型社区一样，社区的配备数量和均衡程度明显弱化，比如，儿童活动场地，图书室等具有一定专门性的场地则明显减少，这里还有一个设施的适用性的问题存在，比如 M 社区，课题组进行调查时，M 社区是有图书阅览室的，阅览室内有专门的工作人员进行图书管理，但是图书的大部分类别是上级政府部门配备的农业用书，主要是农林、养殖方面的书籍，这些书籍对于已经上楼的居民来说几乎是没有使用价值的，从而导致有地方而无使用的情况发生。老人活动场地的情况与资源内聚型社区相差不甚明显，而室内运动场地及器材建设及球场等设施使用上则有明显改善。可见资源分隔型的社区已经在专门性公共设施需求的满足上高于资源内聚型社区。

（二）社区公共卫生

公共卫生状况是集中化后社区公共管理效果的另一显性表现之一，是社区服务能力的重要表征之一，课题组的调查结果如下：

本题是一个多项选择题，如表 5 - 2 所示，从居民回答的情况看，社区中的公共卫生情况总体上偏好，但是与资源内聚型社区相比表现略差，除了 M 社区的整体各项数据较好以外，H、Z 两社区与资源内聚型社区相比并没有优势。虽然本题的选项在一定程度上考查了居民的生活习惯问题，但是最终是在考察社区的物业服务供给质量。与资源内聚型社区相比，资源分隔型社区的外来人口有明显增多的趋势，H 社区的排屋出租有两层的住户皆是外来人口，M 社区共 5000 余人，其中外来人口 3000 多人。所不同的是，Z、H 两社区的物业服务皆不归社区统一调度，而 M 社

表5－1　社区ID能使用的公共设施交叉列表

社区ID		公共设施[a]										总计
		室内运动场地及器材	室外健身器材	球场	图书、读报室	垃圾桶	儿童专有活动场地	老人专有活动场地	路灯	凉亭	其他	
H	计数	8	33	26	17	26	18	28	31	16	4	36
	社区ID内的百分比	22.2	91.7	72.2	47.2	72.2	50.0	77.8	86.1	44.4	11.1	
Z	计数	3	17	4	5	42	4	14	43	12	3	46
	社区ID内的百分比	6.5	37.0	8.7	10.9	91.3	8.7	30.4	93.5	26.1	7.5	
M	计数	46	75	45	5	90	5	37	77	1	0	100
	社区ID内的百分比	46.0	75.0	45.0	5.0	90.0	5.0	37.0	77.0	1.0	0	
总计	计数	57	125	75	27	158	27	79	151	29	7	182

注：百分比及总计是以应答者为基础；a表示在值1处表格化的二分法群组。

表 5 - 2

社区不良公共卫生交叉列表

社区 ID			社区内不良公共卫生现象[a]							总计
			地上经常有乱飞的纸屑	垃圾房的垃圾收集不及时	小区里有居民丢弃的水果皮	污水清理不及时	居民把垃圾堆在楼下（弄堂里）而不放入垃圾箱	没有以上各项内容，小区卫生良好	其他	
H	计数		1	2	8	4	2	20	0	36
	社区 ID 内的百分比		2.8	5.6	22.2	11.1	5.6	55.6	0.0	
Z	计数		2	3	4	2	2	35	3	46
	社区 ID 内的百分比		4.3	6.5	8.7	4.3	4.3	76.1	6.5	
M	计数		0	0	1	0	3	95	2	100
	社区 ID 内的百分比		0.0	0.0	1.0	0.0	3.0	95.0	2.0	
总计	计数		3	5	13	6	7	150	5	182

注：百分比及总计是以应答者为基础；a 表示在值 1 处表格化的二分法群组。

区虽然有独立的物业公司，但是物业公司是社区注册的公司法人，与基层政府没有关系。由于调查的个案较少，尚不清楚在集中化居住的"农转居"社区中，是否普遍存在内部管理优于外部管理的问题。

（三）社区公共安全

公共安全也是社区能够提供的重要的公共物品之一，特别是在集中化之后，社区的边界更加清晰，社区内部服务的影响就会更加明显，课题组的调查情况如下。

如表5-3所示，居民问卷数据显示出居民感受到的社区内没有偷盗事件的比例最高，接近58.8%，这一数据明显高于资源内聚型的社区，同时，除了"不知道"比例高于资源内聚型以外，其他比例的数据皆低于资源内聚型社区。从整体上看，在课题组调查的社区范围内，资源分隔型社区的偷盗事件发生率是低于资源内聚型社区的。

表5-3　　　　　　　　　　　　社区 ID 偷盗事件数量交叉列表

			偷盗事件数量						总计
			没有发生过	5件以下	5—10件	10件以上	非常多记不清楚	不知道	
社区ID	H	计数	24	12	0	0	0	0	36
		社区 ID 内的百分比	66.7	33.3	0.0	0.0	0.0	0.0	100.0
	Z	计数	21	18	0	0	2	5	46
		社区 ID 内的百分比	45.7	39.1	0.0	0.0	4.3	10.9	100.0
	M	计数	62	2	0	0	1	35	100
		社区 ID 内的百分比	62.0	2.0	0.0	0.0	1.0	35.0	100.0
总计		计数	107	32	0	0	3	40	182
		社区 ID 内的百分比	58.8	17.6	0	0	1.6	22.0	100

如表5-4所示，课题组调查的三个社区内的安全情况较好，其中M、H社区的夜间治理达到100%的安全感，Z社区晚上出门的安全感略低，为82.6%，这个比例与大多数资源内聚型的社区相比也是稍低的。综合三个社区的情况看，本种类型的社区天黑以后社区安全性上要比资源内聚型为好。

表5-4 社区 ID 天黑后在社区里散步安全交叉列表

			天黑后在社区里散步安全			总计
			非常安全	需要一两个伴才会安全	说不好	
社区ID	H	计数	36	0	0	36
		社区 ID 内的百分比	100.0	0.0	0.0	100.0
	Z	计数	38	2	6	46
		社区 ID 内的百分比	82.6	4.4	13.0	100.0
	M	计数	100	0	0	100
		社区 ID 内的百分比	100.0	0.0	0.0	100.0
总计		计数	174	2	6	182
		社区 ID 内的百分比	95.6	1.1	3.3	100

但是从表5-5社区安排的巡逻情况看，社区内"经常会看到"巡逻人员的比例最高，达到了74.7%，其中 M 社区为100%；"有巡逻人员，偶尔看到"的比例为25.3%，在这一选项上 Z 社区的比例明显偏高，拉升了整体的比重。而三个社区中都没有反映"没有安排巡逻人员"的调查对象。这种状况与资源内聚型社区形成了比较明显的差异，在资源内聚型社区中，"没有安排巡逻人员"的比例是25.6%，"有巡逻人员，偶尔看到"的比例为36.2%，而"经常会看到"的比例为38.3%。可见资源分隔型社区在巡逻服务上明显要优于资源内聚型，也部分解释了资源分隔型社区在安全性上略好的原因。从三个社区的内部看，Z 社区在两个指标上弱于其他两个社区，治安方面的服务供给不足也是一个重要的因素。

表5-5 社区 ID 看到为社区安全而巡逻的人员交叉列表

			看到为社区安全而巡逻的人员			总计
			没有安排巡逻人员	有巡逻人员，偶尔看到	经常会看到	
社区ID	H	计数	0	13	23	36
		社区 ID 内的百分比	0.0	36.1	63.9	100.0

续表

			看到为社区安全而巡逻的人员			总计
			没有安排 巡逻人员	有巡逻人员， 偶尔看到	经常会看到	
社区 ID	Z	计数	0	33	13	46
		社区 ID 内的百分比	0.0	71.7	28.3	100.0
	M	计数	0	0	100	100
		社区 ID 内的百分比	0.0	0.0	100.0	100.0
总计		计数	0	46	136	182
		社区 ID 内的百分比	0.0	25.3	74.7	100

在资源内聚型社区的调查中，我们曾经预测社区安全受到多重因素的影响，社区服务的保障性只是其中之一，社区内普通居民之间相对熟悉，内部人员流动性弱等因素都强化了"社区眼"的功能，从而提升了社区内部的安全性。而资源分隔型社区则发生了人口因素的明显变化，社区所处的位置更加接近于本地工商业发展的中心，外来人口数量明显增加，相熟人口的"网络密度"相对降低，在这种情况下，物业服务这种更加一般化的管理方式就彰显出其影响。

二　居民满意度状态

与资源内聚型社区一样，课题组对资源分隔型社区居民迁入新社区之后的生活满意状态进行了调查，具体情况如下：

（一）社区生活的整体满意度

课题组在问卷调查中以"您对社区生活的总体满意度"为题，询问社区居民对当下社区生活的满意状态，其中"1 = 非常不满意，2 = 不满意，3 = 一般，4 = 满意，5 = 很满意"，调查结果如下。

从表5-6的数据看，社区居民对当下生活的总体满意状态较好，有两个社区达到"满意"以上，整体上也接近"满意"状态，但是各个社区的情况有一定的差异，其中，M 社区满意度最高，平均值为4.29；Z 社区的满意度较低，平均值为3.61。比较意外的是资源分隔型的社区居民生活满意度的均值低于资源内聚型社区，资源内聚型社区居民满意度的均值为

4.02，明显不同的是标准差存在差异，资源分隔型社区居民满意度的标准
差要低。

表5-6 对当下社区生活的满意度

社区ID	平均数	N	标准偏差
H	4.00	36	0.478
Z	3.61	46	0.649
M	4.29	100	0.591
总计	3.97	182	0.570

如表5-7所示，从整体上看，居民对社区中最满意的项目集中于
“公共服务”和“基础设施”两项，其中公共服务的集中度明显高于资源
内聚型，达到52.7%，资源内聚型为27.6%；“基础设施”的选择比例与
资源内聚型基本一致，分别为23.6%、23.0%；相对而言，资源分隔型社
区居民对自然环境的满意性选项有所降低，只有12.1%，这个数据也是相
对而言的。从两类社区的对比看，资源分隔型社区的公共服务更突出的得
到了居民的认可。但是从内部看，Z社区的情况有一定差异，Z社区在本
类别相对集中的两个选项中明显弱于另外两个社区的选择比重，同时在人
际关系和自然环境上的比重相应提升。

表5-7 社区生活中最满意的项目

			最满意						总计
			基础设施	公共服务	人际关系	房屋质量	自然环境	其他	
社区ID	H	计数	7	18	0	0	10	1	36
		社区ID内的百分比	19.4	50.0	0.0	0.0	27.8	2.8	100.0
	Z	计数	6	11	12	4	10	3	46
		社区ID内的百分比	13.0	23.9	26.1	8.7	21.7	6.5	100.0
	M	计数	30	67	0	1	2	0	100
		社区ID内的百分比	30.0	67.0	0.0	1.0	2.0	0.0	100.0
总计		计数	43	96	12	5	22	4	182
		社区ID内的百分比	23.6	52.7	6.6	2.7	12.1	2.2	100

如表 5 - 8 所示，与最满意的项目相比，最不满意项目的集中度不高，"人际关系"选项的集中度最高，而这一选项主要是 M 社区数据拉升的结果。其次就是"房屋质量"选项，这个选项中，除了 H 社区是自建房，M、Z 社区居民对房屋质量的不满都是比较突出的，其中，M 社区在建房期间还组建了监督小队对住房质量进行监督，但是房屋质量仍然是社区居民最为不满的项目，有19.0%的居民表示不满意。同时，也可以看到 Z 社区居民对基础设施的不满也是比较明显的，达到了41.3%，与 H 社区的集中后规划建设新的公共活动空间不同，Z 社区的建设看起来更像是一个开放的没有更细致规划的"社区"，这一点与 M 社区的封闭性管理也不同。总体上看，在资源分隔型和资源内聚型两种社区中，房屋质量都是居民较为不满的类目。同时，在"公共服务"与"基础设施"两个选项上，资源分隔型比资源内聚型的不满状态略低。这个结果与最满意的项目的调查保持了一致。

表 5 - 8　　　　　　　　　　　社区生活中最不满意的项目

			最不满意						总计
			基础设施	公共服务	人际关系	房屋质量	自然环境	其他	无	
社区 ID	H	计数	3	3	4	0	6	1	19	36
		社区 ID 内的百分比	8.3	8.3	11.1	0.0	16.7	2.80	52.8	100.0
	Z	计数	19	5	1	8	10	1	2	46
		社区 ID 内的百分比	41.3	10.9	2.2	17.4	21.7	2.20	4.3	100.0
	M	计数	2	2	42	19	8	2	25	100
		社区 ID 内的百分比	2.0	2.0	42.0	19.0	8.0	2.0	25.0	100.0
总计		计数	24	10	47	27	24	4	46	182
		社区 ID 内的百分比	13.2	5.5	25.8	14.8	13.2	2.2	25.3	100

（二）社区生活改善情况

调查中，课题组在问卷调查中以"您认为当前社区的生活与原来村里的生活相比"为题，询问社区居民对当下社区生活的改善度，其中以"5 = 有很大改善，4 = 有一些改善，3 = 没有什么变化，2 = 有些变差了，1 =

变差了很多"，调查结果如下：

从表5-9显示的数据看，整体上看，社区居民认为生活条件有明显改善，其中M社区居民认可的改善度最高，均值为4.86，Z社区的改善度反馈最低，均值为4.02。同时，从类型对比上看，三个社区的均值高于资源内聚型社区的均值，资源内聚型的均值为4.23。

表5-9 社区生活改善度

社区ID	平均数	N	标准偏差
H	4.72	36	0.454
Z	4.02	46	0.954
M	4.86	100	0.493
总计	4.53	182	0.634

（三）基础设施与周边环境的评价

课题组对"您对小区基础设施与自然物理环境的总体评价"情况进行了调查，其中"1＝很不好，2＝不好，3＝一般，4＝比较好，5＝很好"，均值情况如下：

从表5-10所示数据看，三个社区中M社区的小区设施综合评价均值最高，为4.56，Z社区的均值最低，为3.41。从课题组调查的三个社区的整体情况看，均值高于资源内聚型社区，后者均值为3.83。可见，课题组调查的资源分隔型社区的公共设施满意度要高于资源内聚型社区。

表5-10 小区设施总体评价

社区ID	平均数	N	标准偏差
H	3.81	36	0.710
Z	3.41	46	0.777
M	4.56	100	0.608
总计	3.92	182	0.698

资源分隔型社区虽然存在内部差异，但是从总体上看，在大多数的指

标上其供给状态和居民满意度是高于资源内聚型社区的。在社区变迁与发展的进程中，资源分隔型社区所在的地理位置为其空间转移的质量带来了多重复杂影响，地方政府治理单元有更为充足的资源和更加良好的未来预期，在社区变迁过程中更愿意通过资源转移的方式获得其他的发展性机会，这使得资源分隔型社区比资源内聚型社区获得了更高的外部资源输入量，而社会本身的地区发展差异，也使资源分隔型社区的居民获得了更多的经济发展福利，从就业方式到经济收入皆是比资源内聚型社区居民为好。虽然 Z 社区在课题组调查之时，在公共设施供给、公共服务供给等指标上出现了低于其他两个社区的情况，但是，Z 社区所在区位的发展速度非常快，杭州市经济开发区的快速发展会较快地促使其突破"过渡区域"的边界，各类公共服务与公共设施的优化也是可以预期的。

另一个引人深思的问题是居民对当前生活的满意度，资源内聚型社区居民的反馈是高于资源分隔型的社区的。资源内聚型社区带有更多的乡土性，或者说更多的"传统性"。似乎在生活状态上更容易得到满足，不知道课题组调查之时，那些朴实的村民们是不是因为感受了部分现代性而比资源分隔型社区居民更容易满足。在经济发展的过程中，公平的天平是否应该向那些更容易满足的人倾斜一下？而这种倾斜如何才能通过制度的设置而达成呢？

第三节　资源分隔型社区治理的初级
分化结构及推拉关系

相对于资源内聚型社区，资源分隔型社区的治理已经体现出一定的治理分化倾向。这种分化倾向与政府介入社区治理的程度直接相关，从一定意义上讲，也与社区居民对公共服务需求的提升有关。随着人们受教育水平、经济收入水平、就业稳定性程度的提高，对现代化发展进程中"分工细化"的要求也会有升高的趋势。

资源分隔型社区在规划建设之初并不需要社区自身投入太多的资源，包括在前期拆迁及后期安置上。资源内聚型社区在前期拆迁上就需要投入较多组织力量协助拆迁，甚至部分社区还要承担村民房屋拆迁的评估工作，主要原因是为了减少成本，降低"羊毛出在羊身上"的概率，如果聘用外来的组织进行房屋拆迁评估，是要从"增减挂钩"的返还款里扣除费用的，一共就那些钱，如果给了第三方，社区自己获得的补偿就少了。而资源分隔型社区则不同，在课题组调查的三个社区中，需要社区配合基层政府开展的工作量明显减少了，拆迁原村住宅的测算皆是聘请专门的机构进行测量、估值的。拆迁完成以后，在社区公共事务的管理上也开始出现分化。

与资源内聚型社区相比，资源分隔型社区更多的在安置后接受了政府的"组织性介入"。这种"组织性介入"一方面表现为建立社区后的物业性服务的统一供给，另一方面则表现为集体性产业的统一性经营。社区在完成安置之后，内部公共事务的管理出现了明显的"外部"力量的介入，不再是"自己人管理自己的事"。这种初级的分化状态，在一定程度上分割了社区内部原来的"共同体"结构，磨合中的制度建设仍处于探索阶段。

一　社区治理的初级分化结构

在本书第二章，笔者已经对中国社区治理的发展脉络进行了较为系统的梳理，从中可以看到，中国基层社会治理的发展虽然受到政府的显性影响，但是从治理的条块逻辑看，社区层面的治理表现出明显的混沌化、一体化治理的特征，这种混沌化、一体化的治理特征不仅是中国前现代基层社会治理的特点，也是世界范围内，前现代社会治理的主体性特征。金观涛、刘青峰等提出，如果从封闭性看，欧洲的庄园经济比之中国的地主经济更富封闭性和独立性。[①] 国家力量涉入基层治理的深度，一方面与国家的疆域有关，另一方面也与国家本身的治理能力相关。而国家的能力不仅体现在财力、人力上，还体现在技术支持能力上。国家深入社区并不是社区治理分化的唯一表现形式，更不是社区治理分化的根本原因。社区治理的分化说到底是社区所处社会发展阶段的一种微观呈现。如果社会发展尚未进入现代阶段，社区的分化是无从谈起的，而现代性发展的要素并不是一体化的，或者说并不是同步的，也不是一般意义上所说的经济先行政治

---

① 金观涛、刘青峰：《兴盛与危机：论中国社会超稳定结构》，法律出版社 2010 年版，第47—49 页。

文化随后的发展顺序。经济发展是基础性的，这个不应该是问题，但是并不意味着经济没有发展到现代阶段，政治和文化的发展就会系统性地、毫无现代性因素地滞留于前现代阶段。现代性的局部要素，也会在前现代时期萌发出来，甚至得到长期的发展机会。比如中国古代科举制的发展，就在一定程度上具有现代性的要素。但是由于其发展并不是在经济、政治、文化的系统性现代化发展的基础上推进的，因而，现代性只是嵌在所谓的封建性的空隙里。

但是，随着中国国家的独立、现代民族国家的发展，市场经济建设，个人独立权利意识的萌生与进步，社会治理分化的产生就是必然的结果。

（一）社区治理初步分化结构形成的背景：成因分析

社区治理的结构看起来是一种内部关系的整理，深层意义上却是社会渗透的结果。资源分隔型社区治理结构的初步分化是受到社区内外部因素的综合性渗透的结果。

1. 社区内居民的异质化要求社区治理服务的专业化

与资源内聚型社区相比，资源分隔型社区的人口异质性程度更高。M社区原村居民 2000 人左右，而外来买房、租房住户 3000 人左右，H 社区是 9 个村的部分居民合并居住的，社区内外来人口的数量与原住民相差不大，Z 社区是 4 个村的部分居民合并居住的，几乎每家都有出租住房。

> 我们北边那个就是当时安排的排屋，大家现在一般就是自己住一楼、二楼，三楼和四楼是出租的，每个楼层有 8 个小房间，差不多都能住满。（外来租房的怎么下楼呢？）他们单独一个楼梯，都从北边下楼，每个房间里都有灭火器，很注意安全的。这个路西边，他们那边就是高房子，一户人家几套几套的，前边安置的是排屋的，连为一体的，他们就是高层的。他们 37 户总共有 144 套房子。有几户三套，有几户四套，有几户五套，这样子的，空着的房子也是出租。（Z 社区助理会计）

在大量外来人口居住的情况下，仅靠社区自身的力量进行"福利性"社区服务，显然是不够的。在资源内聚型社区中，物业、卫生也不是完全的"自给自足"式的，但是政府的供给量和供给链条到达社区时就需要社区"接力"了。同时，资源内聚型社区居民主要是原村居民，居民的收入水平、就业状态等皆因为集中化而发生了变化，这种变化不仅需要社区给予福利性照顾，还需要社区给予"就业"照顾。在这种情况下，"合格"的物业服务就可以满足社区大多数居民的要求。但是，资源分隔型社区不同，外来人口的增加、居民收入水平的提升等都对"合格型"社区服务提出了挑战。同时，社区所处的经济发展地带具有明显的"城市性"，外来人口的素质明显高于原住民，在这种情况下，不管是出于管理的"里子"还是出于管理的"面子"，资源分隔型社区的物业服务要求都明显高于资源内聚型社区。

2. 社区所处地理方位、经济社会发展程度为社区治理结构的初步分化准备了社会条件

资源分隔型社区所处的地理区域不同于资源内聚型社区，其空间性质更加具有"城市化与现代化"的发展潜力，特别是在政府引领经济社会发展的制度背景下，这种社区还有一个特殊的制度优势，即它们往往处于地方政府着力发展的"经济发展储备中心"或"镇街政府核心区域"。因此，在经济社会发展程度、人口整体素质、技术密度、社会流动性等各项指标上都呈现出更多的"现代化"特征。这种"现代化"特征对处在其中的社区而言具有明显的渗透性。如此，资源分隔型社区与资源内聚型社区相比就具有了更多的"城市性"色彩，在规划发展与社区定位上也开始逐步放弃原来的"混沌治理"状态，出现了内部的细化分工。

但是，作为最末端的社会治理单元，社区毕竟不是一个机械的组成，更何况，集中居住前的社区居民多是"农业社会的受教育者"，其行为习惯、思维方式、经济发展思路等皆具有相当的稳定性。在外部环境发生了明显变化的情况下，这些"被传统教育"的人并不能"及时"地与外部最前端的"社会发展趋势"保持一致，在居民并不能"紧追潮流"的情况下，社区治理的细化分工也是有限的。这种有限性主要表现在"政府推动且执行的领域"有限细化了，其他领域还在缓慢进化中。

3. 地方政府在社区建设与发展上有相对较高的预期和资源准备

不管是 1949 年前还是 1949 年后，中国政府在各层面的发展过程中发挥的作用都是不可低估的，不管这种发展是以何种形式、何种路径实现的，在城镇化发展、社区治理层面，特别是在集中化村改居的过程中，政

府在规划、项目推动上更是不可忽视的力量。从课题组调查的三种类型的社区来看，资源分隔型社区处于另外两种类型的中间层面，在这一层面上，政府向社区居民家户投入的资源基本也是处于中间层面的。这种中间层面与政府对社区发展的未来预期有很强的关联性。在资源内聚型社区的发展中，受土地增减挂钩政策的影响，地方政府与社区建设和发展的联动关系非常有限，政府对社区投入的积极性不高，而资源分隔型社区的建设则不同，其所处的地理位置、经济社会形象等皆为地方政府带来多元化的收益，在这种情况下，地方政府更愿意在社区建设上投入更多的资源，以使社区"跟上"时代发展的步伐，体现"现代性"的措施就会深入社区的末梢，而不是任务到达社区时由社区组织"接力"。

应星在其《大河移民上访的故事》中说，在现代西方社会，"分化的程序技术（它们彼此之间构成了相互渗透和相互制衡的关系），多样化的抽象价值、观念或范畴知识与自主的伦理实践，构成了理性化的内在张力，使多元的理性化成为一种内在推动的过程，一种通过制衡得以发展，通过冲突得以生存，通过历史来构建的普遍性，甚至通过风险、不确定性乃至危机得以整合的动态机制"，而在发展中国家，"理性化的移植都变成了单纯移植程序技术。在世界系统中的'经济话语'的背景下，这些程序技术被认为是提高国家或民族竞争力的唯一手段。文明的发展被化减为一种技术的发育，无论是国家的社会动员能力、军事力量还是经济实力，都完全从这种工具理性的角度来理解"，国家垄断了整个制度建设的过程，使这些技术从来没有真正成为一种"程序技术"。[①]

在资源分隔型的社区治理中，政府的涉入基本上是程序性的，与社区内其他资源的连接也是在程序上，看起来好像是理性化的渗入已经开始进入基层治理的基本脉络，但是这些程序性的存在并未与基层治理的其他因素发生明显的连接，或许这些联系还需要进一步的融合，最终的呈现形式我们无法预知。

（二）初级分化后的社区治理组织形态

相对于资源内聚型社区，资源分隔型社区在城市化的道路上走得更加深入，这种深入不仅表现在居民从世代居住的"村庄"转移到了集中居住

---

① 应星：《大河移民上访的故事》，生活·读书·新知三联书店2001年版，第36页。

的"楼房"，甚至土地完全从自我经营状态转入"资产经营"状态，"务农"的身份发生了明显的转移，稳定的工作单位也日渐成为常态。集中化的居住方式不仅使原来私人的开放空间减少了，原来需要自己处理的私人事务也日渐转化为"半公共事务"。而这些"过渡"出的公共事务也不像资源内聚型社区一样，由"一群自己人混合打理"，而是由"几群人分开打理"。在部分社区中，政府的力量不仅仅涉入经济领域与"城市社区管理"标志性的"物业管理领域"，还通过分散派员的方式甚至是单独设立组织的方式进入社区。社区内原来的系统一体化结构出现了明显的裂缝。

如图5-1所示，政府与社区的关系在资源分隔型社区中发生了不同于资源内聚型社区的变化。在资源内聚型社区中，社区组织虽然接受政府组织的指导，甚至在某些事项上是领导，但是政府在社区内部的活动是通过委托社区内原来设置的两委组织来解决的，社区在某种程度上保持了内部自治与政府事务的区分；同时，社区内部公共事务的管理也极少引入市

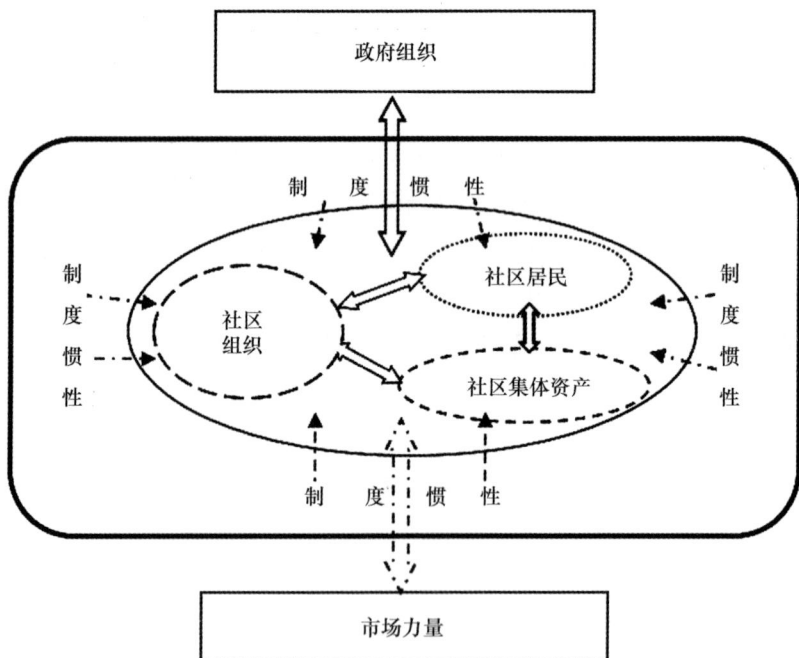

图5-1 资源分隔型社区治理图解

场性的资源，因为市场性资源的交换遵从等价交易原则，在一般化的市场中进行，不因社区本身的独特性而在交易程序和交易物品标价上发生差异。而在资源分隔型社区中，市场和政府的力量皆以不同的程度直接进入社区。其中政府的进入程度和进入范围更为明显，市场的力量尚十分微弱。

在资源分隔型社区公共治理领域，政府的介入主要通过两个途径：其一是通过政府委托的物业公司进入社区提供物业、卫生服务；其二则是直接的人员输入，参与社区日常的居民服务。

在城市商品房社区，物业服务是由社区业主通过其代理性机构选择市场性组织提供的，这种物业服务供给遵从市场交易的一般性原则，社区业主和物业公司是一种直接的委托关系，业主缴纳物业服务费，物业公司支付劳务。在资源分隔型社区中，社区的物业服务虽然也是由市场组织提供的，但是它们的进入方式却是政府或社区自治组织委托，物业服务组织与政府或社区自治组织之间达成一种"内部交易关系"，这种关系十分类似于城市中的"老公房社区"，即那些原来的单位宿舍、政府宿舍回归社会而形成不同于一般商品化小区的社区，这类社区由政府委托那些与政府有历史性联系的物业公司进行管理，物业管理的单价低于一般商品房小区，当然，物业公司的服务水平也会有所降低，实际上还是一分价格一分服务。但是这些城市中的"老公房社区"的居民是要自己缴纳物业费的，而Z、H两社区的居民则不需要缴纳物业费。同时，社区居民也不再享受由社区组织自由安排进入物业公司工作的福利，虽然也有部分居民会进入物业公司工作，但是需要按照物业公司及政府相关部门的既定程序进行。

（我们这个物业上的保安、清洁人员的工资是怎么发的？）他们这个工资是财政上发，不管是内保还是外保，都是财政上发。然后，这个，咱是不需要向小区业主收物业费的，我们的政府是全心全意为人民服务的，物业是免费的，不要一分钱的。但是我们这个工作也是要考核的，上边也有一定的考核，也就是开发区进行考核。每个月都会有暗访、明访的，这个是每个月都需要搞的。我们这个考核是与工资奖金有联系的，标准是90分，低于85分，领导要找你，开发区要找你谈。（我们的这个工作人员是怎么确定的呢？是社区自己定的还是开发区?）这个都是开发区定的，这个物业是开发区与外边的保安公司签的合同，他们保安公司派来的。我下边还有保安队长，就是外保和内保各有一个保安队长，他们是直接管理的，有什么事情向我汇报，我再向上级汇报，是一层一层的。保洁人员也是招聘的，这个是有条件的，你需要通过各方面的程序才能进入物业服务，年龄也不能太大的，我们是要 60 岁以下的，身体条件也是需要的，你像有心脏病的、高血压的都不好进来的。但是他们保安和保洁人员都是我们管的。(H 社区物业负责人沈先生)

我们现在专门有一个物业办公室，这一块东西，开发区那边弄过来的，咱们村委就不管了。它自己运行，和村委都没啥关系。(Z 社区助理会计)

从上述访谈可见，物业服务这一"公共池塘资源"类公共物品已经从社区中分离出来，其进入社区的方式、服务质量的监控等皆由政府相关部门把控，社区组织与物业服务组织在同一个空间中分别独立发挥作用。

在人员输入上，资源分隔型社区最直接的政府人员输入是派员参与社区的日常性管理，这种派员有的是直接担任社区的"一把手"——支部书记，有的则是建立中间性组织，设立独立于原村居组织的"社区服务中心"。在课题组调查的三个社区中，M、Z 两社区属于直接派驻书记，Z 社区的书记是 DH 街道的公务员，较少到社区上班，而 M 社区的书记则是以管理区副主任的名义到社区主持工作。最为突出的是 H 社区，H 社区本来就是多个村子合并而成的新社区，而且各组成部分并不是完整的原村居民，每个村只是局部迁入 H 社区，造成了部分居民的"村组织"并未"随迁"的事实，在这种情况下，新的空间单位就表现出了更多"新"的特点，从而为基层政府力量的介入创造了条件。

如此，在社区内部产生了一个混合性的组织运行状态，一方面社区组织原来的"纯内部人员"的结构发生了变化，另一方面社区内部原有的"管理领域"也被部分分隔了。在这种分隔之下，社区内部就出现了"并行管理的两套组织"，原来村两委的政治功能、经济功能和社会身份功能也在形式上保存了下来，因拆迁而新增的功能则由政府及其委托性组织承担。可见治理场域的内部功能分化是农村社区向城市社区转化的一种尝试，但是由于社区居民的经济收入相对较低，"被拆迁"的落差较大，政府采用了更加"温和化"的处理方式，一方面，居民仍然像原来居住于村落内一样，不用交物业、卫生费；另一方面，社区内的整体环境有一定程度的提升，居民能够享受到部分城市生活的便利。

当物业、卫生、绿化、维修甚至集体经济组织管理事务等从原村级组织分化出来以后，原村的居民自治组织、党组织的"一体化"治理结构就不再存在了，社区两委组织的公共职能也在很大程度上弱化了。但是在传统的基层组织功能上，两委组织的作用仍然是不能被取代的，在社区内建立的"新型的社区服务中心"，在行政上并无独立的制度建制，用 H 社区党委书记的话说，"社区现在还是黑户"，村居自治组织的选举、集体财产的经营代表权、社区居民自身的身份认同归属及户籍管理、社区养老及相关福利救助等事务仍然离不开原村两委组织。

与一体化结构不同的是，这种初步分化的结构在很大程度上是地方政府有能力涉入社区管理事务的表现，但是这种能力仍然是受到限制的，这种限制一方面表现为其财力尚不足以把社区两委人员全部纳入财政支持范围，社区两委的工资补贴主要还是由原村级组织的集体经济支持的，另一方面也表现在对人员的输入上，虽然政府通过各种方式向社区输入了"两委内部成员"，但是这种输入在很大程度上仍然是形式性的或辅助性的，特别是在这些输入的人员仍然在政府机关任职而兼任社区事务时更是如此。

但是，当社区的物业、清洁、维修、绿化等公共事务被分离出来之后，社区居民对于社区两委组织的功能性需要就发生了较大的转移，随着社区内原住民比例的降低以及原村记忆的衰减，渐进性的初级分化将逐步发展为城市社区治理的升级版所替代。

二 "政府—社区组织—居民"的斜拉关系

"政府—社区组织—居民"之间的斜拉关系是本课题分析社区治理体系的重要研究视角和分析框架，试图通过这一分析框架把社区治理的三方关系理顺。在资源内聚型社区中，政府向社区的资源投入是非常有限的，社区内的公共事务基本是社区两委组织协调各类资源来完成的，但正是由于政府在一般规则约束下对社区的投入有限，社区需要花更多的力气组织其他资源，在此情况下，社区对政府反而有了更多的"顺从"倾向。如果社区内资源较为丰富，这种"顺从"倾向就会明显降低。而资源分隔型社区的情况又与资源内聚型社区有所不同。

如图5-2所示，在资源分隔型社区中，基层政府对社区组织的拉力实际上是降低了的。为什么基层政府在社区中的资源投入和人员投入比之资源内聚型社区有明显增加，拉力却在实际上降低了呢？在资源分隔型社区治理中，政府对社区的投入增加了，但是这种增加并不是直接投放给原来的社区"两委组织"的，而是通过其他力量直接进入了社区，这第三种力量绕过原来的社区组织直接服务于社区居民，也就是说，政府投入社区的资源并没有明显增强社区组织的力量，而是在某种程度上"舒缓"了社区组织的"压力"，解构了社区组织内部权威建构上的功能基础。同时，由于此类社区中，社区居民的土地或者被全部征用或者征用剩余非常有限，土地的农业耕作量对居民的影响极小，社区居民及社区自治组织的农业经营功能也明显收缩。如此，在政府的涉入下，社区两委组织的权力实际上是缩小了。但是从制度惯性上看，社区两委作为一级"行政建制"的组织依托，其认知与实践中的"上级"对社区两委的影响仍然是存在的，这种影响更多的表现为对社区的考核，虽然这些考核也发生了明显的变化。

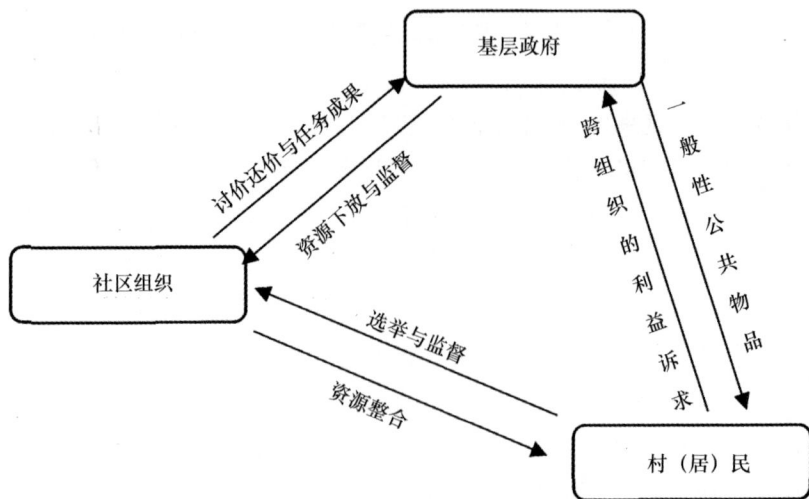

图5-2 一体化社区治理中三方推拉图

　　（咱这个开发区平常对您、或是整个村委会的工作有考核的吗？）有的，其实是对我们整个班子的考核，考核的内容就比较多了，比如，妇女工作这一块，前几年计划生育什么的，都在我们这个村委会工作之下，现在二胎放开还好一点，以前的计划生育是头等大事，还包括这环境卫生、人民调解，就是刚才我说的，调解这一块工作，这里面的大头就是环境卫生，它占的比重还是比较高的。现在我们村委会管理已经是向服务型转变，并不是说我管得死死的，对不对，群众都有自由发挥的空间。村委会其实就是一荣俱荣的组织，个人得高分不行的，现在都是信访什么的，事情多了。"（如果发生这样的事，咱开发区对您有处理吗？）"没什么处理的，就是有扣分的情况。它只是影响咱的打分，这个打分最终的结果跟工资绩效有一点关系，因为咱那个工资不是开发区发的，是咱村委发的，开发区也没有补助，这个有关系呢，主要是连带的，如果我们村委会工作不好了，支部书记的，我们是以支部书记来衡量的，我们书记在这个地方打了多少分，然后批下来多少工资，我们拿村支部书记的几折，一般主任就是拿书记的九折，这么个样子，以支部书记这条线上，作参照。书记批了十万块工资，我就是九万元，其他按照误工补贴发的呢，它是一般来说，不超过书记的五折。（H 社区 FJ 村主任周先生）

　　在这种情况下，可以说，政府对社区的拉力更多地表现为"压力"。但是这个压力的"压强"显然已经无法与"资源内聚型"社区相比。

　　当然，在资源分隔型社区内部，也不是所有的社区都表现出同一种压力形式，比如课题组调查 M 社区，街道对村两委是有补贴的，但是补贴仅限于书记、主任、妇女主任三人，且补贴的额度很低，村两委的主要工作补贴还是村里的集体经济收入。在这种情况下，基层政府虽然向社区投入了更多的资源，但是资源的投入具有明显的一般性色彩，且主要面向社区居民，在这种情况下，政府对社区组织拉力也是有所下降的。

　　在能感受到的政府拉力趋弱的情况下，社区组织的工作重心发生了哪些变化？课题组对居民感受到的社区组织的工作重心进行了问卷调查，具体情况如下：

　　如表 5 - 11 所示，在资源分隔型社区中，从总体上看，"着力于提升社

表5-11　社区ID*村(居)两委把哪项工作放在了首位交叉列表

社区ID			村(居)两委把哪项工作放在了首位						总计
			谋取更大的村集体收入	解决各类矛盾和纠纷	完成政府安排的各项任务	忙着自己的副业，解决自己家的经济需要	着力于提升社区的公共设施与环境水平	不知道	
H	计数		9	1	12	0	14	0	36
	社区ID内的百分比		25.0	2.8	33.3	0.0	38.9	0.0	100.0
Z	计数		1	1	18	0	11	15	46
	社区ID内的百分比		2.2	2.2	39.1	0.0	23.9	32.6	100.0
M	计数		15	19	8	0	55	3	100
	社区ID内的百分比		15.0	19.0	8.0	0.0	55.0	3.0	100.0
总计	计数		25	21	38	0	80	18	182
	社区ID内的百分比		13.7	11.5	20.9	0.0	44.0	9.9	100

区的公共设施与环境水平"选项占的比重最高，达到44.0%，这一点与资源内聚型社区不同，资源内聚型社区中最高比例是"谋取更大的村集体收入"，但是应该说明的是，Z社区中居民选择最高的也是"完成政府安排的各项任务"。同时，与资源内聚型社区类似，占比最低的是"忙着自己的副业，解决自己家的经济需要"，但是这个比例在资源分隔型三个社区中全部为0，这个比例也是低于资源内聚型社区的。虽然完成政府安排的各类事务的比例比资源内聚型社区有所下降，后者为28.3%，而本种类型是20.9%，但是这个下降主要还是M社区贡献的。下降最明显的是"谋取更大的村集体收入"，资源内聚型为29.2%，而资源分隔型为13.7%。从上述数据的对比看，资源分隔型社区的治理重点已经开始发生转移，由原来的经济职能、政府委托职能、社区公共环境职能的相对均等化向着政府委托职能、社区公共环境职能倾斜，特别是向后者倾斜。

在社区组织的内部功能已经非常明显地倾向于提升社区本身的生活品质的情况下，社区居民是如何认识社区自治组织的性质的呢？课题调查的结果如下。

如表5-12所示，居民对社区居委会的认知与资源内聚型社区的差异并不特别明显，只是发生了细微的变化，整体上看，所言"不知道"的比例有一定程度的下降，资源内聚型社区中比例为21.5%，而资源分隔型社区中为14.3%；认为社区居委会是政府组织或者"形式上是居民组织，实际上是政府组织"的比例有一定程度的上升，达到28.0%，在资源内聚型社区中，这个比例为22.5%。而认为社区居委会是自治组织的比例相差甚少，资源内聚型为28.4%，资源分隔型为29.1%。可见，对社区居委会是政府组织认知比例的升高，主要是因为"不知道"比例的降低而引发的。

表5-12　　　　　　　　社区ID居委会性质交叉列表

			居委会性质				总计
			政府组织	形式上是居民组织，实际上是政府组织	居民自治组织	不知道	
社区ID	H	计数	11	15	9	1	36
		社区ID内的百分比	30.6	41.7	25.0	2.8	100.0

续表

			居委会性质				总计
			政府组织	形式上是居民组织，实际上是政府组织	居民自治组织	不知道	
社区 ID	Z	计数	14	10	8	14	46
		社区 ID 内的百分比	30.4	21.7	17.4	30.4	100.0
	M	计数	27	26	36	11	100
		社区 ID 内的百分比	27.0	26.0	36.0	11.0	100.0
总计		计数	52	51	53	26	182
		社区 ID 内的百分比	28.6	28.0	29.1	14.3	100

综上，虽然社区居委会在实际上并未更多的获得政府的直接支持，甚至很多居民也认可社区两委的工作内容主要还是"向内"的，但是，工作内容的倾向性并未改变居民对两委性质的认知。从这个意义上看，社区居民并未认可社区两委组织是"代表"居民利益的"自己的组织"，虽然居委会、村委会是居民选举产生的。可见，"选举制"以及两委组织"内向性"工作倾向，并未在居民与社区居民组织间建立良好的"代表关系"。居民认知上的这种"顽固"的连续性到底是来源于实践本身还是"认知的滞后性"所致，还需要更进一步的调查研究与理论分析。

即便如此，我们仍然不能否认，基层治理的制度性设计及居民的临时性自发行为对社区两委组织的拉力仍然是引人注目的。每次选举，对于村居来说是大事情，对于街道、镇同样是大事情，此种情况对三种社区而言是一样的。因为书记一职还有政府任命的途径解决人员任免问题，而村居自治组织则是法定的需要选举产生的。政府可能会因为种种原因推迟选举，比如 H、Z 两个社区皆因为拆迁而推迟了选举，但是却不能不选举，政府任命的自治组织成员，只能是"代理"的，却在程序上是"不正规的、不合法的"。因此，选举对于"候选人"的约束是十分明显的。

（您觉得我们这届选举书记和主任连任的可能性大么？）书记肯定是他的，是没问题，干得挺好，挺有魄力，比较有远见，做起事来，这个办事挺公道，实实在在的，主任就不好说了，大家选举这个事

情，还很难说的。（M 社区居民代表 3）

同时，与资源内聚型社区一样，社区组织是常驻社区内部的，甚至大部分的社区两委成员都是"本村人"，是从小被周围的"村里人"看着长大的。在课题组调查的三个社区中，两委成员，除了 H、Z 两社区中的书记是完全的外来人，社区内的居民委员会主任、妇女、治安、调节等职务皆是原村居民担任，这一点与资源内聚型社区非常相似。因此，"居民监督"的意义也与城市社区不同。

> 但是，我们村里和老百姓打交道难度还是很大的。就是书记干得再好，也会有人骂你。因为啥呢，有一部分人他是沾不着光的，他沾不着光他就认为吃亏了，认为吃亏了他就骂你。这种情况很正常。你比如说在农村长大吧，你干了书记、主任，你别怕，挨骂是个好事，你去坦坦然然面对就行了，你不坦然去面对，就一肚子气。其实，这个也是好事，你看我们村里，原来的书记干得不行，村里几个妇女就来骂他，最后，他还想来村里干，就是被几个村民给轰走了，你干得不行，得不到大家的支持啊。（M 社区居民代表 2）

但是，同时，如果社区组织成员得到了居民的认可，居民也是会采取实际行为加以维护。在课题组调查期间，M 社区就因为居民中有人不讲规则到居委会吵闹，居委会书记一气之下向街道提交辞职报告回家了。结果村民到街道联名请愿，要求书记回来。

> 基本上村民都有这个意识，书记说，我不行啊，我不干了。不干？老百姓可不愿意。把他一会子叫回来的。你不干，连门儿也没有，你出来连跑也跑不了。（M 社区居民代表 4）

与曹锦清老师在其《黄河边的中国：一个学者对乡村社会的观察与思考》一书中所说的情况既有相似又有不同的是，资源分隔型社区的居民已经有一定的自我代表能力，他们也能够使用自己的"表达权"，维护自身的利益。但是这种表达往往也是经不过基层组织的"拖字诀"的。在课题组调查期间，因为种种原因，M社区的书记再次提请辞职，而村里的居民特别是老年人对此表达了明显的反对，而且采取了积极的集体行动。在盛夏时节，M社区有几十位老年村民集中到社区所在的ZY街道静坐，要求街道领导不能同意书记的辞职报告，但是，在他们坚持了一周以后，鉴于各种综合性影响，这些村民的意见未得到街道组织的回应。其实，这些集体行动背后的"客观利益需要"是非常清楚的，居民不仅意识到了他们的这种需要，达成了一致的意见，还采取了一致的行动。这一点与曹锦清老师所言的即便是有客观的利益需要，也没有被意识到，更勿论采取集体性的协商行动的论断有所不同。在此，我们看到了居民向基层政府组织表达利益诉求的集体性呈现，但是，基层政府的回应力是非常弱的，他们往往把居民的这一诉求当作"预谋"。从这一点看，基层政府的服务性意识尚未深入制度与行为的深处。

资源分隔型的其他两个社区并不完全与M社区相同，村民在客观上是存在共同利益的，或许对共同利益也有认知，但是从可见的访谈信息看，并未发现其有相对一致的协商性集体行动。或许在一定意义上这些村居的居民是比M社区更加"传统"的人，也可能是因为集体利益分散到个体身上而不足以引发集体性的协商行为。无论有无集体性的协商行为，在居民眼中，既然村居组织在实质上是政府组织，那么他们所谓的向基层政府的"请愿"活动就不是一种"对抗性的活动"，而是一种"请为民做主"的行为，这一点应该是与曹锦清老师的分析相一致的。

除了居民的监督与支持行为以外，在资源分隔型社区治理中，村务监督委员会的作用应该引起重视。从制度设置上看，村务监督委员会不仅仅是监督财务的，但是由于村务监督委员会是从原来的理财小组延续而来的，这就使得村务监督委员会的工作主要表现为对财务的监督。从实践上看，村内公共事务的监督，财务监督是核心，村务监督委员会承继理财小组的职能也是制度设计的重要出发点之一。村务监督委员会是对当下"村财镇管"制度的一种补充，村财镇管是自上而下的监督，而村务监督委员会是一种平行的监督。这种监督从制度设置上看是没有问题的，但是，在执行上，制度的执行受到更多的现实力量与利益的影响。

这一个月会计公布收入和开支，让我们发表意见。再一个呢，突然地开会吧，是村里有重大开支，说先召集我们，说这个开支合理不合理，对不对，花钱多和少。民主理财小组通过了，还得经过村代表会议、全体党员再通过。每次都是这样，每次都是按照这个顺序来。比如说村里想置办点农具也好、盖点房屋也好，它都得花上万元，花这些钱的时候，他首先就是把俺民主理财小组成员叫来。由书记讲讲添置这个东西的原因，讨论通过了，然后在晚上的时间，农村就是利用晚上的时间，白天它召集不起来啊。晚上吃了饭，再开全体村代表和党员、党小组长会议，每次党小组长都得来参加，党小组长通知党员，坐得满满的。书记和村里人说说花这些钱的原因，通过大家伙议论，通过了，才花这些钱，而且是都签了字。都得签上名字，因为空口无凭啊，必须得签名字。而且是村里每次开会，这个不仅仅是讨论，而且是开会的整个过程都录了像。村里有两个专门录像的，录下来。从始至终，开会从始至终都录下像来，作为历史的一个证据。在以前的书记，他不这样的，我记得，我在民主理财小组换了好几个。那个时候，在以前的时候，那两个书记，光吃喝费就花好几十万。花钱，他从来也不通过民主理财小组，民主理财小组就是个摆设。但是现在这个书记不一样，他和那两个书记完全不同，他是真的按照步骤来的，不舍得花一分钱，每次花钱都特别慎重。你要知道，我们刹住吃喝风，可是真的很厉害，这种书记咱们不拥护人家，咱良心上过不去啊，人家做的这个事啊，没等着习总书记要求刹住吃喝，一上来人家就刹住吃喝风了。这个相当了不起啊，这就是个水平啊。（M社区村务监督委员会刘先生）

资源分隔型社区是三种类型中处于中间层面的类型，一方面，它仍然带有明显的乡村治理色彩，居民在认知意识与身份认同上还与农村时代的认知保持着高度的一致，在社区行政管理上，特别是在传统的农村集体经济管理、计划生育、治安、福利救助等领域，居民在组织归属与管理诉求上仍然求助于原来的"村两委"；另一方面，随着社区集中安置而产生的新兴公共领域，比如物业管理、社区治安、绿化与设施维护等，则由专门的物业服务机构负责，这些物业服务机构或者是由政府聘任的，其工资考核皆由政府负责，或者是社区自建的独立性物业公司，其经营独立于社区运行，总之，资源分隔型社区在内部治理上发生了职能的初步分化，这种分化往往不是原有供给方式的制度性延续与扩容，而是一种其他力量渗入社区治理的结果。这一其他力量并不体现市场分工的特性，相反，在更一般的意义上看，是政府或社区组织在空间治理结构发生明显转型的情况下采取的"社会阵痛舒缓机制"，从本质上讲，与资源内聚型社区并没有根本性区别。

三　资源分隔型社区治理初级分化的内在逻辑及局限

与资源内聚型社区的一体化治理相比，资源分隔型社区的初级分化治理结构具有明显的变异性。如果说资源内聚型社区治理是原来农村时代小农经济及计划经济时代"单位化蜂窝状治理结构"的变异形态，[①] 那么资源分隔型社区则是市场经济时代"企业化政府与全能型政府"混合型治理的表现。

中国的村庄单元治理与单位化时代城市社区单位治理有着众多的相似性，主要表现为"大而全、小而全"的自给自足。这种自给自足并不完全是经济发展阶段的衍生，也可以是社区居民已经习惯的"公共诉求形成机制"的产物。这种诉求机制一旦形成，具有顽固的稳定性，在满足居民公共需要上亦能发挥作用。但是这种不够分化的治理结构因为缺乏专业性而不能满足现代化发展程度更高的公共需求，其满足对象往往是社会的弱势群体，起到的主要是"类社会安全阀"的作用，而资源分隔型社区则略有不同。

（一）资源分隔型社区初级分化治理结构的形成逻辑

在课题组调查的三个资源分隔型社区中，H、Z 两个社区的物业等服务都是政府委托其他组织来完成的，虽然有的社区内也有物业负责人，但是这些物业负责人与社区原两委组织是没有直接关系的。M 社区的物业虽然与两委组织有关，但是其物业并不是完全的附属性组织，而是独立经营的物业公司，是经过工商部门注册的机构，不仅为本社区提供物业服务，还为其他社区提供商业性物业服务，服务内容、服务质量上是按照市场要

[①]　毛丹：《浙江村落共同体的变迁：以萧山尖山下村为例》，浙江大学出版社 2018 年版，第 2 页。

求运作的。

这种状态的形成主要与两方面的因素相关：其一，资源分隔型社区虽然与城市社区的居民组成结构还有一定的差异，但是社区内居民的教育水平、收入水平、职业组成等已经在很大程度上城市化，而且其所处的地理位置也明显处于城市化快速融入的区域，所在地域已经或者即将纳入城市市容市貌考核的范围，同时也是城市廉价劳动力中外来人口的主要集散地之一，由政府委托的物业服务机构进行管理，能够提供更为均等的公共服务，同时亦不增加原社区自治组织的负担，不引发附带的社会矛盾；其二，虽然从长远来看，资源分隔型社区的拆迁安置对区域经济社会的发展具有积极的推动作用，但是政府主导的规划往往是超前于地方经济社会发展现状的，居民"被动拆迁"之下，许多社会准备与物质准备都处于相对空白阶段。政府介入这些因为"拆迁"带来的额外支出，也是为了暂时舒缓这种较为急剧的空间转化引发的社会冲击，在社会价值上与资源内聚型社区一样，起到了"社会安全阀"的作用。

但是政府的投入也受到地方财政力量的限制，"企业化政府"的地方经营模式在资源分隔型社区的治理中表现得更加明显。

在资源内聚型社区中，政府投入社区的资源相对有限，政府征用土地的补偿是以现金形式逐年发给被征地居民的，社区组织也从征地补偿中获得一定的收入。但是这些收入最终还是作为集体资产用于社区运行的。而资源分隔型社区则不同，H、Z两社区土地征用款的绝大部分并没有直接划入居民账户，也没有进入村居集体经济的账户，而是作为投资进入了基层政府经营的产业。经过资本化运作之后，这些产业以经营性收入或者物业性收入形式最终以分红的方式返还给居民。

> 我们村好像3000多亩地。一个村一个村不一样的。按照总亩数来算，总共资金是3166万元，这个是总资金，是股份制分下去的时候的总资金。下面就是一户一户的股金，每一户100块预算，但是100块预算还有两个股，一个叫经营股，一个是叫公益股。经营股是一块地一块地按照人口来分的。你这块地征用的时候，比如说30亩土地，那个时候你家里有几个人，就是几个人的，不一样的。当时是没有分钱的，就这个股金没有拿到手，这个就是股金投入到这（公司）里面

了……但是也有人不想入股的，当时我们村股份连发到户以后，有70户人家把股金退回去了。就是写个申请，你看我这里都有他们当时写的申请。咱们还是很人性化的，你不愿意你就退。（Z社区助理会计）

（我们这个投资每年分红大约总数是多少？）每年分红，我们村的话，实际分下去一百万元左右。分给这两千多个人，六百多户。那这个分红的分配是按每股大概三块多一点，这个是办事处统一的。当时这个股权（红利）分配方案，就是每股三块多，然后按出资比例多少的话分下去，是经过村民代表大会全部同意的，统一开会，全体通过的。其实我现在这个分红并不是真的分红，这个分的话是吃的银行的利息。百姓有些嘛早就（想分红了），实际上不属于分红的，考虑到百姓需要给一点（钱）。那个项目其实是还没有利润的，但是村民肯定会觉得，我们把钱放在你这了，我们就应该得到分红的？而实际上是这一百万是从银行里的那一笔利息拿出来给咱老百姓分下去。现在没办法嘛，现在没产生利润嘛。这个好比办了一个厂，是个长期投入，以后形势好的话赚了钱，利润高嘛肯定多分一点。（Z社区村务监督委员会凌先生）

在此，可以看到，资源的流动并不是完全打破了"单位化"的边界，而是把原来的"闭环边界"扩大了，由原来的村居社区单元，扩大到了"基层政府单元"。政府以为社区居民提供免费的物业、保洁、绿化服务的方式缓解社区居民因为拆迁带来的冲击，而拆迁的补偿部分，因为实际上是没有见到"真金白银"的，所谓的"股金"也是建立在居民对政府的"信任"基础上的，政府是在拿未来的收益作为担保，"安抚"居民当下的期待。

资源分隔型社区看起来更富资源调动能力的基层政府实际上是在"经营社区"的思路下以"企业+社会"的混合范式动员各类资源参与社区拆迁和发展。这种"经营"方式与资源内聚型社区治理在价值选择上是不同的，资源内聚型社区实际上是一种保守的、相对封闭的社区治理方式，这种治理方式更倾向于社区组织对社区居民的"管理和保护"。而资源分隔型社区则有明显的"企业化、市场化与社会化"混合发展的趋势，后者的开放性更为明显，虽然资源是在基层政府的范围内统筹的，但是这种统筹更加注重与市场的交换，而不是社区内部资源的交换。

（二）资源分隔型社区治理的发展局限

与资源内聚型社区相比，资源分隔型社区的"托底"性组织发生了明显的"延展"，在资源内聚型社区中，社区两委组织是社区居民剧烈变迁的"保护者"，承担了较多的因为拆迁而增多的公共管理职能，而在资源分隔型社区中，这一保障性职能局部地被基层政府"揽过"，基层政府不但以委托第三方的范式介入了社区物业性公共服务的供给，还在集体经济的经营上加大了直接介入的比重。政府的介入，使原来社区承担的风险大幅下降的同时，也使社区组织的职能在很大程度上由管理向服务性职能转化。但是这种初步分化的社区治理结构并不是一种正常的"城市社区治理状态"，从而存在一些明显的局限。

首先，地方政府通过深层介入社区治理物业的方式缓解社区压力，不是一种有效的公共物品供给方式，后续的改革是必然的。

物业服务，是一种可分隔的准公共物品，在市场条件允许的情况下，社区范围内可以通过收费的方式加以解决，当下中国绝大多数的城市社区正是通过物业收费服务的方式解决这一公共物品供给问题的。但是，这种供给有一个基本前提，就是社区内居民有经济能力和意识准备，社区外有市场性组织，且两者之间能够在交易环节达成共识，这种交易是一种相对公平的市场交换。且双方有明确的合作协议，在交易均衡不能达成时，可以通过一定的程序结束这种合作。另外，如果外部市场性组织不能通过平等交易的方式进入社区，社区自组织也可以通过适当的方式解决这类准公共物品的供给问题，如资源内聚型社区就是通过自组织的方式来解决这个问题，这两种解决方式虽然在供给路径和费用承担上有所差异，但皆是建立在居民自愿自主的基础上的，是一种合理且具有可持续性的资源配置方式。但是以 Z、H 两社区为代表的资源分隔型社区的物业服务则是让居民免费享受物业服务的同时，没有直接承担相应的义务，大大增加了政府的经济负担，也造成了未来的改革阻力。

以 H 社区物业支出为例：

　　我们的保安部门分 2 个小组，内保，负责小区的治安；外保，就是门卫保安。外保是保安公司派驻的，属于他们的物业公司管理，有10个人；内保21个，总共31个，他们的工资是每人每月1800元，一年22000元。清洁方面我们有路面保洁员18个，垃圾清理保洁，负责垃圾车清运的，有2个。这个路面保洁也有区别，一个是清理路面的，主要是阿姨们在做，一个月1200元，浮动工资200元，就是看考核情况的；一个是倾倒保洁，有5个，是男同志，他们是一个月1700—1800元；负责垃圾车运送的是一个月1800元。

从上述访谈数据看，H社区仅是物业保安与清洁人员的工资每年就在105.16万元，这100多万元还不包括社区服务中心的各位书记、副书记、主任等每年有10万元左右的工资收入的办公室工作人员。可见，仅H社区一个社区政府每年的工资性支出就在150万元左右，而社区里的绿化、设备维护还需要花费相当的比例。

由此，可见政府对拆迁安置社区的后续投入有多大。这种方式在经济发达地区，政府的财政收入比较充足的情况下，或许尚可借鉴一用，其他地区借鉴难度较大。

其次，地方政府直接介入社区集体经济的经营，担负了过多的经济管理职能，对于地方政府公益性、服务性职能的提升是一种不利因素。

课题组调查的Z、H两个社区中，基层政府对社区集体经济的涉入虽然有所不同，比如Z社区所在开发区政府并未将社区所有的集体经济全部"揽入"麾下，而是给社区保留了部分产业的经营权，而H社区所在的开发区政府则将社区的全部产业"揽入"了自己的麾下。经营集体经济并不是政府的"强项"，而且凡是市场存在的地方就有一定的经营风险，政府将这块经营风险"扛在"自己的肩上并不是良策。从调查的情况来看，Z社区的集体资产经营也并未因为地方政府的经营而具有明显优势，尚没有收益的"物业出租"业务，只能临时性地获得居民的"忍耐"，甚至这个"忍耐"的时限会远低于想象。所以，Z社区的"分红"实际上并不是经营收益分红，而是"利息"分红。由于调查门槛所限，课题组尚不知道这个利息分红是如何产生的，因为就当下课题组获得数据看，Z社区存在银行的资金是800余万元，一年产生的利益不可能到100余万元，这个利息收益是如何来的？经济开发区没有把钱全部投入公司运行？课题组不得而知。

如果不实行市场化改革而退回来让社区解决这个问题，社区组织在经历了职能弱化之后，同步弱化的权威影响力也很难调动起资源重新为社区提供同等水平的公共服务，一旦居民对政府的信任出现问题，大比例地要求政府退还股金，政府面临的将是空前的危机。

最后，资源分隔型社区治理结构的分化更大程度上是人为因素作用的结果，社区内居民经济收入差距会对进一步的改革造成压力。

据本章第一节的调查数据，在182名调查对象中，有62人选择个人年收入为1万元以下，占比最高，为34.1%，虽然相比于资源内聚型社区，资源分隔型社区的个人收入状态有一定的好转，但是年收入低于3万元的调查对象比例仍然高达63.2%。在如此情况下，社区要实现市场化的改革有很大的障碍，制度变迁的惰性会在未来改革的路上设置更多的障碍。

第六章 由外而内发展：资源贯通型社区的产生与发展

在"集中农转居"社区的三种类型中，资源贯通型社区的建设与发展最接近城市社区，也是各类资源向社区与居民倾斜力度最大的一个。与资源内聚型、资源分隔型社区不同的是，资源贯通型社区在完成了拆迁安置以后，名与实的一致性在较短的时间内就最大限度地达成了一致。在前两种类型的社区中，即便是社区两委组织已经完成了建制上的转化，即由村转居，居民也已经不再是农民的身份，但是社区两委及其他工作人员的工资、福利、补贴，社区中公共设施的维修、维护，社区集体经济的经营等都体现出浓烈的农村社会色彩，虽然在各个社区之间会有某种程度上的差异，但是与城市社区相比其差异性还是非常明显的，在城—乡发展的连续体中，资源内聚型社区、资源分隔型社区都有明显的乡村倾斜，特别是资源内聚型社区，但是资源贯通型社区则发生了明显的变化，在这里，社区工作人员的工资、福利、职业规划等皆被烙上了明显的政府色彩，皆由政府财政支撑，集体经济的经营也是政府投资的结果，居民在养老、医疗上逐步与城市居民一致。在完成拆迁安置以后，资源贯通型社区就好似演化成了城市中的另类社区，一个资源注入的"低洼地"，政府、市场、社会的资源都在向这里注入。在这种类型的社区中，居民们让出的是他们世代居住的"村落"，那本来相对辽阔的"乡村"成为城市商品房与储备性土地的所在，也成为未来地方政府的"重要财政来源"之一。

在资源内聚型社区建设中，社区是在"土地增减挂钩"政策下，为他人作嫁衣，而在资源贯通型社区中，村民的土地是市场化、城市化发展后，直接进入交易市场的标的物，它们从乡村流出之后以最快的速度转化成了城市发展新的标杆性建筑或公共活动空间，城乡的转化似乎在同一个时空中加速实现了。

第一节 社区基本情况及资源重组状态

一 社区基本情况

本次调查的资源贯通型社区只有两个，一个是江苏省苏州市的 L 社区，一个是浙江省杭州市的 A 社区。虽然课题组将其分到一个类别，但是它们之间还是存在一定的差异。由于本课题是以资源流动作为分类标准的，因此这种差异性也是在资源流动的主要因素相似的情况下存在的其他要素上的差异，后续将不再对此进行说明。

（一）社区简况

资源贯通型社区以社区运行的资源绝大部分为外部输入为典型特征，在这一标准下，课题组调查了江苏省苏州市 L 社区及浙江省杭州市的 A 社区。

1. 江苏省苏州市 L 社区

L 社区位于苏州市工业园区 XT 街道北部，地处新欧尚以西、L 广场以东，分布在 SJ 路两侧，与 XT 老街相毗邻。2004 年 4 月由原来的 DT、ZQ 两村合并组建，设立 L 社区居委会。2009 年 12 月开始最后一批次民房动迁，目前动迁工作已基本结束（还剩余 2 户未签约）。社区内居民主要以 DT、ZQ 两村居民为主，但并不是原村居民的整体性搬迁，L 社区的拆迁是多批次完成的，城市化发展到哪个区域，商业开发推进的程度决定哪些居民进入拆迁的范围，因此，原村居民的安置房并不是一期建成的，也不是集中建成的，而是发生了一定程度的分散，DT、ZQ 两村居民只有约一半的居民进入当下的 L 社区居住，虽然 L 社区的原村两委基本是进入 L 社区工作的，中间 L 社区还经历过两次属地管理的调整，最后一次是 2015 年 3 月，L 社区进行属地管理调整，划定管辖范围是 LX 北区 39 幢（106 个单元）多层、北区在建 5 幢小高层（496 套）、LX 新村 7 幢小高层（512 套），归 L 社区管理，当时社区总建筑面积 23.4 万平方米，有本地人口 2157 人（家庭户 553 户），外来人口 6000 多人。

目前社区办公室、一站式服务中心和党员活动室都设在 LX 新村北区公建房内。社区物业自 2016 年 1 月开始不再由社区组织进行管理，而是由苏州工业园区的市政物业进行统一管理，为此，街道在各社区内成立了物业管理委员会，委员会工作人员与社区联合委员会的人员有一定程度的重叠，主要是在物业公司与居民之间建立沟通联系，社区所有居民，包括拆迁安置居民和外来的购房人员皆不需要缴纳物业费，60 岁以上居民享受园区一年一次的旅游福利。社区联合委员会内现有工作人员 13 人，其中两委班子合计 7 人（书记 1 人、主任 1 人、副书记 2 人、委员 2 人、居委会副主任 1 人）；副经理 1 人，其他条线工作人员 5 人，社区联合委员会工资福利等皆由街道财政支持。社区联合委员会内年龄结构偏大，近年来退休人员高于引进人员，而人员引进权皆在街道，社区无权聘用社工及其他人员。社区没有集体经济，所有开支皆由街道财政下拨。

2. 浙江省杭州市 A 社区

A 社区位于杭州市东部 NY 街道，地理区域上东至 LD 路，西至 HF 路，南至 SJ 大道，北至 WX 街，社区占地面积 250 亩，A 社区主要是由原 XA 村拆迁居民及三个商业小区组成，原村居民有 5 个居民小组，也就是 5 个自然村构成，共 300 户 1375 人，社区两委及合作社班子成员共 7 人，另有街道下派的社工 3 人。原村的五个居民小组分别安置在南区和北区两个农村社区，另外三个商品房小区和前述两个农村社区分别划入 5 个社区网格进行管理，其中商品房小区的管理相对独立，A 社区仅对其业主委员会的运行有指导、联系职能，主要的工作重心在两个农村社区中。

A 社区南北两区距离比较远，主要是原来的自然村拆迁时间有较大的落差，但是在拆迁安置的形式上是一致的。南区和北区皆是安置在统一规划、自行建造的排屋中，排屋 1—2 层是房主自己居住，3—4 层出租。但是北区更加靠近城市，居民的生活习惯更像城市社区，自家居住的居多，而南区出租的居多。社区内物业公司是街道成立的物业管理机构，费用由街道和社区共同承担，但是物业需要解决部分居民的就业问题，这个是在物业合同中明文规定的，社区则对物业有一定的监督。社区内两委组织的工作津贴、奖金等全部由街道财政支付，考核也是由街道进行考核，除了支部与居委会工作人员外，社区 3 名社工皆为通过街道考试而进入社区的工作人员，他们与社区两委在编制上都是“社工”。

A 社区以股份合作社的方式保留了部分集体产业，但是这些集体产业也多是与政府合资的物业，社区在股份上占比较小，近年来，社区集体产业基本没有收益，日常支出主要是街道的财政拨款。

（二）调查对象的基本信息

课题组在社区内的调查，主要涉及问卷调查、访谈两项，访谈对象主要是社区两委成员、社区物业服务人员、村务监督委员会成员以及部分村民代表。

本部分主要是对问卷涉及的调查对象的情况进行说明，本次调查所及的资源贯通型社区的居民问卷以村居委员会提供的户籍册为抽样筐，采用随机抽样方式产生调查对象。本种类型的社区共收回有效居民问卷 87 份。具体情况如下：

1. 居民问卷调查的性别比例

居民问卷中男女性别比例问题回答总人数为 87 人，其中男性 53 人，占比 60.9%，女性 34 人，占比 39.1%，男性受调查数明显高于女性，这一点与资源分隔型社区比较相似，与资源内聚型社区相比有一定差异，后者分别是 52% 和 48%。从每个社区调查的具体情况看，两个社区男女性调查对象的比例的差异性也非常相似。

2. 居民问卷调查对象婚姻状况

居民问卷中婚姻情况回答总人数为 87 人，其中未婚 2 人，占比 2.3%，已婚 85 人，占比 97.7%，处于绝对的优势地位，离异、丧偶皆为零。可见本种类型的调查对象中绝大部分也是处于婚姻关系中的，比例高于其他两个类型的社区。

3. 家庭人口数

在资源贯通型社区调查的 87 位居民中，五口之家的比重最高，为 48.3%，这一比重超过资源分隔型社区 33.5% 的最高比重，同时，资源贯通型社区家庭人口比重占第二位的是六口之家，这个也区别于资源分隔型社区六口之家占比居第二的情况，可见，课题组调查的资源贯通型社区在家庭人口比重上要高于资源分隔型社区。而且从表 6 - 3 的情况来看，江浙的两个社区在五口之家的比例上都是比较高的。从课题组调查的所有社区的情况看，应该是江浙一带的家庭人口规模高于山东的家庭人口规模，这个与社区的类型关系不大。

4. 受教育情况

居民问卷调查对象共 87 人，其中初中教育背景的人最多，与资源分隔型社区占比最高的情况一致，但是所占比例没有资源分隔型社区高，仅有 27 人，占比 31.0%，而资源分隔型社区占比 45.6%；其次是高中学历的，有 26 人，占比 29.9%，这一比例高出资源分隔型社区 11.8 个百分点，但是资源分隔型社区占第二位的是大学及以上学历的，而资源贯通型社区大学以上学历的仅为 13.8%，比资源分隔型少了 8.7 个百分点。整体上看，资源贯通型社区调查对象的受教育状况是高于资源内聚型的，但是与资源分隔型社区相比略差。

5. 职业情况

资源贯通型社区居民对自己身份的认知已经发生了明显的变化，其一是农民身份认知明显降低，由资源内聚型的超过 50.1% 的人认为自己是农民，到资源贯通型的 12.6% 的人认为自己是农民；务工加务农的比重也明显降低了，资源内聚型是 24.4%，资源分隔型是 15.4%，资源贯通型是 10.3%；资源贯通型社区中占比最高的是其他，占到 43.7%，这一比例在其两种类型中分别是 10.0%、25.3%。在调查中，笔者得知，在资源贯通型的两个社区中，村民已经完全转化为居民了，他们已经完全没有土地了，这一点与前两种类型不同，前两种类型中，社区是有部分土地的，而这种类型中，社区居民是完全没有土地的人。但是他们仍然有人认为自己是农民，这应该是一个认知上的转化问题。但是从三种类型的发展趋势看，从资源内聚型到资源分隔型，再到资源贯通型逐步表现出农民身份认知的弱化，务农兼务工的比重降低，而其他职业的比重上升的趋势。

6. 最主要收入来源

共有 87 份问卷对此问题进行了回答，最高收入项选择比最高的是"单位工资收入"，有 57 人选择此项，占比 65.5%；虽然资源分隔型的社区占比最高的也是"单位工资收入"，但是其占比为 43.4%，比资源贯通型社区低 22.1 个百分点，同时，资源贯通型社区中"房租、地租收入"为最高收入项的比例也明显提高，主要是 A 社区的比重已经为 26.2%，这个比重超过资源分隔型社区中"房租、地租收入"占比最高的 H 社区 12.3 个百分点。同时，在资源贯通型社区中"外出打工"选项也明显降低，仅为 17.3%，而此一选项在资源内聚型社区中为 46.2%，居第一位，在资源分隔型社区中为35.7%，居第二位。可见，资源贯通型社区居民的收入比其他两种社区的居民更加稳定。

7. 个人年收入

在资源贯通型社区87份问卷调查对象中，有28位选择了个人年收入"3万—5万元"，占比32.2%，占比最高；其次为"5万元以上""1万—3万元"两个选项，皆为21人，占比24.1%；最低为"1万元以下"，占比19.1%。3万元以下的比重和为43.2%，而这一比重在资源内聚型、资源分隔型社区中分别是78.6%、63.2%，可见资源贯通型社区居民的收入已经明显好于其他两类社区，且低收入群体的比例也明显降低。

8. 调查对象年龄

在资源贯通型的两个社区87名调查对象中，占比最高的是"46—55岁"，比重为28.7%，最低的是"18—25岁"，比重为2.3%；"36—45岁""66岁以上"的比例分别是11.5%、12.7%。从上述比例看，此次调查的年龄结构与总人口比较没有出现较大的偏差，主要的问题还是年龄在"18—25岁"的调查对象较少，这一点与其他两种类型的情况相似。

综合上述数据，可以发现资源贯通型社区的居民在工作类型、收入数量上明显好于其他两种类型的社区，虽然被调查对象的受教育程度并未优于资源分隔型社区，但是比资源内聚型社区为好。

二　社区资源的重组：拆迁政策下的资源再分配

与前两章相似，本部分主要是对拆迁安置政策下，土地、房产资源在拆迁安置下的再分配情况进行分析，同时，由于资源贯通型社区中的A社区的房屋安置情况与资源分隔型社区中浙江Z社区的情况相似，在此将简化对A社区房产拆迁安置的政策说明。而L社区与上一类型中的H社区虽然有一定的相似性，但是具体细节上仍有一定差异，这里也将对这些差异性进行说明。总体上看，在拆迁安置政策上，资源贯通型社区与同一地区的资源分隔型社区有较多的相似性，此处将不再累述。

（一）江苏省苏州市L社区的拆迁安置补偿

L社区的拆迁是随着苏州市城市发展的逐步铺开而展开的，社区周边在2000年前后就已经开始了规模较大的拆迁，但是直到2005年L社区的拆迁才被提上议事日程。L社区是2004年合并两个行政村而成立的社区，内部包括了 6 个自然村，自然村之间有一定的距离，在拆迁过程中出现了部分自然村在拆迁而另一部分自然村不动的情况，因此，整个社区自 2005 年至 2013 年的八年时间里都处在拆迁的过程中，近年来，拆迁项目渐次收尾，但是，到课题组调查时，仍有部分拆迁户未完成拆迁，而作为安置地的 L 社区新址也仍有部分安置房处于建设过程中，少数居民仍然在过渡房中。

> 从 2000 年开始，一直到 2004 年，那个时候基本上是好多村，都是 BN 镇的，都是迁出来，都是在那个时候。那个时候还比较好动，居民的意识啊，还是比较服从的。到 2005 年，到尾声了，就难办一点了。我们就是在 2005 年开始的，我们这个地方，镇的边上，接近居民跟农民那个交界的地方，原来在城市就是叫郊区，我们也在镇的边上，这些人好像懂的比乡下动迁户多一点，包括政策啊什么，有一些福利上面的要求啊，要的房子要多一点。后来这个就是动迁为什么难一点了呢？是房子看上去，价格越来越贵了，老百姓动迁的，最好要多一点房子，价格要多。2005 年开始直到 2013 年进入尾声，这个时间段都是陆陆续续的在搞动迁。动迁不是一次的啊，这个地方一块，那个地方一块，不是一次完成的。（L 社区原 DT 村主任）

从访谈中可以看到，后期城乡接合部的拆迁之所以能够获得更多的资源，一是因为原来的拆迁给了他们间接性提示，二是因为居民的受教育水平、日常生活见闻等增加了他们的谈判能力。当然其中也不能排除所处地块的地理位置带来的未来交换的回报率等问题。

苏州市工业园区的拆迁补偿是按照市房产管理部门颁布的房屋拆迁评估管理规定、房屋拆迁评估技术规范执行的。

1. 拆迁补偿的具体方法

按照当时苏州市颁布的《房屋拆迁评估技术规范》，所谓的市场比较法，就是将需评估的拆迁房与在评估时点近期交易已成交的类似房地产进行比较，根据技术规范对交易实例的已知价格做适当修正，测算出拆迁房屋的客观合理价格的方法。

选取的可比实例应符合下列要求：

（1）与评估对象所处的拆迁区位或道路等级相同或接近；

（2）与评估对象相类似，包括用途、体量、层次、建筑结构相同或类似等；

（3）交易价格为正常交易价格或可修正为正常交易的价格；

（4）成交日期与评估时点接近，不宜超过1年，通常应选择6个月以内成交的实例；

（5）应当选取3个以上的可比实例；

（6）选取的可比实例成交的最大单价与最小单价之间的差异一般不超过20%。

在建立价格可比基础上，对可比实例价格进行交易情况、交易日期、区域、个别因素修正。

如此，按照市场评估法评估对象的评估价格可以确定如下：

评估对象的评估价格 = 可比实例价格 ± 交易情况修正 ± 交易日期修正 ± 区域因素修正 ± 个别因素修正

《技术规范》对各类修正做了更加细致的规定，几乎对可能影响房价的各类因素都做了列举式规定，既包括了前两种社区类型中拆迁补偿所指向的房屋构造成本、成新率、装修程度等，又包括了周边环境指数、房屋聚集情况、小区物业建设情况等独特性要素。评估的复杂性已经远远不是原来的村里自己就能办的，因此，需要借助专业的评估公司进行评估。

可比实例难以收集时，可采用成本法评估。成本法采用房屋重置价加区位价的评估方式。即根据政府及有关部门定期公布的房屋基本重置价及区位基准价，通过调整、计算评估值。

房屋重置价 = ［基本重置单价 × （1 + 层高增减率）］ ×
成新率 × 建筑面积

区位价 = 评估对象所处区位的区位基准价 ×
（1 ± 区位修正系数） × 建筑面积

当土地使用面积大于房屋建筑面积时，大于房屋建筑面积部分的土地，按照区位基准价评估。修正后的区位价一般不超过区位基准价的20%。

商业用房需另加进深及层次调节，公式为：

$$商业用房区位价 = \sum \big[估价对象所处区位的区位基准价 \times (1 +$$
$$区位修正系数) \times 进深调节系数 \times$$
$$层次调节系数 \times 建筑面积 \big]$$

其中进深调节主要涉及是否沿街，而层次调节主要涉及楼层的问题。

综上，评估对象的评估价格 = 房屋重置价格 + 区位价格

由于拆迁过程中涉及的户数较多，且原来的自建房皆是村居时代因新农村建设而统一规划的房屋，按照成本法评估的情况较多。

2. 安置的基本情况

虽然 L 社区在拆迁前已经完成社区合并，并按照城市居委会建制进行了社区管理的改制，但是在拆迁安置的政策确认上，仍然是按照当时农村集体土地住户的方式进行的安置，即主要依据人口，结合原住房面积进行。

> 一直到农村动迁，一直到 2009 年以前，基本上是一致的，2009 年，最后一批，我刚才说的 2009 年 TD 啊，我们 ZQ 有一部分动迁的，有一点出入，因为原来每一户我们动迁拿房，动迁按人口拿的，你一家有三口人，拿多少房子，四口人拿多少房子，后来 2009 年那一批，也是按人口拿，但是拿的面积上，原来我们每一个人在 32 到 33 平方米。2009 年那一批明确了，40 平方米一个人，就是三个人 120 平，那个时候一套房子还可以买 40 个平方米，你三个人，120，可以再买 40 个平方米，那个价格是，那个时候是 4800 元，可以买。其他的反正是按政策，按动迁的政策交换的，你买的 4800 元，就是 160 平方米，三个人可以 160 平方米当时有好多家拿三套房，看你多少人。刚才我说了，还有一个，后来一批，最后一批 2009 年一批，还有一个照顾一个独生子女的政策，就是你本来三个人，你是独生子女的，你可以拿到四个人的面积，是独生子女的话，我自己就可以拿 80 平方米，那个政策以前没有的，都是新出的政策，就是增援动迁……其他的反正是按政策，按动迁的政策交换的，按政策便宜一些。(L 社区原 DT 村主任)

根据课题组的调查，L 社区 38 户被调查对象中，安置当初只有一套房子的，占比 15.8%，有两套房子的占比 34.2%，有三套房子的占比 42.1%，有四套房子的占比 7.9%。确实如访谈反馈的信息一般，社区中

有三套房子的人占比最大。而有两套以上房子的人占到80%以上。这种情况与资源内聚型社区形成了鲜明的对照，资源内聚型社区中，初次安置的房屋套数占比最高的是一套房，占比81.6%，两套房的占比为12.2%，三套的仅为2.2%。且这些住房都是没有大产权的所谓"小产权房"，在市场上是无法交易的，如此，一套房子，过上几年增值的空间非常有限，如果社区居民发生身份转移或者外迁，小区房产流动受到的各种限制就会更加明显，且资产增值几乎可以忽略不计。而L社区则不同，所有的安置房都是大产权的，可以在市场正常交易。

（咱这房子可以自由买卖吧?）可以呀，我们这有产权，是大产权房。（L社区物业管理委员会主任曹先生）

现在我们这里的房子要2万多块近3万一平方米的，房子从去年开始疯长了一阵子，上涨了30%—40%，园区的房子涨得特别明显，我想应该说是土地越来越少了。现在用公积金买房的比较多，还有那些现在在园区上班的也用公积金买房，公积金在那里不用嘛也可惜，不知道以后政策会怎么样。还有一个呢就是攀比，怎么攀比呢，好多人家都是这样的，他们把这个动迁房一套小型的40平方米的，或者60平方米的卖掉，再到外边去买大房子，贷个20年30年的款。这样交易多了么，房价就上去了。（L社区党支部书记金先生）

在这里，我们真正看到了"一拆而富"的景象，这种景象在资源内聚型社区中是看不到的。而且，这种"暴富"带有群体性的特征，即本地人，甚至应该说是"原生性的本地人"在这样的拆迁中群体性地获得了资产的急剧增加。

同时，L社区安置房的户型也非常多元，有40平方米、60平方米、80平方米，直到160平方米，在这种情况下，老人就不必像其他类型的安置房那样必须与子女生活在一起，因为按照每人40平方米的政策规定，1个人也是可以得到安置的，一室一厅一卫的房子足够了。而这40平方米的房子是按照安置政策进行购的。在L社区中，居住了数量不少的只有40或60平方米的小房子的与子女分开居住的老人，他们能与老邻居在一起，一方面享受城市发展的成果，另一方面也享受乡村熟识的人情网络，比其他类型的社区中，那些住在车库的老人不知幸福了多少，真是令人感叹！

（二）浙江杭州 A 社区的拆迁安置

A 社区与 L 社区一样，也是在城市发展的过程中逐步被纳入城市区域的，发展的动力更根本的是城市化、市场化的发展。

> XA 村，老的 XA 村也不大呀，原来是有五个组，早年的时候土地多嘛，现在的土地都征用光了，早的时候差不多有一千多亩土地吧，土地是分开的嘛，东一块西一块的嘛，土地不是整块给你的，是东一块西一块给你的。大批的是从 2003 年，后面四组五组拆的晚一点，大概是 2006 年全部拆光了，那这个地也不是一下子征用的，开发商这块地看上了先吃掉这块地，后面这块地他还没有看上，这个他是有一定的规划的。（A 社区助理会计）

> 因为我们比较靠近主城区么，当时我们开始征地拆迁，那我们整个村经历了二十六个项目的征地、包括拆迁，就是从 1999 年开始我们一直到 2006 年的时候，我们就整个村经历了二十六个项目的拆迁。（A 社区支部书记张先生）

虽然社区的拆迁是分批进行的，但是 A 社区并未像 L 社区那样将居民分散安置，而是在原村耕地上进行分块的集中安置。于是原村的五个小组就以第一、第二小组为一块形成为北区，而以第三、四、五小组为一块形成了南区。由于课题组进入调查现场的能力有限，没有拿到社区当时拆迁安置的文件，只能从访谈的资料中整理当时的情况。与资源分隔型社区拆迁过程相似，A 社区的拆迁也是街道委托拆迁公司进行的。

> （咱们拆旧房子的时候衡量的标准是怎么样的？）"这个他们是有那个拆迁公司的，拆迁公司他们有很详细的明细的，这个瓷砖是多少钱一块，这个灯是多少钱一个，你这个总房多少平方米，多少钱一平方米，拆迁公司就是一个评估公司，私人性质的。是政府雇用他去测量、评估，这不是要给钱的嘛。我们这边是政府出钱，拆迁公司评估

好了，多少钱，多少平方米，把这个赔偿资金报给街道，然后街道到区里面申请下来之后，然后这个钱也是打到拆迁公司的，拆迁公司再给我们社区的，它相当于一个中介。"（那如何来监督拆迁公司呢，拆迁的补偿是多少，实际发放是多少？）"这个是由街道来监督的，街道里面有一个专门监管中心叫拆迁办的。"（A社区助理会计）

从调查中课题组了解到，拆迁公司并不一定是大型的公司，也可能是小型的服务性公司。而拆迁公司所凭据的评估标准也是有政策依据的。只是这个政策依据，到我们调查的时候，社区却是没有留存的，就跟 Z 社区给的说法一致，这个依据社区是没有的，只能跟街道去要，这一点与我们在山东的调查有很大区别，在资源内聚型的调查中，社区中是有拆迁的具体文件约定的，每户甚至还有一个叫作"明白纸"的说明材料，甚至资源分隔型社区中的 M 社区还有拆迁原件。但是在江浙的调查中，我们却经常面临各种"保护性"说辞。那么，A 社区的拆迁补偿是否能够满足居民再建房的成本呢？

（咱南北这两片拆迁的时间不一样，它标准应该不一样吧？）不一样的，我家是 2003 年拆迁的，那个时候我们家是三间二楼，三间两层的呀，两层楼的我们是，这个我们当时赔的时候我家是赔了三十二万元，按照当时的价格差不多的。那个时候造一栋房子也就十五六万元吧。然后 2008 年的时候我们这个房子可以达到五六十万元。但是整体上说咱赔的这一些对于你再盖房子，应该是能盖起来的，然后做个一般的装修。（A 社区支部书记张先生）

在土地资源日渐紧张的情况下，A 社区当时是按照宅基置换的方式按照相关规定进行的安置。与资源分隔型社区中 Z 社区的安置情况非常相似，以户为单位，照顾到家庭中成年男子的数量，女儿则不行。这一点在北方资源内聚型社区安置的政策中也可以看到相关的规定。

基本上是统一的格式，给你一个标准，统一标准呢让你去建，不是政府来建的（咱们拆迁的时候新的宅基地跟原来的面积是一样的吗？）不一样，这个是不管你一家是一个人也好，十个人也好，只能分给你这么多平方米，只能是一户一套。但是，当时我们是一家两个兄弟的可以分两套房子，小孩子就不算数了，基本上满十八周岁了，成年了，这个我们才允许他建两套房子，因此，就是必须有一家得和父母生活在一栋房子里了，如果一家有两个女儿，这个没有，按照国家法律的话，女儿跟儿子是一样的，但是乡下人的观念还是不一样的。（A 社区助理会计）

在拆迁与安置的政策上，特别是在安置的政策上，资源贯通型社区表现出了向居民倾向的最强音符。特别是 L 社区，表现得更加明显。但是，不管地方政府的财力是强是弱，在传统的男女有别的认知格局下，无论哪种安置方式都在"男女平等"这一认识的天平上明显地倾向了男性。即便是在计划生育政策已经公开宣传了近 40 年的"生男生女都一样""女儿也是传家人"的情况下，真的到了"真刀真枪"的落实政策时，拆迁的政策还是默认了"传统的力量"。到底是"传统的价值回归了魅力"还是"符合传统的更有利于拆迁"，笔者也着实弄不清楚。

（三）集体资源的被整合：两种不同的对待

作为资源贯通型的两个代表性社区，L、A 社区共同的特点是政府资源高强度地向社区注入，包括了经济性资源、物业服务性资源及组织性资源。在社区运行的关键性领域，可以说政府实现了全方位的涉入。但是这并不是说两个社区是没有差异性，在资源的循环链条中，两社区存在一些明显的差异。

1. 土地及配套资源的再整合——A 社区的股份制及其他

A 社区作为一个在建制上、资源投入上基本实现城市化的社区，仍然保有部分的集体土地，这一点与 L 社区不同，而与同在一市的资源分隔型社区 Z 社区有部分的相似之处。看来，在一市之内，政策的相似性还是比较大的，即便是在集体经济的收益支配方式上可以产生明显的差异。在课题组调查的浙江省三类社区中，都成立了以社区命名的合作社，有的合作社只是徒具其名，而无实质性集体资产，而有的合作社则在其转化为城市社区之后依然保持着其原有的经济管理职能。A 社区就是其一。这一点与苏州的情况有明显差异。

比较三类社区可以发现，在资源内聚型社区中，集体资产往往以集体土地的方式存在，间或有商业性、服务性集体产业，土地的经营仍然依托于第一产业，以土地流转的方式实现产业的规模化，并使大部分人从农业中脱离出来；资源分隔型社区的土地资源明显变少，在这种情况下，土地的使用价值不再依托于第一产业，而是向第二、第三产业转移，此时土地的出租或者是由社区经营的，如 M 社区和 Z 社区，或者是交付政府委托经营的，社区只是拿红利，如 Z、H；而在 A 社区中，土地资源的价值主要是向第三专业转移，社区合作社成为招商引资的一方，同时也以土地作为固定资产的投资。

> 出租的那些也不是，在小区里面，这块是沿街的哈，还有后面那块是沿街的，现在有的就是小区里面造了一排，做了商铺用了。这种商用的出租的咱们大约有……路边有 29 间，那边是有 2000 多个平方吧，加起来 3000 多个平方吧，租金收入每年四五十万元吧，因为我们很多房子都是跟别人合资的，主要还是他们拿大头，我们主要是投入一点地，房子还是主要是他们造的，就是说我们拿一些固定资产回报。（A 社区助理会计）

不仅社区已建成的商铺是合作完成的，社区规划中的集体土地建设也是采用合作的方式。

> 这个不是农贸市场，这个是一幢大楼，你看看这个地图，这边是个大楼，综合性的大楼，商业性质的，这里是以酒店为主，然后底下这有五层，五层呢就是以商业为主，然后这一边其实都是这种单栋公寓，就相当于那种购物广场，现在说今年就要开工的。（这钱是咱社区投的？）"我们找了个合作单位，跟另外一个合作单位一起搞的，我们自己也没这么多钱啊，我算了算，如果四千块钱一平方米的话，它是六万八千多元一平方米啊，要将近三个亿的，是不是啊，我哪有这么多钱啊。（那你们算是投了大约百分之多少？）"我们算百分之三十左右吧。集体经济啊，我们都有个集体经济的，所以说集体经济还是很适合和私营合作的。"（A 社区党支部书记张先生）

但是毕竟 A 社区不是一个自然村建设而成的,而是由 5 个自然村建设而成,土地的分散性和各组合并时集体资产的差异性还是存在,那么,A 社区是如何解决这种内部差异的呢?

> 从 2007 年开始我们就搞了一个东西——股份制量化,把我村里面所有的固定资产,包括流动的资产,全部量化,量化成股份,固定了,不管你几个村合并,我这个资产永远在我这个本子上面。哪怕你村集体,打个比方,我们五个村合并,但是我今年我们这个村,我一年总收入一千万元,那我就是根据你们五个村的股份来分的,我是占百分之二十五的,那我在一千万里面我占到百分之二十五。你是百分之三十的,那你就占到百分之三十。你是百分之十八的,你就占到百分之十八。把这个总资金按照这个股权分布到五个村,然后再根据这五个村的股权,匀给你,每个村都不一样的,因为在这个合并之前这个事情就已经做好了。(A 社区党支部书记张先生)

因此,在 A 社区的合并完成后,虽然大家的资产都放在一起经营了,但是在放在一起之前都已经进行了核算,哪个自然村放到"篮子"里多少,都要统计核算,计算出一定的比例,将来社区分红是按照这个比例分红的。这种集体资产的处理方式虽然不是 A 社区的创新,但是正如其居民所言,A 社区是杭州市较早使用这种拆迁安置及资产处理的社区,积累的经验也是非常重要的。

其实,在社区合并的过程中,各地皆会遇到原来的集体财产数量不一致的问题,应该说不一致是正常的,完全一致反而是特例,在这种情况下,采用合并前计算好各自股权比值,而后合并的方式是较为合理,这种方式一方面体现了对村居时代原住民集体劳动的尊重,另一方面也能避免引发局部的社会矛盾,降低社会治理的成本。

另外一个不能解决的问题则是动迁产生的巨大拆迁补偿费用的具体给付问题,在调查中,课题组遇到一个两难的现实问题,一方面政府动迁需要拆除原来的居民住房,同时给予旧房评估价,而这个评估价在部分区域的总额是非常高的,在课题组随机走访的 DH 街道某社区,其公示栏显示其银行存款有 1.5 亿元,一个不到 2000 村民的社区,存款达到 1.5 亿元,还是让课题组的成员们感到有些吃惊的，于是询问周边的人是否了解，他们说这些钱并不是社区的钱，社区其实是没钱的。但是社区的账上为什么有这么多钱呢？

> 大概百分之五十是打到他们账上（动迁居民个人账户）的，还有百分之五十在村委那个手里的，给他们以后，因为赌的人很多，这批人他们都赌掉的赌掉，放高利贷的放高贷、拿不到的拿不到。就会有人寻死觅活的，已经有先例了，房子拆迁拆掉，钱都打给老百姓，老百姓么他们去赌掉，到后来大家造房子了，他们钱拿不出来了，要死要活的，没办法的，没地方住么自己租房子住，房子都造不起来。（DH街道随机居民访谈）

但是钱在社区账上也不能保证这些钱不被挪用。就是这个有1.5亿元银行存款的社区，在课题组调查期间了解到，社区组织因为贪污，有4名工作人员被判刑。如此情况也令人唏嘘。就社区的公共财务管理制度而言，从20世纪末开始，乡村治理中就开始了"村财镇管"的实践，虽然各类评说莫衷一是。但是这一制度却一直延续了下来，总体上说，从课题组调查的反馈看，居民还是比较认可这一制度的，甚至两委成员也表示这一制度具有明显的优越性，认为这一制度能更好地约束基层组织的随意性。但是，即便是有这一制度的层层约束，发生于社区中的贪腐行为仍然屡禁不绝。"村财镇管"的制度加上"村务监督委员会"的参与亦不能完全解决基层社区贪腐的问题，以笔者的认知看，其根源还在于"显性制度"与"隐性文化"之间的对接并不完全契合。"村财镇管"看起来条目清晰，各层的监督程序也很完善，但是是否监督到位却很难通过程序窥见实际。而到位的问题却牵涉太多集体认知与集体认同的价值体系是否与显性制度相一致的问题。

2. 集体经济的退化——L社区的平均化及福利倾向

今天的L社区已经成为一个多村共处的动迁小区，间或有一些零散的购房人入住。但是社区联合委员会的大多数成员还是原来L社区合并之前ZQ、DT的两委成员。在社区集体财产的问题上，L社区与A社区的处理方式非常不同。A社区是在五村合并之前就以股份占比的方式解决了各村集体财产不同，而合并后财产混合经营的问题，L 社区则是采用了不管有何差异，合并了平等共享的方式。

> 这是我们原来拆迁的地方，一个村庄，85 亩地。现在是拆掉了，盖成了商品房。我们村光是村庄就 85 亩，土地是不多的，好像是700—800 亩，人均土地 1 亩。我们 DT 村不大的，一共 700 多人，我们是个小村，你看过我们的照片的，房子都是分散居住的……我们就是 DT 村跟 ZQ 村的集体财产都合并在一起了。政府给我们合在一起了，有清算啊。假如说，DT 村 2000 万元、3000 万元，ZQ 村 1000 万元、2000 万元，都合并在一起了，包括土地，宅基地，厂房，应该说呢厂房是贵的，但是我们都是平均算的。DT 村有多少，ZQ 有多少，一亩地多少钱，把它全部合并起来，放在一起就是我们的集体资产。但是每个村情况不一样，比如我们 DT 村的要多啊，但是我们是平均的。为什么我们平均是每人 80000 块，我们是每个人都是统一的，每个人都一样的。(L 社区原 DT 村副书记金先生)

> 土地那个时候给我们村里面，但是这个钱，园区转用的土地，转用的费，给镇里面，一直到后来投到 DJ 公司去，全部把那个拆掉的厂房的钱，土地的钱，投入 JD 公益房，都是租的厂房，造了几十栋厂房，现在他出租了，农民现在就是 JD 公益房的收入入股，每一个农民现在每年分得六七百块钱。这个 JD 公司是政府的。实际上就是一个股份合作社。那个时候好像是 2006 年还是 2005 年那个时候，成立的时候，以当时的在册的户口，你户口在这个地方的，这个人一股。原来有土地，后来户口迁出去了，那个时候都找依据的，像我儿子，我儿媳妇，读书出去了，户口当时提出去了，读书的时候，就是半股，一半。整个街道都是一样的，这几年基本上都是 600 块。(L 社区 ZQ 村原村主任)

从原村两委主要负责人的访谈信息以及村记账员的说法看，苏州市新区 XT 街道在拆迁上的确是采用了以个人为基础的平均主义分配方案，这一方案对于那些原来的积累比较多的 DT 村来说多少是不公平的，而对于那些原村积累不多的村来说则是一种福利待遇。这种分配方式可能在更大的面上有利于社会的稳定，但是却也极容易引起局部的社会矛盾。

> 大家肯定是有意见的啊，当时拆迁的时候是上访……上访，很多次啊。他们就是说啊，我们有这么多的资产却没有分给我们，我们跟人家少的一样了，我们多的集体资产也跟这些少一样的分，老百姓就说了，我们DT村多出来那么多钱，但是我们现在却一分都没有拿到，当时我们都是手指头上一点点的做出来的，这些集体资产的东西却一分都没有拿到。年底的时候大家就提到嘛，我们是有集体股的，我们是有钱的，但是这个钱是社区的，我们拿不到的。（L社区党支部书记金先生）

从社区公开的账目看，L社区的账上有5000万元的固定资产，但是记账员却告诉我们这个钱是没有的。

> 这个账上有但不好去弄的，这个资产，长期资产，固定资产，像这个固定资产就是原来的数字不会去变动的，就是两村合并的时候，这个长期投资的钱，这一部分。长期投资，原来在L社区账上的一直滚下来的，他们又不会变，也不好去弄掉。是原来从DT过来的。（这笔钱原来是什么费用？）这是原来厂房啊什么，投资。集体资产都在里边的，原来的就是那，现在账也不好弄的，就是一直滚下去的。改掉了，不可以的。那个账其实是死账，就没有再发生什么，那个资产已经没有了，不再发生了，都没有的，没有这笔钱的就是。（L社区记账员）

原DT村的这个账笔者一直也没有弄明白，访谈的对象对此也不愿多说。如此，L社区的居民只要是动迁的原住民，有户口就都平等地享有街道统一的股份。从基层政府的支出看，资源贯通型社区的居民显然在拆迁过程中获得了更高程度的政府关怀。

> （我们社区有发给本社区居民的福利么？）现在老百姓生活变得都是政府一块了，现在街道上反正都是统一了。没有另外的钱去发给老百姓了，我们社区发了，其他社区他们也要发，要发一起发的，现在

都是统一的。（现在园区里整个统一的发放标准是多少？）园区保养人员，像55岁，女的55岁以上是880元，到80岁以上还要增加50块，就是930元。超过90岁的还要增加，超于90岁应该增加100块还是150块。（那这个保养人员是什么意思？）当时动迁的时候，就是年龄超过35岁，当时动迁的时候，不是到现在。男的应该是40岁，女的35岁，这一部分人就属于保养人员。另外还有待业人员，待业人员现在就是200块每月，待业人员就是动迁当时是35岁以下，当时18岁到35岁，女的，男的是到40岁。也就是把所有的群体、未成年的剔除的话，所有的人员就分两个层次保养人员，还有待业人员。他这个费用就一直发着。但是如果你买了公积金了这个就有一些变化。（L社区记账员）

虽然在L社区的调查让人感觉到部分资源处理的方式存在一些不甚明了的问题，但是从基层政府的后续处理看，基层政府在拆迁安置的各个环节上是做了较为充分的制度准备的，被动迁的居民相对于其他区域的居民而言获得了更多的动迁福利。而这种制度性的照顾更使得绝大多数的居民能从动迁中获得更多的资源。

第二节　社区治理的现实效果及居民满意状态

在资源贯通型社区变迁过程中，政府的推动与城市化的发展皆对社区的治理结构和治理效果产生了明显的影响，从课题组调查的情况看，在资源贯通型社区建设的过程中，政府对社区发展的规划、对居民因拆迁而面临的新问题的制度性应对都较其他两类社区更为细致和全面，它们在建设的整个过程中更加明显地表现出城市性的特点。在上述情况下，社区治理的效果到底如何？居民是否满意当下的社区治理状态？

一　社区治理的现实效果

（一）社区公共基础设施

本题为多项选择题，如表6-1所示，有87人作出有效回答，从居民个体的角度看，与前两种社区的情况比较相似，居民能够使用的公共设施中，垃圾桶、路灯、室外健身器材的使用率较高，但是，与资源分隔型社

表6－1

社区 ID 能使用的公共设施交叉列表

<table>
<tr><td rowspan="2" colspan="2"></td><td colspan="11">公共设施[a]</td></tr>
<tr><td>室内运动场地及器材</td><td>室外健身器材</td><td>球场</td><td>图书、读报室</td><td>垃圾桶</td><td>儿童专有活动场地</td><td>老人专有活动场地</td><td>路灯</td><td>凉亭</td><td>其他</td><td>总计</td></tr>
<tr><td rowspan="2">L</td><td>计数</td><td>2</td><td>30</td><td>0</td><td>1</td><td>22</td><td>8</td><td>22</td><td>25</td><td>17</td><td>3</td><td>45</td></tr>
<tr><td>社区 ID 内的百分比</td><td>4.4</td><td>66.7</td><td>0.0</td><td>2.2</td><td>48.9</td><td>17.8</td><td>48.9</td><td>55.6</td><td>37.8</td><td>6.6</td><td></td></tr>
<tr><td rowspan="2">A</td><td>计数</td><td>10</td><td>39</td><td>33</td><td>20</td><td>32</td><td>22</td><td>33</td><td>37</td><td>20</td><td>8</td><td>42</td></tr>
<tr><td>社区 ID 内的百分比</td><td>23.8</td><td>92.9</td><td>78.6</td><td>47.6</td><td>76.2</td><td>52.4</td><td>78.6</td><td>88.1</td><td>47.6</td><td>19.0</td><td></td></tr>
<tr><td colspan="2">总计　计数</td><td>12</td><td>69</td><td>33</td><td>21</td><td>54</td><td>30</td><td>55</td><td>62</td><td>37</td><td>11</td><td>87</td></tr>
</table>

注：百分比及总计是以应答者为基础；a 表示在值 1 处表格化的二分法群组。

区相比,资源贯通型的 L 社区在"垃圾桶""路灯"两项上尚不及资源分隔型社区的情况,同时,资源贯通型社区在"室内运动场地及器材""球场""凉亭"等设施上并没有明显优势。有一定优势的是儿童活动场地在资源贯通型社区中略有提升。可见在硬件设施建设上,三类社区的差异并不是特别明显,尤其是 L 社区,作为政府投入最为突出的社区,在硬件建设上没有特别优势。在课题组调查的过程中,L 社区的访谈对象曾提及他们正在建设一部分公建房,或许这些公建房会解决社区内部分公共设施供给不足的问题。同时,需要注意的是,三类社区中,老人活动场地的存在及使用概率皆高于儿童的活动场地配备情况,这种差异的出现原因,主要在于政策导向与居民意愿表达能力的差异以及不同年龄阶段的人在社区中的活动时间不同而致。

(二)社区公共卫生

如表 6 - 2 所示,社区居民能够感受到的社区公共卫生情况中,L、A 两社区的情况显然并未比其他两类社区的治理状态为好,在资源内聚型社区中,"没有以上各项内容,小区卫生良好"比值最低的是 D 社区(56.1%),在资源分隔型社区中,最低为 H 社区(55.6%),而在本种类型,L 社区中"没有以上各项内容,小区卫生良好"比例为 17.8%,A 社区的情况略好,也只有 59.3%。可以说,在物业管理环节,资源贯通型社区在此项调查中呈现的状态明显劣于其他社区。

(三)社区公共安全

如表 6 - 3 所示,87 份居民的问卷数据显示出居民感受到的社区内没有偷盗事件的比例最高,为 33.3%,但是这一比例相对其他两种类型的社区而言却是最低的,在这一项上,资源内聚型社区为 39.2%,资源分隔型社区最高为 58.8%;同时,对社区内偷盗事件表示"不知道"的比例,资源贯通型社区是最高的,为 24.1%,这一比例在资源内聚型社区中为 9.7%,在资源分隔型社区中为 22.0%。可见资源贯通型社区中居民之间的沟通交流及对社区的关心程度而言,资源贯通型社区是相对较低的。从表格反馈的信息看,资源贯通型社区的内部治安与其他两种社区相比而言处于劣势,当然这种劣势也不尽然是物业服务的问题,与社区所处的地理位置,社区内人员的异质性程度等都有关系。但是从 L、A 两社区的对比看,L 社区的情况还不如 A 社区,打破原来的社区社会网络,重组的新社区在内部监督上产生了新的困境,这一点应引起实践界的关注。

表6-2

社区 ID 不良公共卫生交叉列表

		社区内不良公共卫生现象[a]							总计
		地上经常有乱飞的纸屑	垃圾房的垃圾收集不及时	小区里有居民丢弃的水果皮	污水清理不及时	居民把垃圾堆在楼下（弄堂里）而不放入垃圾箱	没有以上各项内容，小区卫生良好	其他	
社区 ID	L 计数	24	4	1	1	28	8	0	45
	L 社区 ID 内的百分比	53.3	8.9	2.2	2.2	62.2	17.8	0.0	
	A 计数	1	3	8	4	2	25	0	42
	A 社区 ID 内的百分比	2.4	7.1	19.0	9.5	4.8	59.3	0.0	
总计	计数	25	7	9	5	30	33	0	87

注：百分比及总计是以应答者为基础；a 表示在值 1 处表格化的二分法群组。

表 6 - 3   **社区 ID 偷盗事件数量交叉列表**

			偷盗事件数量						总计
			没有 发生过	5 件 以下	5— 10 件	10 件 以上	非常多 记不清楚	不知道	
社区 ID	L	计数	0	6	6	3	9	21	45
		社区 ID 内的百分比	0.0	13.3	13.3	6.7	20.0	46.7	100.0
	A	计数	29	11	0	2	0	0	42
		社区 ID 内的百分比	69.0	26.2	0.0	4.8	0.0	0.0	100.0
总计		计数	29	17	6	5	9	21	87
		社区 ID 内的百分比	33.3	19.6	6.9	5.8	10.3	24.1	100

从表 6 - 4 的反馈看，L 社区与 A 社区的差异更加明显，A 社区居民
100% 认为，晚上在社区散步非常安全，而 L 社区则仅有 73.3% 的居民认
为晚上在社区散步会非常安全，同时，有 20% 的 L 社区调查对象认为需要
有一两个伴才安全。这种状况在课题组调查的所有社区中也是居于后三位
的状态。

表 6 - 4   **社区 ID 天黑后在社区里散步安全交叉列表**

			天黑后在社区里散步安全			总计
			非常安全	需要一两个 伴才会安全	说不好	
社区 ID	L	计数	33	9	3	45
		社区 ID 内的百分比	73.3	20.0	6.7	100.0
	A	计数	42	0	0	42
		社区 ID 内的百分比	100.0	0.0	0.0	100.0
总计		计数	75	9	3	87
		社区 ID 内的百分比	86.2	10.4	3.5	100

从表 6 - 5 的反馈的信息看，L、A 两个社区的内部巡逻情况与治安效
果并不一致，L 社区巡逻更频繁，而治安却不如 A 社区。同时，社区内巡

逻的情况与资源分隔型社区的情况非常相似，在经常看到巡逻的比例上略低于资源分隔型社区而明显优于资源内聚型社区。这些数据说明，社区内巡逻服务是相对较好的，这一现象再次说明了，影响社区治安效果的复杂性。但是综合三种类型的情况，或许可以推测，社区原有的熟人关系网络在社区重建中还是发挥着一定作用的，如果社区原住民较为完整地迁入新的社区，内部熟识程度较高，有利于社区安全系数的提高。

表 6 - 5　　　　　　社区 ID 看到为社区安全而巡逻的人员交叉列表

			看到为社区安全而巡逻的人员			总计
			没有安排巡逻人员	有巡逻人员，偶尔看到	经常会看到	
社区ID	L	计数	0	12	33	45
		社区 ID 内的百分比	0.0	26.7	73.3	100.0
	A	计数	0	14	28	42
		社区 ID 内的百分比	0.0	33.3	66.7	100.0
总计		计数	0	26	61	87
		社区 ID 内的百分比	0.0	29.9	70.1	100

　　另外 L、A 两社区的内部空间结构仍然存在一定的差异，简·雅各布斯在其《美国大城市的死与生》一书中强调，街道之上，临街商铺的"城市眼"的价值，在 A 社区中，临街一般是有商铺或者由于联排别墅中房主人一般居住在 1—2 楼，一楼门庭前往往是家人及邻居之间交流的空间，而 L 社区则不同，虽然都是处在城市之中，但是 A 社区的"社区眼"更为"普遍"，或许，这也是两个社区产生治安差异的原因之一。

　　从课题组调查的情况看，"集中农转居"社区的发展除了资源输入数量、方式及类型的差异外，社区本身所处的地理位置，社区内居民的熟悉程度，社区生活及商业、娱乐设施的发展状态等都会影响社区内部的安全系数，"社区眼"在社区建设与发展的过程中也应该得到规划者的特别关注，尽力提高"社区眼"产生与发展的空间，从而在更广泛的意义上提升社区的安全性。

二 居民满意度状态

(一) 社区整体的满意度

调查中，课题组在问卷调查中以"您对社区生活的总体满意度"为题，询问社区居民对当下社区生活的满意状态，其中以"1＝非常不满意，2＝不满意，3＝一般，4＝满意，5＝很满意"，调查结果如下：从表6-6所示的数据看，两社区的社区满意度的均值为3.83，即接近"满意"的水平。这一数值比资源内聚型的4.02和资源分隔型的3.97都要低一些。从内部看，L社区居民的社区满意度也要低于A社区。调查中，部分访谈对象谈到的问题可能在一定程度上能够解释居民满意度不高的原因，相对于L社区及其他类型的社区，L社区的购房者的异质性相对较高，A社区中虽然也有大量的外来人口，但是这些外来人口主要是租房居住的，而L社区则不同，许多外来人口是购房者，这些购房者，用社区联合委员会成员的话说，"他们的素质和要求更高"。如此，在一个按照动迁标准建起的社区，一个物业等服务都是免费的小区中，各项服务的供给可能在实际对比上没有商品房小区的"精致"，对于动迁的农民来说，已经有了很大改善了，但是对于购买"商品房"的外来人口来说，就会有一定的落差。

表6-6 对当下社区生活的满意度

社区 ID	平均数	N	标准偏差
L	3.64	45	0.679
A	4.02	42	0.841
总计	3.83	87	0.760

如表6-7所示，在两个资源贯通型社区中，居民反馈最为满意的项目集中在公共服务和基础设施两项，其中公共服务的比重最高，为46.0%，且两个社区的比例比较接近，没有特别大的差异。但是在基础设施上，L社区的情况明显要好于A社区，同时，A社区的自然环境满意度要优于L社区。从类型对比上看，资源内聚型社区的公共服务满意比重要弱于其他两个类型，资源分隔型社区的公共服务满意比重最高，为

52.7%；从基础设施的情况看，L 社区是所有调查社区中比重最高的。同时，资源贯通型社区的自然环境的满意比重也是最低的，尤其是 L 社区，竟然没有居民选择对自然环境最为满意，显示出城市化水平越高，则城市对自然环境入侵的情况就越明显的一般化趋势。

表 6-7 社区生活中最满意的项目

			最满意						总计
			基础设施	公共服务	人际关系	房屋质量	自然环境	其他	
社区 ID	L	计数	20	22	0	0	0	3	45
		社区 ID 内的百分比	44.4	48.9	0.0	0.0	0.0	6.7	100.0
	A	计数	4	18	0	5	9	6	42
		社区 ID 内的百分比	9.5	42.9	0.0	11.9	21.4	14.3	100.0
总计		计数	24	40	0	5	9	9	87
		社区 ID 内的百分比	27.6	46.0	0.0	5.8	10.4	10.4	100

如表 6-8 所示，L、A 两社区中共有 87 份有效问卷，对"社区生活中最不满意的项目"回答比重最高的是"人际关系"，有 19 人，占比 21.8%，这一状态与资源分隔型社区相似，资源分隔型社区中比重最高的也是"人际关系"，占比 25.8%，资源内聚型社区中，"人际关系"的比重偏低，不到 10%。资源贯通型与资源分隔型社区中"人际关系"偏高并不是一个普遍现象，而只是"典型社区"拉升的结果。资源贯通型两个社区中，L 社区对"人际关系"不满的比重是 35.6%，而资源分隔型社区中 M 社区的比重是 42.0%。这两个"典型社区"拉升了人际关系的比重，从而使两类社区的人际关系比重攀升。L、A 两社区居民反映比较集中的居于第二位的是"基础设施"，占比 19.6%，这个比重在两个社区相差不大，可见虽然 L 社区有近一半的人对基础设施最为满意，但是也有近五分之一的人对基础设施并不满意。同时，在其他社区中有一定集中度的"房屋质量"问题，在资源贯通型社区中并没有凸显。

表 6 - 8 社区生活中最不满意的项目

			最不满意							总计
			基础设施	公共服务	人际关系	房屋质量	自然环境	无	其他	
社区 ID	L	计数	8	4	16	3	3	9	2	45
		社区 ID 内的百分比	17.8	8.9	35.6	6.7	6.7	20.0	4.30	100.0
	A	计数	9	5	3	2	6	15	2	42
		社区 ID 内的百分比	21.4	11.9	7.1	4.8	14.3	35.7	4.80	100.0
总计		计数	17	9	19	5	9	24	4	87
		社区 ID 内的百分比	19.6	10.4	21.8	5.8	10.4	27.6	4.6	100

总结三类社区的情况，可以看到，"最令人满意的项目"比"最令人不满意的项目"集中度要高一些，资源内聚型社区中，两个项目的集中度是最低的，而在资源贯通型社区两个调查小区中，"最令人满意的项目"集中度是最高的。

（二）社区生活的改善度

调查中，课题组在问卷调查中以"您认为当前的社区生活与原来村里的生活相比"为题，询问社区居民对当下社区生活的改善度，其中以"5 = 有很大改善，4 = 有一些改善，3 = 没有什么变化，2 = 有些变差了，1 = 变差了很多"，调查结果如下：从表 6 - 9 显示的数据看，L、A 两社区居民皆认为生活条件有明显改善，且两个社区的差异性不大。同时，从类型对比上看，资源贯通型与资源分隔型社区的均值高于资源内聚型社区的均值，资源内聚型的均值为 4.23，三种类型中，资源分隔型社区的均值最高为 4.53。

表 6 - 9 社区生活改善度

社区 ID	平均数	N	标准偏差
L	4.42	45	0.783
A	4.45	42	0.705
总计	4.44	87	0.744

（三）基础设施与周边环境的评价

课题组对"您对小区基础设施与自然物理环境的总体评价"情况进行了调查，其中"1 = 很不好，2 = 不好，3 = 一般，4 = 比较好，5 = 很好"，均值情况如下：

从表 6 - 10 所示数据看，两个社区中居民对小区设施综合评价均值有明显差异，L 社区的评价低于 A 社区，同时，从三种社区类型的均值看，资源贯通型社区居民对社区设施的总体性评价也是最低的，其他两种社区的均值分别是 3.83 和 3.92，而资源贯通型社区的均值为 3.80。

表 6 - 10　　　　　　　　　　小区设施总体评价

社区 ID	平均数	N	标准偏差
L	3.49	45	0.815
A	4.10	42	0.656
总计	3.80	87	0.736

在本节的数据呈现模式下，我们似乎没有得到我们当初想要得到的结果，资源贯通型的社区，一个自上而下的资源渗透类型，政府投入社区的比其他两种类型的社区都要多，居民在经济上得到的也比其他两种类型的要好，而为什么社区居民反馈的问卷调查信息却有这么多出人意料的结果？特别是 L 社区的情况。在城市化的进程中，一个社区应该以何种方式完成其空间的转化才是符合人们的预期以及未来发展导向的？我们的城市化是为了达成哪些现代化的目标？这些现代化的目标是长期可持续的吗？如何才能保障社区发展的合理、有序、有生命力？

生活于城市中的人，有多少人是具有独立的思考能力和行动力，愿意为自己生活的社区贡献自己的微薄之力的，这个比例比农村社区高还是低？当生活于社区中的人们不能有序地治理自己的社区之时，我们能寄托于谁来替我们治理这个方寸之地呢？

第三节　资源贯通型社区治理的中级
分化结构及推拉关系

在"集中农转居"社区发展的连续统一体上，如果资源内聚型社区是处在统一体的一端，这一端更接近于农村，那么连续统一体的另一端就是资源贯通型社区，这一端更接近于城市。在资源内聚型社区中，虽然社区已经发生了空间的转移，农民"上楼"了，甚至在行政建制上，村委会也变为了居委会，但是"新居民"们仍然自称"农民"，并把他们的社区组织称为"我们村"甚至"我们大队"，社区新增了众多的公共管理职能，但是集体经济管理的职权仍在社区组织手中，社区不仅要解决原来的"村居时代"的问题，还要解决因拆迁带来的"托底"问题，社区成为一个新的"单位化存在"；资源分隔型社区则分化出了部分基层治理职能，这种分化不是自然产生的，而是政府介入的结果，政府在物业服务等因拆迁而生发出的新领域发挥作用，甚至由于社区土地的被征用，政府也在管理着社区的集体经济，社区治理不再是一个个的被分割的独立的蜂巢；而资源贯通型社区的分化则更加深入，它们已经被当作城市社区对待，虽然在政策上仍然有"农"的色彩，但这个色彩更多的不是因为"农"本身，而是因为"动迁"。

比之资源分隔型社区，资源贯通型社区在规划建设与后期管理上更加不需要社区自身投入资源，社区在拆迁安置中的角色功能进一步缩减。不仅不需要资源内聚型社区那样主导、参与拆迁房屋的评估，甚至拆迁后也不需要像资源分隔型社区那样自己承担内部管理的成本。从居民搬入新社区的那一天开始，社区两委的"负责人"就由政府任命，而社区两委及其他需要协助政府完成条线工作的人员，皆需要经过基层政府的同意，而同意之后，其工资、福利、社会保障的支付则全部进入财政支持的范围。或许，资源贯通型社区是大多数"集中农转居"社区工作人员的理想类型，但是却可能不是"集中农转居"社区治理的最佳选项。

一　社区治理的中级分化结构

社区治理的中级分化结构主要是指社区治理表现出更为突出的内部分

工结构，具有全局性的社会公共产品在供给上表现出更为明显的政府供给的特点，而物业服务等俱乐部产品则更明显地表现为市场供给，但是这种市场供给并不完整，其不完整性主要表现在市场的需求方并不负担此类公共物品的销售价格，而由政府来承担这个成本，但是社区内组织却在一定程度上对此类物品执行监督职能。社区居民组织内部发生了分化，主体性组织，主要是两委组织逐步演化为政府的"派出机构"，独立性进一步降低。

前一章，笔者已经就社区治理的结构与经济社会发展的连接关系进行了必要的说明，即虽然经济发展具有基础性，但是作为制度反应的政治与文化并不一定与经济的发展完全同步，甚至政治与治理制度的发展会先于经济的发展阶段，特别是就中国的实际情况来看，从短期来看，国家与地方政府的制度规划往往表现出"领先性"的特点。作为最基层的国家—社会治理形态，社区治理中的中级结构分化更明显地表现为政府的介入，而政府介入并不是单纯的政府试图深入社会末梢的"规划"所至，政府的能力受到多重因素的影响，其中财政的约束是一个重要的环节。基层政府的财政能力在很大程度上取决于地方经济的发展能力，这个发展能力既包括了本地市场的发展程度及积累程度，又包括了整个社会对该地未来市场发展的预期。如果当下积累与未来的预期都比较乐观，政府介入社会末梢的动力就会更加强劲，如果相反，地方政府的渗透能力就会受到极大的约束，除非来自上层和地方竞争的压力比较大，地方政府会在很大程度上主动"约束"向下延伸的触角。在这个过程中，不能忽视政府作为官僚制组织层级间关系及同级机构间的竞争，在很多时候，组织内部的运行逻辑往往比外部环境对组织的影响更加直接、深入。因此，社区治理中的中级分化结构主要是地方政府的官僚制特性，地方经济发展积累及对未来的预期积极倾向综合作用的结果，当然也不排除社区拆迁安置后部分未能解决的问题可能引发的社会冲突对地方政府的压力所产生的影响。

（一）社区治理中级分化结构形成的原因分析

社区治理的中级分化与初级分化在经济社会成因上具有较多的相似性，这里就不再累述。而在初级分化的基础上之所以能够产生中级分化，其重要的原因还在于社区所处的地理方位及地方政府的财力支撑。

1. 居民结构升级异化推动了治理结构的分化

与资源内聚型、资源分隔型社区相比，资源贯通型社区的人口异质性更高，在资源内聚型社区中，虽然外来人口占了一定的比例，但是社区居民，主要是原住民的结构形态并未发生改变；在资源分隔型社区中，虽然外来人口比重有超过本地人的趋势，但是"外来人"主要是流动性较强的"打工"人员，或者是初入城市、没有购买房产的"过渡性"人员；资源贯通型社区则不同，资源贯通型社区的人口中已经有相当比例的人是"购买了房子的本地户籍人口"。特别是像 L 社区这种类型的，这些"非原住民"往往会对社区的各类服务提出了更高的要求。

> 真正买房子的很可能是有很高的学历，他们的要求就比我们这边住的老百姓的要求还要高了，很可能是那按商品房的标准提出的，因为他们有时候会在社区 QQ 群上有质问甚至要求我们作出一些调整……他们的要求呢比我们本地老百姓的更高。（L 社区物业管理委员会主任曹先生）

> 外来人，我们这里的租房户的水平可一点不比本地人差的，说真的，人家的水平更高，比我们的本地人的要求还高。如果我自己、社区我叫几个人去做（物业服务），财务成本是低了，但是老百姓呢会有想法的……那正规的物业公司在那边的话，它是保证每一天都是这个样子，这是一个成效。（A 社区党支部书记张先生）

在这种情况下，社区的物业、公共服务就不能仅仅像资源分隔型社区那样，物业服务以自我监督的范式完成，而是出现了二次分化，这次分化是以政府委托物业服务公司为社区提供服务，社区组织监督物业服务运行的形式体现出来的。

> 他们（居民）就只找我们，我们就是跟他们（物业）沟通一下，总体上说我们成立的目标就是，一个是沟通，第二个如果有什么问题，我们就跟他们提意见，就是一个是沟通，第二个是监督他们。（L 社区物业管理委员会主任曹先生）

　　如果说你今天做得不好，我就要找你们，第一次我可能警告你，第二次我就罚你款。我们是有奖有罚的么，你做得好我就给你奖励，罚的话都有细则的，抓到一次一般来说都是一千元或者三千元，关键是保卫这一块、绿化这一块，然后我们社区要求它去做的、它没有及时去做，基本上都是这些东西，就是罚起来很厉害的。有投诉，如果社区打电话给你们，你马上去处理了，那我们就算了，但是年终奖励呢我们就不会给你了。（A社区党支部书记张先生）

　　2. 动迁区域完全进入城市规划范围需要按照城市社区治理规范进行管理

　　与资源内聚型和资源分隔型社区相比，资源贯通型社区已经在空间上完全进入城市范畴。如果说资源内聚型社区基本是在乡村向镇街靠拢的地带，资源分隔型社区在农村向城市过渡的地带，那么资源贯通型社区则是已经被纳入城市管理的区域。

　　城市与乡村的二元化分治是一种典型的"分割型分权治理"，这种治理方式虽然不是肇始于中国，但是自近代以来却伴随着现代化的启动，在中国逐步发展起来，1949年以后这种治理格局更是获得了飞速的提升。进入21世纪，中国中央政府力图通过各种经济、政治措施实现城乡之间发展的均衡，但是城市，这一现代社会发展的典型代表形态与乡村这一前现代的典型代表形态相比，在资本与市场的主导格局下更不易获得均衡发展。中国在追求现代化的发展道路上，尚没有找到一条合理、合适的城乡分化发展的道路，或许这条道路要经过经济社会的一个质的发展阶段才能最终看到。而农村社区发展的进路与方向，在当下来看已经几乎被毫无疑问地定位为发展为"城市社区的样子"。而城市社区是什么样子？城市社区的工作人员是由政府发放补贴的，城市社区是没有经济管理权限的，城市社区承担着更多的政府条线任务。

　　如此，当"集中农转居"社区的居民被动地"迁入城市"时，他们的"我们村"也就随之消失了，"一个村"的人逐步被"一个城"的人取代。而原来曾经"代表了他们的组织"，也被纳入了"城市政府"。

　　3. "农色"并未完全退出，使社区治理结构暂时无法完全"市场化"

　　"农色"主要是指社区带有一定的"农村"特色。这种特色使社区治理本身无法脱离原来的治理轨迹而采用了一种与乡村治理有某种共同特点的治理方式。资源贯通型社区在空间上已经不能被看作农村社区了，甚至在内部治理的基本原则上，这种社区治理类型也已经不再区分服务对象是本地人还是外来人，而实施统一管理的原则。

> 不管是原来村里的人，还是父母亲随子女迁过来的，还是买的商品房的，我们都管。我们现在是居委会了，你不能不管。我们现在不是在做政府调查么，我开会的时候就给他们讲，只要是他们在这里有房子的，你就把他登记一下，说清楚。他是户口在还是户口不在，现在园区有个福利政策，凡是常驻户口60岁以上的，每年都可以享受一次政府免费的出游，所以我们现在就要求这次登记一定要登记清楚，只要登记清楚了，我们系统里都有。这些60岁以上的常驻户口的人就会被筛选出来，他们就可以享受这个待遇。上次开会他们就争论一个问题，就是一些老人是小孩子在这边工作带过来的，就是小孩子在这里买了房子，把老人带过来了。他们有些就说不用去管他们，我就说了这样是不行的，他们只要在这里有常驻户口，这次我们就都要登记，都要记录。（L社区支部书记金先生）

但是，社区仍然"固执"地采取了一些保留传统乡村"剧目"的公共活动，即便是这些方式并不符合社区内部其他购房进入社区的居民的意见，社区组织仍然会以"应该理解"的方式给予支持。

> 我们搭的公建房，结婚啊什么用来宴请亲朋，因为这个社区没有这个公共空间吗，我们就搭木头的，他们（购房进入社区的居民）认为你不应该在门口搭，你应该在远的停车场，（这种提法是）不现实的呀，结婚什么的，我们乡下就是办仪式。在楼上办仪式、下面放炮仗都要，因为在下面吃饭什么、扎棚子是当地一个习俗。等他办好之后搞干净，办的这两天很可能会吵，可是我们乡里乡亲的、大家都应该理解一下。因为结婚，那说得难听点，放放音乐什么的、就这两三天呀，他们（购房进入社区的居民）这个接受不了。农村人到饭店去会觉得不热闹，很可能他（外来购买者）感觉

不行，他就会投诉。外来购房的住户很可能一家子都在这边，要办办喜事什么的，他在饭店弄那么几桌就可以了，但是我们很可能四五十桌的，如果在饭店，一个是不热闹，一个经济上也吃不消，对吧，所以说他们外边来买房子的人的要求呢，有点太过……（L 社区物业管理委员会主任曹先生）

因此，在这种情况下，地方政府也采取了更多的"保障性"措施，使社区治理在"城色"日重时，并未使其完全走向市场。

（二）中级分化后的社区治理组织形态

比之资源分隔型社区，资源贯通型社区在城市化的道路上走得更远，城市社区的管理样态在资源贯通型社区中表现得更加明显，居民"城里人"的感受也更加清晰，同一社区中具有同样的"居民身份"的人异质性更强，而城乡之间的对立在社区中就有所呈现，这种差异在社区内部营造出一种独特的景象，而基层政府和社区组织为应对这种早已预知的景象采取了更加平等化的措施，从制度设定到管理组织的细化，试图拉升"动迁社区"的城市化内涵，从而在社区内部形成了一种更加明显的"协作"制度，这一协作制度已经不像资源分隔型社区那样仅仅是在社区治理的场域中切开了一条"大缝"，而是在社区治理的空间中划出了一大块政府"说了算"的领地。从实际效果看，这块领地正在很大程度上从社区组织手中滑落，滑落的程度甚至比纯粹的城市社区还要深入。

正如毛丹老师所言："不知是因为 20 世纪 60 年代以来缩小城乡差别的号召经过多年后终于深入了人心，还是因为 20 世纪 50 年代到 80 年代的城市生活的确一直是被乡村羡慕的对象，乡村对城市的趋近常常是自觉的，至少趋近的结果常常是农民愿意看到和接受的。"[1] 或许资源贯通型社区中的社区组织与居民也因为怀有这种对城市的羡慕而欣然接受了想象中的"城邦"吧。在这个城邦中，社区组织的工资待遇是得到保障的，虽然需要接受政府的考核，但是考核也是应该的，作为体制内的存在，下级总是要接受上级的考核，这是官僚制组织现代化发展必然；社区中的问题也

---

① 毛丹：《浙江村落共同体的变迁：以萧山尖山下村为例》，浙江大学出版社 2018 年版，第 11 页。

不用独立承担了，有什么需求只需要"打报告"，请上级政府帮助解决；居民也可以名正言顺地享受"城市居民"的各项待遇了，而不再是城乡二元格局下，各类需要都要矮城市人半头的"乡下人"了。

恰如图6-1所示，政府与社区的关系在资源贯通型社区中发生了不同于资源分隔型社区的变化。在资源分隔型社区中，社区物业服务等市场性或准市场性组织进入社区提供公共服务是相对单向的，他们接受了政府的委托，与政府有双边合同，但是与社区却没有正式的协作合同，社区组织既不用管哪家公司进入社区也不用管它们是什么时候退出，只需要"坦然接受"其服务；在资源贯通型社区中，这种情况发生了改变，社区组织对市场性的物业服务组织有了部分监督权，这种监督权在有的社区是相对系统的，比如课题组调查的A社区，哪些物业组织进入社区也是受到社区约束的，虽然物业服务的费用享受政府的高比例补贴，同时，社区还对物业进行过程性监督，有违反规定的，还要进行处罚。但是从两个社区的具体情况来看，物业服务也不完全是市场化的，其间人员的照顾、人情网络仍然延续了中国乡土社会特有的"圈子"文化。

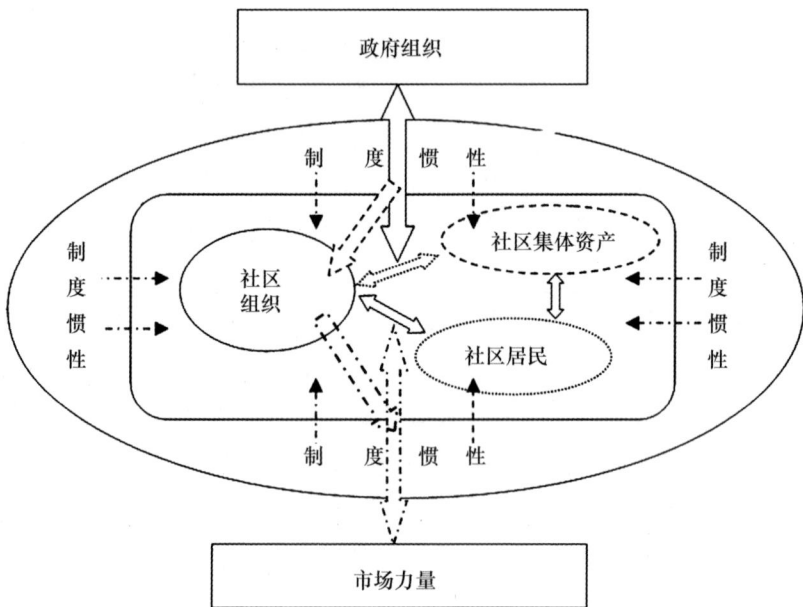

图6-1　中级分化后的社区治理结构

　　我们这边以农村这块物业为主，因为农村这块物业是我们社区在具体操作，我们制定政策，由物业公司执行的，是我们和物业签订的协议，保安加上物业、加上保洁跟道路绿化，这些去年招标的是一百二十三万多元……再说了我们现在整个物业里面人员的话，本社区居民的比重应该占到百分之五十，它外面聘请的人跟我们是一样。一方面呢我们是要解决一下自己居民的就业问题……物业公司进场的时候，它在我们小区里面发一张通告，就说我打算招你十个人，居民自己报名，然后报名的时间基本上就是一天或者两天，以后就再从这一批报名的人当中雇一部分物业工作人员，有的时候社区也提一下建议，因为社区跟居民还是比较熟的，有些人做事情好、有些人做事情不好，那我们只不过是提供一个意见，这个意见物业采纳与否都是物业公司的事情。（A 社区党支部书记张先生）

　　与资源分隔型社区的另一明显不同之处在于，政府进入社区的方式更加深入和制度化。在前两种社区类型中，政府或者在社区边界止步，或者在社区系统性人员任命及待遇上止步，虽然政府也往往会影响甚至直接任命书记人选，但不会大面积涉入社区其他普通人员的聘任，但是在资源贯通型社区中，社区中普通工作人员也进入政府统一管理的范围，更为明显的是，社区中两委组织人员也正式成为政府发放工资、福利甚至缴纳社会保障金的"准工作人员"，其工资待遇与基层政府工作人员相似。

　　原来基本上是社区里面根据需要招聘，现在这些都是政府、街道控制，不让你自己找了，我这边缺个人，我去找一个，张三李四找一个，不可以，那个要有计划的，要允许你，你真的去了，能够调的调过来，不能调的也要他们去招聘。必须得由街道上来招聘好了，然后我们缺，再补给我们。但是我们不是事业编，社区里面有工作人员，还有什么呢，主任啊、书记啊，叫镇管干部，镇里面管理的干部，也不属于事业单位的编制。（L 社区原 ZQ 主任）

　　出纳现在没什么事，就是负责发放点工资，另外其他的报销什么，反正钱都是政府拨款的。每年要他们会计预算多少费用的，他们

> 每个季度上面都要拨款下来。像我们是个小规模的社区，工资去年是
> 100多万元，工资发放一般是对照书记的发的，就是书记考核的结果。
> （L社区出纳）

资源贯通型社区的集体资产经营也开始日渐脱离社区的实际控制，随着社区集体资产评估的确认，社区内股权划分的制度化和固化，社区组织能够调动和决定的集体资产经营范围越来越小。在苏州的调查显示，社区的集体资产已经被平均化，居民能够拿到的"股份"，无论是在形式上还是在实质上都日渐表现为"经常性收入"。而这份经常性收入，是不需要社区组织特别经营的。从实质上说，这些"分红"已经成为"当年动迁居民"的"特别补助"。这份"补助"其实已经跟动迁时的"集体资产"无关，"分红"只是"特别补助"的另一种说法。而杭州的情况，从具体操作层面而言，社区组织也是没有经营权的，集体土地进入"商业环节"以后，他们拿到的是投资的"分红"，而"分红"的具体政策也是由政府统一规划的股份合作社分红方案决定的。

当"农色"日渐褪去，但底色仍然存在时，"城色"是建筑于这尚未完全褪去的"农色"之上。即便是年轻的"被动迁人"在用心追逐城市时尚之余，他们还是会兴致勃勃地谈起"我们村"的拆迁往事。但是在这些拆迁往事中已经没有太多的"集体化色彩"。现代化的城市发展正在逐步消解"小共同体"存在的空间，而一般化的规则在社区中往往表现为"被行政化"。

在资源贯通型社区中，"事权"与"财权"基本上已经处于政府的直接领导之下，村居时代，社区组织通过自身的权威调动各类资源的空间被消解了，伴随着这种"自主空间的消解"，社区组织的角色也发生了明显的变化，即由原来的"管理者"转化为"服务者"，社区组织更强烈地表现为基层政府在社区层面的服务代理人。

虽然从组织法的角度而言，社区居民委员会仍然是群众性组织，其产生方式也主要是选举。但是"拆迁"是一个冲击基层社会结构的重大事件，无论是哪一种类型的社区，在"拆迁"面前，"选举"这一基本法层面的事件都需要让步。而资源贯通型社区的"选举""被让步"的概率进一步提高了。

> 现在你说像我们这个地方，没有选举之前，这个地方你可能调出去了，我退掉了，在新一届选举之前，上级肯定要增加任命哪一位同志到社区的，任命你是副书记啊、书记啊，过了一段时间，到选举的时候再选举，选不上，那是另外一回事，选上了，就是书记，不可能存在竞争什么的。（L社区ZQ原主任）

社区中的"两委"主要成员也可以不是社区的居民，只要是政府聘任的就可以先在社区中工作，然后在选举年参加选举。由此，造成了L社区内社区联合委员会的众多成员并非社区居民的现象。

如此，在资源贯通型社区内部，就出现了双层异质性现象：一种异质性表现为居民的异质性，部分居民是因动迁而"上楼"的本地农村居民，部分居民则是因买房、租房而入住社区的"外地人"，两部分人皆以同等价格享有社区物业提供的服务，但是身份上的差异仍然在细节上影响他们彼此的感受，社区"经营者"更倾向于照顾动迁上楼的村民，且村民则享有不同于购房入住居民的历史连带性福利；另一种异质性则表现在社区管理层面，社区物业与社区居民服务领域发生了分化，这种分化既有组织间的分工性分化，也有组织内的人员归属地分化，前一种分化与资源分隔型社区略有相似，不同之处在于资源贯通型社区增加了社区对物业服务组织的监督性职能，后一种分化则是资源贯通型社区所独有的。在资源分隔型社区和资源内聚型社区中的两委组织成员，除了书记以外的一般工作人员皆是社区内居民，而资源贯通型社区则由于工作人员的街道聘任渠道而产生了社区外居民担任社区管理人员的情况。而这种"外部人"管理"内部人"的模式并没有受到社区居民的排斥，从课题组调查的情况看，这些社区的"外部人"主要是经过考试而进入社区的大学生村官。课题组调查时L社区就有两位成员是以大学生村官的方式进入社区的，而A社区的居委会主任最初进入社区也是以大学生村官的方式。从这个意义上说，资源贯通型社区的开放性已经远超过了其他两种类型。

二　"政府—社区组织—居民"的斜拉关系

与前两章相似，本章继续使用"政府—社区组织—居民"之间的斜拉关系理顺资源贯通型社区内的三方治理结构。资源贯通型社区的治理结构呈现出一种明显区别于其他两种类型的特点，即社区较为完全的"行政化"。基层村居组织的行政化并不是一个新鲜的话题，甚至可以说是一个老问题，这个"老"主要表现在村居组织的工作任务与工作方式明显受到行政机关的影响。甚至有的基层组织除了完成政府的"任务"别无公益性工作可做，处于"相对闲置"状态。而资源贯通型社区的行政化则不仅仅是学界、实践界所熟识的工作内容的"行政化"，还包括了组织建设的行政一体化等内容。也就是我们上文已经谈到的，社区组织运行的各个环节皆被"行政化"的问题。

在资源内聚型、资源分隔型社区中，政府向社区输入的资源有限，这种有限性虽然限制了社区从体制内获得资源的空间，但也同时为社区打开了另一扇门。这扇门是村居时代"农民及其代表性组织"早已习惯的"自立"之门。从历史上看，农民始终是没有特权的阶层，中华人民共和国成立以后，城里的"单位制"照顾的也是那些行政机关、军队、企业等有"单位"的人，而农民则是处在"需要自己解决问题"的非制度性安排之中。因此，政府不提供资源，对于农民及其代表性组织而言并不是不能接受的事实，"向来如此"的制度暗示发挥着巨大的作用。但是在"拆迁"启动之时，这扇门就受到了明显的冲击，开始出现或大或小的缺口。村居时代自立的基础并不仅仅是土地，还有经年的积累，这些积累具有多重性，既有社会性的元素，也有经济性的元素，而拆迁最大的补偿往往是在经济性层面上，甚至在部分地区，经济性层面的补偿也是不够的。因此，在资源内聚型和资源分隔型社区中，社区居民组织在拆迁之后，皆承担着比拆迁前更多的公共责任。这些公共责任迫使基层社区组织调动各种资源解决"眼前的问题"。而资源贯通型社区则不同，资源贯通型社区在拆迁安置的过程中逐步将各类公共性事务的管理权纳入了政府的"统筹范围"，政府成为最大的责任承担者，那么在政府推动的这场空间改革中，三方斜拉关系有什么特殊之处呢？

如图 6-2 所示，与资源分隔型社区相比，基层政府对社区组织的拉力有明显提升，甚至这种提升比之纯粹的城市社区为甚。在资源分隔型社区治理中，政府对社区的投入虽然增加了，但是这种增加是绕过原来的社区组织直接服务于社区居民，因此是政府强化了对原子化居民的"照顾"，是一种更一般意义的"公共行为"，得到的是普通居民对政府的认可，虽然中间可能有对社区组织的"中介性依赖"，但是居民也非常清楚，这个"福利"不是社区组织给的。资源贯通型社区中，虽然政府也像资源分隔型社区一样直接对居民输入了"福利"，所不同的是政府也将社区组织"纳入了准体制范围"。社区组织不再像资源内聚型、资源分隔型社区的两委一样，需要依靠社区内部资源解决"生计"问题。如此，基层政府与社区组织之间建立起的就不是组织间的"推拉关系"，而是组织内的"推拉关系"。与组织间的推拉关系不同，组织内的推拉关系，更主要是以上下级的形式表现的。政府对社区组织的工作主要是通过"推"的方式体现，"推"的意义在推动的层面上铺开，其过程是资源的下放与组织内的考核监督。

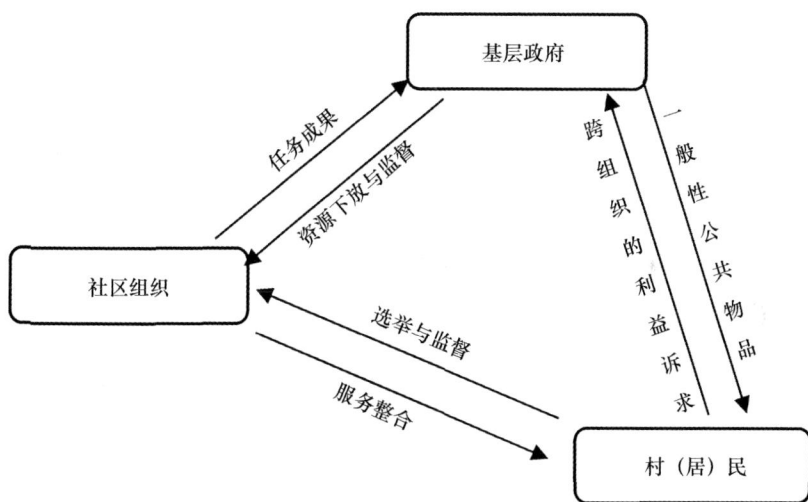

图 6 - 2 中级分化社区治理中三方推拉图

是的，我们现在是先预发一部分钱，这个是从去年开始的，原来的时候我们是一个月预发 2000 元，现在是预发 4500 元。年终考核出来之后再有一个总的报酬。现在一年发的什么费用它是有限制的，你平时发可以，你发过了，到了年底就要扣掉。平时假如每个月发 3000 元，镇管干部一个月 4500 元。这样就是要分档次，不可能超过你的年度限额，比如说一线干部一年的工资总共就是 40000 块钱，你一个月发 4500 元，你超过了还要找回来，你现在一个月 2000 元，到年底再发一点奖励了。（我们现在的工资都是政府财政发？）现在全部都是政府财政发。他们每年都是要财政预算的，（一级政府下）有多少个社区，每个社区有多少人，政府都是要算的。你这个社区的物业要多少钱，社区工资要多少钱，根据社区的情况可能这个社区要200万元那个社区要400万元，都是要预算的。他们的考核非常细致，比如书记的工资是一年18万元，如果哪个条线扣了分，一分一分地扣，那么他的工资要降下来的，加分的话它有奖励，加分的话就再加上去。这个18万元是一个标准。低了就从这个18万元扣，但并不是所有的书记都是这个钱，有高低的，这要看社区的人口多少，有个基础工资，如果一个社区是2000人，就拿基础工资，如果一个社区要10000人，那他的工资就要大了，我这个社区就是一个小社区。（L社区党支部书记金先生）

就课题组了解的情况，L社区在课题组调研的前一年发放工资100余万元，而社区联合委员会工作人员共13人，也就是平均来看，每人10万元左右。这个工资额度比资源内聚型社区要高出约5倍。可见，社区组织成员被纳入"准体制"对其本身来说是有较大吸引力的。与资源分隔型社区相比，政府的考核就显得更加重要，因为考核结果与工资建立了直接关系。更为隐蔽的一层关系并不仅仅是工资，进入社区的联合委员会成员有相当高的可能是进入"准体制"的，他们不是一次性的"工作职位"，而是在"准体制内的职位轮换"。调查期间，课题组了解到，L社区原村合并时，因为职位有限，部分原两委成员就被安排到街道下属企业工作或者到街道办的拆迁办工作，而社区出现职位空缺时，又从其他部门调回社区工作，社区内两委成员如果在选举中不能胜选，则会被任命到其他社区担任相关工作等等。这些信息未经街道确认，但是从多位访谈对象反馈的信息看，这种"轮换"应该是存在的。如此，社区组织与社区物业服务组织相比只是在职能上发生了部分分异，而说到底，他们都是在"大半个系统内"的"政府人"。A社区也在局部职务上出现上述情况，特别是社区组织中的主要职务人员，比如书记、主任，如果不能在选举中胜出，或者在社区工作中出现某种程度的失误就会被调离现在的社区，到其他岗位工作。据课题组的了解，L、A两社区所在街道在书记人选上皆是街道任命在先。

在能感受到的社区组织被"行政化"的情况下，居民对社区组织的工作重心作何评价呢，课题组调查问卷显示的具体信息如下：

如表6-11所示，与资源分隔型社区相似，从总体上看，资源贯通型两个社区的87份问卷中，"着力于提升社区的公共设施与环境水平"选项占比最高，达到55.2%，比资源分隔型的44.0%还要高出11.2个百分点，表明社区的服务性倾向表现得更加明显。同时"完成政府安排的各项任务"的比例也有所上升，为29.9%，在资源分隔型社区中，这一比例为20.9%，在资源内聚型社区中为28.3%。这一数据比例与课题组调查的访谈资料及理论分析的结论相一致。资源内聚型社区和资源贯通型社区对政府的倾向都是比较明显的，但是"靠拢"的原因却是不同的，资源内聚型社区组织向政府靠拢，是因为资源的紧缺性，在社区能够调动的资源非常紧缺的情况下，政府能够向社区投入的资源就显得更加重要；而资源贯通型社区则不同，社区组织在这种类型中已经是"大半个身子在政府中"，靠拢不是自觉的结果，而是制度设定的状态。同时，从表格显示的信息可以看出，在L、A两个社区之间也存在一定程度的差异，L社区在"谋取更大的村集体收入"上选择比重为0，而A社区则接近资源分隔型社区的情况。可见两省之间在政策导向上仍然存在一定的差异。浙江省留给了社区更多的自主权。

总体上看，社区组织"谋取更大的村集体收入"的比重沿着资源内聚型、资源分隔型、资源贯通型方向呈现日渐降低的趋势，而"着力于提升社区的公共设施与环境水平"比重则呈现日渐增高的趋势。如此，我们是否可以认为，随着政府介入社区的层次和范围的提高，社区组织的服务性情况有提升的趋势呢？

在社区组织的内部功能已经非常明显地倾向于提升社区本身的生活品质的情况下，社区居民是如何认识社区自治组织的性质的呢？课题调查的结果如下。

如表6-12所示，在87份问卷中，所言"不知道"的比例又有一定程度的下降，资源内聚型社区中比例为21.5%，资源分隔型社区中为14.3%，而资源贯通型社区中为1.2%，但是这个不知道并不是法律层面的"不知道"，而是经验层面的；从两个社区的反馈看，居民认为社区居委会是"政府组织"或者"形式上是居民组织，实际上是政府组织"的比

表 6 – 11　社区 ID 村（居）两委把哪项工作放在了首位交叉列表

		村（居）两委把哪项工作放在了首位						总计
		谋取更大的村集体收入	解决各类矛盾利纠纷	完成政府安排的各项任务	忙着自己的副业，解决自己家的经济需要	着力于提升社区的公共设施与环境水平	不知道	
社区 ID	L							
	计数	0	3	12	0	30	0	45
	社区 ID 内的百分比	0.0	6.7	26.7	0.0	66.7	0.0	100.0
	A							
	计数	9	1	14	0	18	0	42
	社区 ID 内的百分比	21.4	2.4	33.3	0.0	42.9	0.0	100.0
总计	计数	9	4	26	0	48	0	87
	社区 ID 内的百分比	10.3	4.6	29.9	0.0	55.2	0.0	100

例又有一定程度的上升，达到85%，这个比例比资源分隔型的56.6%、资源内聚型社区额50.2%明显高出了较大的比例，其中L社区中有29位，64.4%的人认为居委会是"政府组织"，这个比例也是超过了调查的所有其他社区，同时，L社区居民没有人选择"居民自治组织"，在教育水平较高的情况下，居民仍然选择这个选项，可以确认的是这个是他们的实践认识。

表6－12　　　　　　　　　　**社区ID居委会性质交叉列表**

| | | | 居委会性质 | | | | 总计 |
			政府组织	形式上是居民组织，实际上是政府组织	居民自治组织	不知道	
社区ID	L	计数	29	16	0	0	45
		社区ID内的百分比	64.4	35.6	0.0	0.0	100.0
	A	计数	12	17	12	1	42
		社区ID内的百分比	28.6	40.5	28.6	2.4	100.0
总计		计数	41	33	12	1	87
		社区ID内的百分比	47.1	37.9	13.8	1.2	100

由此，是否可以认为，在三种类型的转化中也存在日渐去"自治化"的认知趋势？实践上存在的"行政化"与认知上的"行政化"有时会存在错位，但是，在课题组的调查中，这种情况却没有出现。在社区组织的行政化已经穿过事务性而进入系统的制度性范畴时，社区原有的监督性组织的功能也随之弱化，最典型的就是财务监督的弱化。

（社区里有没有一个组织来监督咱们的财务？）这个财务公开就有几个人的，都要签字的，那个理财小组。这里理财小组的成员都在我们的13个社区干部里，就是大家是兼职的。（这个理财小组的成员是怎么样确定的？）理财小组我们自己弄的。（感觉是不是其实有的时候，在理财的过程中，慢慢地就有点形式化了？）对，就是形式化。你想，他们也不会去看，也不会去问。总归是，主要还是上边他们来

看，每年要来查一次账，就是看有没有规范，不规范就是要你更正，是这样子。（L社区报账员）

就L社区的情况看，由于社区账户上的资金全部是财政拨款，也就是他们自己说的都是政府的钱，当然政府就更关心是怎么花的了。如此，社区内的每一笔花销首先要经过政府的同意才能去购买，政府没有同意，钱是不能花的，这一程序与政府机构已基本相同。但是这并不是说社区居民对社区组织的拉力就不存在了。三年一度的选举还是起到了明显的"拉力"作用。在课题组的调查中，就有多位访谈对象谈到街道任命的书记在社区选举中未能当选的问题，而未能当选的书记已经在社区中工作了2年有余了。在社区提供的其他书面材料中，再现了当时社区选举中的紧张情景：L社区部分居民对街道的选举程序及候选人的情况皆有积极的参与甚至激烈的讨论。这些都对社区两委成员产生着明显的影响。

从A社区的情况看，社区虽然还有部分集体经济，但是这些集体经济收益也并不完全在社区组织的调控范围内，社区的集体经济收益主要分为两部分，一个是社区的积累，这些积累不经过街道的统一也是不能随便使用的，另一个就是支付社区物业服务的费用。在社区的日常运行费用及社区组织成员的工资等完全由街道承担的情况下，社区组织的"行政一体化"色彩也表现得非常明显。但是选举对于社区两委组织来说仍然是非常重要的一项来自基层的拉力。

总体上看，资源贯通型社区正在逐步完成其融入城市的制度建构过程。社区融入城市，从一般意义上看就是传统的人情社区消失的过程。中国的现代化进程是政府主导的，许多现代治理的理念不是首先发端于市场，而是首先发端于政府。至今，我们对社区的现代化发展仍然不能清晰明了其路径，而政府引导的社区发展已经走在前行的路上，可谓一边走一边看。资源贯通型社区的人事、财权、事权基本上在政府的"统筹"下展开，而当下基层政府的服务性功能正在逐步增强，社区组织就成为政府实践其服务项目的依托之一。这种状态使社区的定位日渐模糊，社区在中国城市化建设的过程中到底是要扮演一种什么样的角色呢？当每一个原子化的个人，从竞争性的场域退回社会、退回自己的家，他们会在这个地方寻找什么？

三 资源贯通型社区治理中级分化的进步性及其局限

与资源内聚型社区及资源分隔型社区相比，资源贯通型社区更加不容易获得学界的好感。资源内聚型社区虽然存在种种攀附政府的行为，但是在外部资源输入有限的情况下，社区组织如果能够充分调动内部资源，社区内部的凝聚力会因为空间的转型而获得新的提升，因为在空间转型的过程中，社区的共同利益再次呈现出来，居民的认同感如果能够得到适当的疏导，社区的情感归属与身份归属比之村居时代更容易建立起来。这种模式虽然具有一定的封闭性，但是它更像充满了温情的社区建构理想；资源分隔型社区虽然分化出了部分公共职能给政府，但是社区已然具有集体经济的部分管理权，更为核心的是，社区居民的代表性组织并未分化出来，他们在承担着部分政府下放职能的同时并未在深层意义上与居民发生分离，他们是由居民选举产生的，同时也从集体经济的剩余中获得个人工作补贴，因此，社区是有自己的权威体系且有自治领地的；而资源贯通型社区则不同，资源贯通型社区的权威体系、集体经济、公共服务等皆在很大程度上与社区居民发生了分离，政府对社区的考核已经不是要不要重视的问题，而是重视到何种程度的问题，社区组织的自治功能发生了退化，而代替政府为居民提供服务的功能得到了进一步的提升，因此，资源贯通型社区正在日渐淡化其自治色彩。而社区如果"归顺"了基层政府，演化为政府输出服务的机构，那么社区建设的意义何在？

（一）社区治理中级分化的进步性

中级分化的社区治理并不是一种符合"世界潮流"的社区治理模式，从世界范围看，社区的价值重新被发现是因为市场的失灵在先，政府的失灵在后，两场失灵令学界和实践界迷茫，并在社会缝隙中发现了社区的存在。社区，这一曾经被宣布在城市中已经消失的社会现象又被发掘出来。这一被发掘出来的社区是不同于政府与市场且"独立于政府与市场"的社会性组织。但是从中国的历史传统看，独立于国家的社会组织向来受到质疑，自宋以来，国家与社会的"价值同一"更加明显，经过明清的强化，西方意义的市场和社会在中国是非常稀薄的。这种稀薄甚至到了与国家价值不一致的社会存在往往具有"反国家"的倾向。这种认知不仅仅是统治阶级的价值选择与行动策略，而且是社会底层的普通民众的认知选择。国家及作为其代表的中央政府在传统文化中的角色认知中从来不是西方意义的概念。自清末以来，身负复兴重任的国人虽然一直致力于学习西方先进的技术和理念，但是文化的底色只是在受到西方文化价值理念影响的知识分子中有所褪色而已。近年来，从国家层面到社会普通民众，都对"中国到底应该如何解决自己的发展问题"有了更为深入、务实的认识。社区治理中的中级分化也是一种发展中的尝试。

同时，社区治理的中级分化并不是所有的"集中农转居"社区都能实行的治理结构转化，这种转化需要有城市化的切实推进，这种推进使政府及基层组织对未来的发展有积极的预期；需要基层政府甚至地方政府有良好的制度规划能力，能在一般意义上解决区域范围内的社区发展面临的普遍问题，不使单个社区独自承担制度创新的成本；需要区域范围内人才的聚集及适度的分化，使街道等政府最基层的组织能够通过招聘考试的方式录用到较高学历层次的人，稳定地到社区中从事公益服务性工作。

可见，中级分化的社区治理结构有明显的发展优势，这些优势主要表现在以下三个方面。

第一，中级分化的社区治理结构使社区中的居民更加平等地接受区域性公共物品的供给。

与其他两种类型的社区治理结构相比，中级分化的社区治理结构在对待居民应该享有的公共服务上保持了更加平等的态度。这一点与资源内聚型和资源分隔型社区明显不同。在后两种社区中，社区动迁居民和所谓的"外来居民"享受到的社区公共服务是不平等的。虽然这种不平等有其产权上的解释，但是现实结果的"不平等对待"是客观的。特别是在资源内聚型社区中，对于产权的划定基本上是遵从户籍原则，但是外来购房者通过高于成本价的市场价格购买的集体性住房，在一定程度上也是在为社区做贡献，因为这些购房款的绝大部分是被投入社区建设与发展中的。而中级分化的社区则不同，由于社区的公共服务供给成本并非由社区独自承担，政府在将社区公共服务作为更大范围的一般性物品纳入供给范畴时，所谓的"外来人"的衡量标准也就随之发生了变化。

因此，在社区内部就不再有具体的、硬性的居民分类差异，这种状态有利于社区内居民之间协作行为的产生，并推动社区的和谐发展。

第二，中级分化的社区治理结构在一定程度上实现了基层管理的现代化。

在三种社区类型里中级分化的社区治理结构的分工程度是最高的，这种分工一方面体现了公共产品分类供给中俱乐部型公共产品可以由市场供给的基本理论，另一方面也表现出一般性公共物品的供给应该由政府买单的原则。在其他两种社区治理类型中，或者完全是"混沌"的一体化供给，或者是初级分化的市场性介入，都在社区层面保持了较高的"村居"时代的惯例，这些惯例包含了较多的前现代社会的治理规则，在没有强有力的权威的"震慑下"，社区即便是制定了正式的规则，也极容易流于形式。举例来说，中级分化的社区治理结构则将较为完备的政府财务管理制度直接"移植"到了社区中，这种移植导致原来的"村务监督制度"形同虚设，但是政府财务监督的力度却远超过原来"村居"时代的财务监督。

中级分化的社区治理结构将社区组织从多元一体化的身份中解放出来，从而有更多的时间专心于服务社区居民的工作，在课题组调查的两个社区中，随着社区居民需求的日渐多元，社区内建立了QQ、微信及其他网络联系方式，使社区内部的联系更加便捷，居民需求表达的成本更加低廉。

> 这是我们这两年在做的啊，每一栋楼都有一个QQ群，固定的一个QQ群，然后每家每户的QQ都在那边，像我们农村片，我们现在正在弄一个什么东西，弄一个就是说我们的一个固定的一个免费WiFi加一个微信公众号，就是在做这个东西，因为现在啊QQ用的人也少了，微信用的人越来越多了，我们要用这个公众号把整个社区联系起来。（A社区党支部书记张先生）

> 就是QQ平台啊。我们就是发给他们家里的年轻人，还有就是我们还有一个手机的平台，每家都有2个手机啊，我们就通过电脑群发手机短信发送社区信息。（L社区党支部书记金先生）

第三，为社区治理的人员储备做了更广泛的准备。

与资源内聚型、资源分隔型社区相比，资源贯通型社区的工作人员不管是平均年龄还是受教育水平、对现代技术的掌握等都有相对的优势，同时，在人力资源的漏斗效应下，资源贯通型社区对那些愿意到社区工作，工作较为稳定且能达到本地平均工资水平的人有良好的吸引力。相较于资源内聚型社区、资源分隔型社区而言，资源贯通型社区的大学生村官群体更加稳定。如果说资源内聚型社区中的大学生村官更加倾向于通过大学生村官的经历获得考取其他部门职务的资本，那么资源贯通型社区的大学生村官中相当一部分，则是以此为起点，获得在体制内的稳步晋升。相对于资源内聚型社区两委组织极难吸引年轻人"入驻"的情况，资源贯通型的压力明显减轻。

资源贯通型社区能够吸引更多的年轻且具有较高学历的人员进入社区工作，最主要的原因还是社区所处的地理位置，但是仅仅依靠地理位置是不能留住人的，所以制度化的工作内容、工资待遇及流动渠道在更深层的意义上使进入社区的人能够留下来。但是以"动迁"居民为主的社区毕竟不同于来自四面八方的人偶发性的聚居而形成的商品房小区，其人员的"块状聚集"所带来的传统的保留程度往往会超过那些"考入"社区的"大学生村官"预期，因此，在人员储备上，资源贯通型社区并不是"高枕无忧"的。

（二）社区治理中级分化的局限性

社区这一概念，自20世纪初被创造之日起，就具有明显的中国传统文化的特色。"社"本为祭神、祭祖之处，而区则带有小地方之倾向性。自社会学者、人类学者在中国研究社区之始，社区更多的时候是指向"乡土"意味下的村庄。或许正是因为这个起步，当社区再次被发现之时，在地理坐落上，就指向了最低一级的行政建制，在城市为"居委会"，在农村则是"村庄"。而居委会和村庄，自20世纪80年代末以来就有"自治"的法律定位。因此，也使社区研究带有了"自治"的理想和倾向。有众多的学者以社区自治为题进行相关的研究，即便是20世纪末兴起的社区治理研究也没有忽视"自治"的价值取向。正如上文所示，在世界范围内，社区之所以被再次发现，正在于其能在政府、市场之外提供新的公共治理价值，如果社区治理结构的中级分化是未来城镇化发展中"集中农转居"社区发展的方向和目标，那么中国的社区治理是否有其他的、不同于其他各国的价值判断和路径选择呢？首先，我们应该肯定，在基层社会治理上，西方的理论的确对中国的实践缺乏深切的指导意义，我们发展自己的社区治理方式是合理并且合适的，同时，我们也应该对当下的社区发展状态有清醒的认识，从而能够使中国的社区治理具有良好的可持续性。因此，总结社区治理中级分化结构的局限性也是一种客观的评论，这些局限性主要包括如下几点。

第一，社区治理中级分化结构具有地域独特性。

由于中国地域的广阔，各地发展的差异性也是在一定程度上存在，社区治理结构的中级分化是与地方经济社会发展及社区所处的地理位置息息相关。这种治理形式对地方政府的财力和制度发展的连续性提出了更高的要求，并不是短期计划的结果。在地理位置、地方经济社会发展程度及地方政府财力有限的情况下，这种治理方式的推广具有较大的约束性。

另外，从课题组调查的具体情况看，即便是江浙两省，经济发展程度相当的区域，在社区治理结构的分化上仍然存在一定的差异，中级分化的具体形式也有明显的不同，政府介入的范式和社区组织的运行皆存在不同之处。可见，这种方式的具体运行更加明显地受到地方特色的影响。

第二，社区治理的较大空间被政府主导，不利于培养基层社会的自治能力。

社区，在其本初意义上就是一个"情感与认同连接的共同体"，虽然认同的出发点可能不同，或许为血缘亲情，或许为地域友情，抑或许为志趣之情，这种连接的纽带在共同面临的问题面前被强化，并在解决问题的过程中得到升华或扩散。说到底，这是一种人与人之间自发而致自觉的合作的过程。当然，这个合作的过程在很多时候可能因为缺乏合适的人、合适的机会和合适的资源而无法达成稳定的机制，但是如果没有这个空间，则无论如何是一种缺憾。在中国逐步实现现代化的进程中，社区治理的方式也应该是多元的，不应该"一刀切"，即便是政府有财力的情况下，也应该允许社区有选择的空间。政府替社区做主，或许能避免一时的问题，但是却也把居民自主解决问题的能力消解了。

在社区调查的过程中，笔者时常听到社区工作人员提出如下问题：以前的时候，村里的事情大家都自己解决，你帮忙了，大家会感激，而现在，这种感激却越来越少见了，好像国家、政府、居委会就应该无限地为居民服务，这个变化是如何发生的？为什么会这样？

第三，社区组织自主解决社区问题的积极性有所下降。

在三类社区中，资源输入性社区的政府投入、物业服务的人员与资金投入，社区"两委"的学历与年龄结构比其他两类社区都有优势，但是在居民满意度的测量上，资源贯通型社区却没有表现出预期的状态。在社区组织"被当作政府组织"，而实际上也在实践其"大半个政府组织"职能时，伴随着社区独立性减弱的是社区组织"经营事业热情"的减弱。社区工作演化为一种"职业"，而不再是他们心中的"事业"。这两种态度，对于社区的公益性工作而言具有深入和微妙的影响。

第七章 总结与探讨

自"社区"概念被创生以来，已经发生了两次重要的内涵转化，一次转化是"Community"首次被译为"社区"，这次转化带有明显的中国传统文化的意味；一次则是自20世纪末以来，中国政府推动的"社区服务""社区建设""社区发展"实践，这次内涵的转化使"社区"从人类学、社会学研究的学理层面转化到了"行政层面"，虽然至今在国家行政建制序列中依然没有社区的法律定位，但是在实践上，各级政府依然将社区作为一个重要的基层行政单位来对待。

社会学研究以社会事实为对象，而政府推动下的"社区实践"显然也是一个重要的社会事实，从而引起了学界的高度关注。但是"社区实践"是一个如此复杂的社会现象，恰似社区这一概念，理论上的界定似乎越来越清晰了，但是当我们真正进入社区时，却发现社区是如此复杂，理论分析的系统化似乎并不能透视社区"散乱"的现实。更为明显的问题则是，作为社会的最小单元，社区中保存的运行逻辑交叉纵横且与我们习得的西方的理论有较大的距离。这个距离不只是因为惯常人们认为的中国的传统与西方不同而致，还是因为我们当下的发展阶段与西方的发展阶段不同而致，前者更强调地域发展的特殊性，后者则强调人类社会发展的一般性。以笔者粗浅的认知，上述两个因素皆可部分解释社区治理的现实复杂性与理论的差距。但是规律性往往是在一般意义上发生宏观层面的指导价值，而独特性却往往是在细节上决定社区治理的具体结构。

作为一个具有几千年连续文明史的国度，文化的影响已经深入国民的骨髓。从历史来看，中国传统社会之所以能够实现辽阔农业社会的整合，是因为建立了以王权为中心的大一统官僚机构、士绅在县以下的自治和家族组织这样的三层次的社会结构。且在国家与社会之间建立了共同的价值认知体系。这价值认知体系使家族组织与士绅阶层达成了天然的连接纽带，并与国家正式建立起"双轨制"的网络状联系。"家"从未从"国"中分离出来，"国"也是一个大的"家"，从而使血缘关系或拟血缘关系建立起来的"亲情网络"或"拟亲情网络"成为家国社会治理的"明规则"。这一点在社会的积淀与稳定中并不仅仅是因为传统如此，还因为它在农业为主的社会中具有最可靠的稳定性。能够传承下来的，必然是有其现实意义的，人类群体虽然受到明显的"情绪与情感"影响，但是要在大范围内产生影响，必然是有其内在存续逻辑。

中华民族追求现代化的步履或可追溯至清末，但逐步步入现代化的时间却只能从改革开放以后算起。在不到半个世纪的岁月里，即便是我们以最大的宽幅计算现代化的影响，又有多少人可以算是脱离了传统思维的影响，具备现代社会的思维能力和行动能力呢？还有个更棘手的问题是，如何计算现代化的程度？什么是我们中国可以认可的现代化？

理论往往是理想的，这种理想或许看起来是中立的，也或许看起来是偏袒某一价值的，但是事实却往往是叠加且没有具体边界的。在奔赴现代化的路上，社区实践掺杂了太多的理想和事实的多重建构。而这一多重建构在城镇化进程中推进的"集中农转居"社区就更加突出地显示出来。

从本项目的研究边界看，"集中农转居"社区并不指向所有的村改居社区，而仅指那些改变了原来相对分散的农村居住方式而集中以楼房进行安置的社区。由于社区所处的地理位置、集中化的政策依据、地方经济社会发展的程度有所差异，"集中农转居"社区的变迁过程及资源配置方式就表现出重大的差异性，课题组根据社区资源配置方式及配置数量的差异将此类社区分为资源内聚型、资源分隔型和资源贯通型三种。资源内聚型社区在三类社区中是较为典型的资源输入量较小，社区后续公共治理问题严重依赖社区组织的类型，因此，在完成拆迁安置之后，社区组织承担了相对更多的公共责任，社区治理表现出更多的资源内部聚集的特点。相较于资源内聚型社区，资源分隔型社区则获得了更多的外部资源，这些外部资源主要是为社区解决了由于集中居住而产生的物业、绿化、设备维修等公共问题，从社区内部公共事务的发生比例看，这些公共问题的分离在很大程度上将社区两委组织从内部"烦琐事务"解放了出来，但是社区组织与政府的关系并未发生进一步的改变，社区组织仍然是社区集体经济的代表性组织。与其他两种社区类型相比，资源分隔型社区治理具有明显的"经营社区"的思路，这种"经营"方式与资源内聚型社区在价值选择上是不同的，资源内聚型社区实际上是一种保守的、相对封闭的社区治理方式，在这种方式下社区组织更倾向于对社区居民的"管理和保护"。而资源分隔型社区则有明显的"企业化、市场化与社会化"混合发展的趋势，其开放性更为明显，虽然资源是在基层政府的范围统筹的，但是这种统筹更加注重与市场的交换，而不是社区内部资源的交换。相对于前两种社区，资源贯通型社区则发生了更深层的分化，这种分化一方面发生在政府、物业服务组织与社区组织之间，在资源分隔型社区中，物业服务组织是相对独立的商业组织，政府组织与物业服务组织的委托关系是双向的，社区组织与物业之间处于相对隔离的状态，即社区物业只接受政府的考核，考核结果直接影响其工资及福利状况，而资源贯通型社区则在政府与物业服务组织的关系中分化出了一部分给社区，社区或者有部分物业聘用权，或者有对物业服务组织的监督权，即物业与政府的关系部分地下放给了社区，但是这种分化并不能完全理解为是政府权力的外放，称之为行政系统的内部分化或更为妥当，这一说法与资源贯通型社区第二方面的分化直接相关，在资源内聚型社区及资源分隔型社区中，社区两委组织虽然也从政府获得部分工作补贴，但是这些补贴数额非常有限，社区两委的主要工作补贴是社区集体经济的收入，但是资源贯通型社区则明显不同，社区两委及其他工作人员从政府获得的不是"工作补贴""务工补贴"，而是"工资"。虽然工资的发放方式与政府机关公务人员的不同，但是发放的年度总额上却非常可观，特别是与其他种类的社区相比时更是如此。

拆迁安置过程中的资源再分配并不仅仅在政府与社区组织以及市场性组织之间发生了改变，居民个体的资源变化也是非常明显的。课题组的调查主要是从土地及房产资源的变化上进行观察和分析的。从类型上看，资源内聚型的社区居民在拆迁安置中获得的房产资源数量是最少的，而资源贯通型社区居民房产资源上的收获是最大的，这种差异不仅表现在住房数量上，还表现在住房本身附带的商业价值上。

如果从资源投入社区的具体数量看，资源贯通型社区的居民对当前生活的满意度、对社区生活的改善度应该是最满意的，但是课题组的调查结果却并非如此——资源内聚型的社区居民整体满意度的均值高于其他两种社区，在社区生活的改善度上资源分隔型社区居民的评价更好。这种不一致可能与多种因素有关，其中包括每个社区类型涉及的调查社区数量不同引起的调查偏差，每个社区所处的地理位置、人口异质性程度、动迁居民的社区生活预期，参与社区治理的各类组织的建设情况及协调管理的具体样态对调查结果的影响等等。但是就社区这一微型社会场域而言，其内部的组织协调状态与治理效果的关系更加直接。从课题组调查的情况看，从资源内聚型社区到资源分隔型社区再到资源贯通型社区，存在如下趋势：社区组织从管理型组织向服务型组织的发展有加强的趋势，社区组织从事经济性活动的倾向有降低的趋势，社区组织忙于政府事务的比重有上升的趋势。

在基层政府、社区组织、社区居民的三方推拉关系中，某一组双边关系的互动强度并不仅仅取决于资源交换的总量，还取决于交换中各方所处环境的资源储备及未来资源的可利用程度，资源内聚型社区从政府获得的资源量相对较少，但是它们对政府的依赖程度却不是最小的，因为其能够获取的资源总量受到各种限制，从体制内获取资源具有相对的稳定性，且与政府搞好关系有利于未来资源的获取；而在资源分隔型社区中，政府虽然投入了相对较多的资源，承担着更多的公共服务职能，甚至把社区集中化后新产生的各类公共服务全部揽在自己身上，但是政府对社区组织的拉力并未同步增强，甚至在原社区组织与新入住社区的组织间增生出部分未曾预料的矛盾，其中的主要原因还是社区组织并未从政府的"传统权威"中获得直接的"组织认可"和"资源支持"，在此类社区中，政府在社区输入的资源或者完全独立于原社区组织或者以"降低原社区组织地位"的方式呈现，因此，政府与社区组织间的拉力关系在互动的亲密性上有所降低，社区组织的主动靠拢倾向弱化，而政府的"压力"表现明显；在资源贯通型社区中，社区组织已经被行政体制吸纳，成为理性官僚制的一部分，相对于其他两类社区而言，此类社区组织的行政性是最为浓郁的，他们考虑政府的考核胜过考虑社区的利益，只是因为政府在社区的任务在很大程度上是与社区的公共服务目标相叠加，社区组织才在工作形式与内容上表现出更加明显的社区服务性色彩，但是社区居民对社区组织的拉力已经退化到选举的形式上，在其他两类社区中依然发挥作用的村民组织，如村务监督委员会，在资源贯通型社区中也发生了明显的功能退化，成为一个"名存实亡"的存在。

　　相对于政府对社区组织的拉力而言，居民对社区组织的拉力也表现出一定的因资源而动的特点，在资源内聚型社区中，虽然社区组织向政府靠拢的倾向相对明显，但是社区居民对社区组织依然有比较明显的拉力，这种拉力主要是因社区聚集而显现的公共需求及拆迁过程中的资源再分配引发的后续问题而致，作为直接的居民代表性组织，社区两委等组织在社区空间内处于日常性的中心位置，这种中心位置使其不可避免地处于居民"依赖""依附"及"监督"之中；而资源分隔型社区的"两委"等居民组织则更强烈的是与居民处在"同一社会空间"中，社区组织并未被政府纳入体系内，但是却在功能上被政府"入侵"，原来较为完整的治理空间被隔断，与其说是居民对社区组织有需求，还不如说是社区组织对居民有需求，它的"中心位置"被弱化之后，居民对社区两委组织的"需求"也同步弱化了。但是这并不说明政府对居民的拉力增强了，因为居民并未从政府那里获得"特殊待遇"，居民的感受更类似于被"一般化的对待了"，因此，在资源分隔型社区中，三方的推拉关系是最弱的，每一方都好似在"自由"地舒展自己的本色，"集体"的色调相对较弱。

　　集中化把人们从各自的庭院中拉出来，又重新安置到一个相对熟悉而又陌生的空间中，这种熟悉主要还是因为"近邻"们还多少的是"近邻"，"村里"虽然被"社区"取代了，但是"代表们"多少还是有"自己人"，而陌生则是一种近乎全部的生活方式的改变，这种改变甚至深入家庭内部，把原来紧密的家庭关系也分散到了不同的空间中。这种改变在资源内聚型社区中相对小一些，而在资源贯通型社区中最为明显。

　　城市化与空间的功能转化是历史发展的伴生物，这种伴生或因市场驱动，或因政府推进，在中国，后者的表现更加明显。市场驱动与政府推进各有利弊，但是市场的推进更富有基础性，政府的推动如果结合了市场发展的基础和潜力，其"提前规划"的效果会更好，只是我们在调查中也看到了政府有"包揽社会"的发展倾向，这一点在资源分隔型和资源贯通型社区的调查中都有所展示。特别是在资源贯通型的两个社区中，这种"包揽"并未使居民更加满意，这种情况应该引起政府相关部门的注意。虽然政府在做更多的事情，但是这更多的事情中有部分环节并不为居民所认可，且因为政府的介入，社区中一些自发性组织逐步退化，在治理细节上反而不利于培养社区居民的自治精神。

不管资源以何种方式流动，"集中农转居"社区的规划发展主要还是一种政府行为，是中国长期以来，政府规划"领先"于社会发展的表现形式之一。在各地方政府的竞争格局下，相对落后地区"赶超"相对发达地区的步伐从来没有停止过，从这个视角看，相对发达地区的现代化进程反而具有了更多"自主研发"空间，在"循序渐进"的制度设计上比之相对欠发达地区有更多的因地制宜色彩。社区作为最基层的社会单位，不管其空间领地是如何划分的，其基层性都是毋庸置疑的，这种基层性决定了社会传统中最隐蔽的环节会在这里持续存在，也就是我们惯常所说的"底色"，虽然中国经济社会的发展在快速涂改这个底色的"成色"，但是一旦落到执行层面，所有在社区工作的人员都会感受到"底色"的存在。从传统与现代的二元视角看，这个"底色"往往被视为"落后的标杆"。但是，如果不戴西方的二元对立眼镜，或许我们会看到这"底色"中有更多的"质朴色调"。"集中农转居"社区发展不应以当下的城市社区治理范式为蓝本，由"农"而"居"的社区从居民行为习惯上看，具有更多的"自立"性，社区发展应该珍视这种资源。

在"集中农转居"社区的发展体量和发展规模日渐扩大的当下，"动迁"后的社区治理日渐显现出不同于城市亦不同于乡村的公共问题。笔者在第六章提出的问题在本书即将结束之际仍然萦绕于心间。在城市化的进程中，一个社区应该以何种方式完成其空间的转化才是符合人们的预期以及未来发展的导向？我们的城市化是为了达成哪些现代化的目标？如何才能保障社区发展的合理、有序且有生命力？生活于城市中的人，有多少人是愿意为自己生活的社区贡献自己的微薄之力的，这个比例比农村社区高还是低？当生活于社区中的人们不能有序地治理自己的社区之时，我们能寄托于谁来替我们治理这个方寸之地呢？

附录一　居民问卷

尊敬的村（居）民您好！我们是国家社科基金"新型城镇化背景下'集中农转居'社区变迁与治理模式研究"课题组的访问员，通过随机抽样选中你所在镇（街）的村（居）进行问卷调查。您的真实回答对本研究非常重要。问卷资料只作统计用途，将绝对保密。所有的回答无对错之分，请您根据自己的情况作答，不要与其他人商议。如有任何疑问，请联系现场访问员或课题负责人。十分感谢您的参与及配合！

联系方式：13854103163。

访问开始时间：201____年____月____日____时____分

一　社区总体评价

1. 您对社区生活的总体满意度　　　　　　　　　　　　　　　　A001

1）非常不满意　　　　　2）不满意　　　　　3）一般

4）满意　　　　　　　　5）很满意

2. 您认为当前社区的生活与原来村里的生活相比　　　　　　　　A002

1）有很大改善　　　　　2）有一些改善　　　3）没有什么变化

4）有些变差了　　　　　5）变差了很多

3. 社区生活中让您觉得最不满意的是_____，（限1项）最满意的是_____（限1项）　　　　　　　　　　　　　　　　A003—A004

1）基础设施，如图书室、健身设施与器材、路灯等

2）公共服务，如村委提供的服务、物业提供的服务、社区内其他组织提供的服务

3）人际关系

4）房屋质量

5）自然环境

6）其他

4. 与拆迁前相比，现在您与社区内其他成员的交往情况：

社区里的熟人来您家串门的次数： A005

1）变多了很多　　　　　2）变多了一些　　　　3）没有变化

4）变少了一些　　　　　5）变少了很多

您去社区内熟人家里串门的次数： A006

1）变多了很多　　　　　2）变多了一些　　　　3）没有变化

4）变少了一些　　　　　5）变少了很多

您与社区里熟人见面聊天的次数： A007

1）变多了很多　　　　　2）变多了一些　　　　3）没有变化

4）变少了一些　　　　　5）变少了很多

二　社区基础设施与物理环境

1. 在社区中，您和家人能使用的公共设施有哪些？（可多选）

B001—B020

1）室内运动场地及器材　2）室外健身器材　　　3）球场

4）图书、读报室　　　　5）垃圾桶　　　　　　6）自行车棚

7）儿童专有活动场地　　8）老人专有活动场地　9）路灯

10）凉亭　　　　　　　　11）邮筒　　　　　　　12）游泳池

13）其他_____

2. 在小区中您经常会看到下列哪些现象？（可多选）　　B021—B040

1）地上经常有乱飞的纸屑

2）垃圾房的垃圾收集不及时、不干净，周围有污水

3）小区里有居民丢弃的水果皮，无人及时打扫

4）污水清理不及时，滋生蚊虫

5）居民把垃圾堆在楼下而不放入垃圾箱

6）没有以上各项内容，小区卫生良好

7）其他_____

3. 您认为小区中应该增加哪些公共设施（可多选）　　　　　B041—B060

1）室内运动场地及器材　　2）室外健身器材　　　3）篮球场

4）图书室　　　　　　　　5）垃圾桶　　　　　　6）自行车棚

7）儿童专有活动场地　　　8）老人专有活动场地　9）路灯

10）凉亭　　　　　　　　　11）邮筒　　　　　　　12）其他_____

4. 您认为为社区添置新的公共设施应该由哪些部门出资？（可多选）

　　　　　　　　　　　　　　　　　　　　　　　　　　B061—B075

1）房产开发部门　　　　　2）物业公司　　　　　　3）居民

4）街道办或镇　　　　　　5）居（村）委会　　　　6）福利捐助

7）不知道　　　　　　　　8）其他_____

5. 改善社区环境需要新的投入，您愿意每年为小区环境的改善投入_____元　　　　　　　　　　　　　　　　　　　　　　　　B076

6. 您对小区基础设施与自然物理环境的总体评价是？　　　B077

1）很不好　　　　　　　　2）不好　　　　　　　　3）一般

4）比较好　　　　　　　　5）很好

三　公共服务与公共组织

1. 您认为居（村）委会是什么性质的组织？　　　　　　　　C001

1）政府组织　　　　　　　2）形式上是居民组织，实际上是政府组织

3）居民自治组织　　　　　4）不知道　　　　　5）其他_____

2. 您觉得我们社区的居（村）两委主要是在做哪些方面的工作？（可多选）　　　　　　　　　　　　　　　　　　　　　　C002—C012

1）谋取更大的村（居）集体收入

2）解决各类矛盾和纠纷

3）完成政府安排的各项任务

4）忙着自己的"副业"，解决自己家的经济需要

5）着力于提升社区的公共设施与环境水平

6）不知道

7）其他_____

在上述各类选项中，您认为村（居）两委把哪项工作放在了首位？
（   ）   C013

3. 您参加过村（居）委会的换届选举工作么？   C014

1）参加过，以后还想继续参加   2）参加过，但以后不想参加了

3）想参加但是没有参加   4）没有参加过，也不想参加

5）无权参加

您认为可以通过选举产生全心全意为居民服务的村（居）民委员会及
主任么？   C015

1）不可能   2）有可能，但可能性不大

3）有很大可能   4）可以   5）不知道

4. 如果您是党员或村民代表，您参加党支部的换届选举么？   C016

1）参加过，以后还想继续参加   2）参加过，但以后不想参加了

3）想参加但是没有参加   4）没有参加过，也不想参加

5）无权参加

您认为可以通过选举产生全心全意为居民服务的村（居）支部委员和
书记么？   C017

1）不可能   2）有可能，但可能性不大

3）有很大可能   4）完全可能   5）不知道

5. 您认为居民及政府对村（居）两委的监督，特别是财务监督，在
多大程度上是有效的？   C018

1）非常有效   2）比较有效   3）一般

4）没有效果   5）不知道

6. 您知道村（居）支部书记、主任是谁么？   C019

1）知道   2）不知道

7. 您清楚地知道村（居）两委内部的详细分工么？   C020

1）不知道   2）不太清楚   3）非常清楚

8. 您对当前村（居）两委工作的满意么？   C021

1）非常不满意   2）不满意   3）一般

4）满意   5）很满意   6）不好说

9. 您知道社区里每年发生的偷盗事件大约有多少件？   C022

1）没有发生过   2）5件以下   3）10件以下

4）10 件以上　　　　5）非常多记不清楚　　6）不知道

10. 天黑后在社区里散步安全么？　　　　　　　　　　　　　C023

1）非常安全　　　　　　2）需要一两个伴才会安全

3）有多个伴才会安全　　4）有多个伴也不安全　5）说不好

11. 您在社区中经常会看到为社区安全而巡逻的人员么？　　C024

1）没有安排巡逻人员　　　　2）有巡逻人员，偶尔看到

3）经常会看到

如果社区里有巡逻人员，他们的工作时段是什么时候（可多选）

C025—C027

1）白天巡逻　　　　　2）晚上巡逻　　　　3）夜里巡逻

12. 您对社区内的物业服务满意么？　　　　　　　　　　　　C028

1）非常不满意　　　　2）不满意　　　　　3）一般

4）满意　　　　　　　5）很满意

四　自我治理

1. 如果有陌生人在社区中出现，您会不会注意到？　　　　D001

1）不知道哪些人是陌生人　　2）注意不到

3）不怎么注意　　　　　　　4）能够注意到

2. 如果有陌生人在单元楼中出现，您会不会注意到？　　　D002

1）不知道哪些人是陌生人　　2）注意不到

3）不怎么注意　　　　　　　4）能够注意到

3. 如果您发现小区垃圾桶坏了，您一般会采取什么措施？（可多选）

D003—D013

1）没遇到过，不知道

2）看看而已

3）跟家人聊聊就算了

4）告知村（居）委会或物业管理组织

5）自己想办法维修一下

6）愿意为社区捐钱购置新的

7）其他_____

4. 如果你发现村（居）两委在财务管理上存在问题，您会怎么处理？（可多选）　　　　　　　　　　　　　　　　　　　　D014—D024

1）没法管，也管不了　　2）跟村（社区）里其他人聊聊，评论一番

3）跟理财小组的说说　　4）直接找两委问问

5）向政府相关部门反映　6）其他_____

5. 您有没有想过要参加村（居）委会的选举或组织其他的活动为居民服务？　　　　　　　　　　　　　　　　　　　　　　　　D025

1）没有想过

2）想过但是不会参加（组织）

3）打算参加（组织）

4）曾经参加（组织）过，但以后不想参加了

5）参加（组织）过，以后还想参加（组织）

五　个人信息

1. 被访人性别：　　　　　　　　　　　　　　　　　　　　E001

1）男　　　　　　　　　　2）女

2. 您的出生年月是_____年_____月　　　　　　　　　　E002

3. 被访人婚姻状况：　　　　　　　　　　　　　　　　　　E003

1）未婚　　　　　　　　　2）已婚

3）离异　　　　　　　　　4）丧偶

与户主的关系　　　　　　　　　　　　　　　　　　　　　E004

1）户主　　　　　　　　　2）户主配偶　　　　3）其他成员

您家现在一共有几口人：_____口；其中成年人_____口 E005—E006

4. 您的教育程度　　　　　　　　　　　　　　　　　　　　E007

1）小学及以下　　　　　　2）初中　　　　　　3）高中

4）大学　　　　　　　　　5）研究生

5. 您的职业：　　　　　　　　　　　　　　　　　　　　　E008

1）农民　　　　　　　　　2）务农加务工　　　3）工人

4）干部　　　　　　　　　5）其他

6. 政治面貌：　　　　　　　　　　　　　　　　　　　　　E009

1）党员　　　　　　　2）民主党派　　　　3）普通群众

7. a 您的年收入：　　　　　　　　　　　　　　　　　　　E010

1）1 万元以下　　　　2）1 万—2 万元

3）3 万—5 万元　　　4）5 万元以上

7. b 家庭年收入：　　　　　　　　　　　　　　　　　　　E011

1）3 万元以下　　　　2）3 万—6 万元

3）6 万—10 万元　　　4）10 万元以上

7. c 您家主要的收入来源有（可多选）：　　　　　E012—E030

1）粮食收入　　　　　　2）蔬菜种植等副业

3）外出打工　　　　　　4）单位工资收入或退休金

5）自办工商企业收入　　6）房租、地租收入

7）集体收益分红　　　　8）基金、股票、利息收入

9）其他_____

7. d 上述各项收入中哪项收入最高（　　　）　　　　　　E031

8. 您家的房子属于　　　　　　　　　　　　　　　　　　E032

1）拆迁安置后购房　　2）购买的集资建房

3）购买村民的房子　　4）租房

如果选择 1）或者 2），请问您最初在小区内有_____套房子，现在有

_____套。　　　　　　　　　　　　　　　　　　E033—E035

您贵姓：_____　您的联系方式：_____

问卷访问结束时间：201 ____年____月____日____时____分　访问员

签名：_____

附录二　访谈提纲

一　镇街分管社区工作的领导访谈要目

1. 请您详细介绍一下我们镇（街道）社区发展的状况，主要是社区的分布及发展状态。

2. 您是从什么时候开始负责镇里（街道）的社区工作的？迄今，在社区工作上，您觉得最让人欣慰的事情是什么？有没有特别苦恼的事情，请您给以说明。

3. 我们在社区发展上主要做了哪些方面的工作，制定了哪些规章制度？请您介绍一下相关制度制定的背景、具体内容，执行中的具体情况，比如哪些执行得比较好，哪些执行得不够好，需要改善？

4. 我们镇（街道）对社区村两委及其他组织的管理主要是从哪些方面展开的？您觉得当前村两委与社区管理中积累的积极经验主要在哪些方面，存在的问题主要在哪些方面？

5. 当前我们对社区组织，包括村两委及其他组织的考核，主要是两委，包括哪些方面？有具体的考核文件么？（如有，注意讨要）具体是采用什么样的程序进行考核？您如何评价这种考核方式？

6. 当前我们对村里的财务监督是如何展开的？效果怎么样？您如何看待账外账的问题？您觉得在村级财务监督上我们还需要做哪些方面的工作？

7. 在合村并居的过程中，您觉得主要存在哪些方面的问题？这些问题对当前的社区管理产生了什么影响？您认为应该如何解决社区融合的问题？

8. 当前办事处主要承担什么样的职责？其基本组织结构是什么样的？

我们对办事处的定位是什么？如何调动办事处工作人员的积极性？

9. 您觉得应该如何处理镇（街道）、办事处（管理区）与村之间的关系会更好？

10. 我们现在对村里支部书记的人选会不会做一些准备工作？就是说会不会根据实际先培养一些支部书记候选人？

二　管理区（办事处）书记访谈要目

第一阶段访谈要目：

1. 请您介绍一下我们管理区（办事处）社区发展的基本历程么？发展比较有特色的社区有哪些？都是什么特色？请详细说明。

2. 请您详细介绍一下我们管理区（办事处）的基本职能及发展历程。您能详细介绍一下我们与街道、村之间的工作联系么？是一种什么样的关系？您如何看待这种关系？

3. 您是哪一年开始干管理区（办事处）书记的，当时社区建设发展到什么程度？在没有干这个职务之前，您做过哪些工作，任职前您是如何看待这个职务的，任职以后有何改变？您现在如何看待当前的工作？

4. 迄今为止，您觉得做得最满意的事情和最糟心的事情，可以是生活中的也可以是工作中的。请详细说明一下。

5. 您觉得当前的工作对您个人产生了哪些方面的影响？如果您没有做这个工作，让您选择是否干这个工作的话，您会做这个工作么？

6. 您的家人支持您当前的工作么？他们为什么有这个态度？

第二阶段的访谈：

1. 请您详细介绍一下您当前工作的主要内容。一年当中什么时候是最忙的，如果以最忙的一个月为例，您都会做哪些具体的工作。请您详细阐释。

2. 您对管理区（办事处）各个部门的工作状态做何评价？您觉得哪个工作是做得比较好的，哪些工作需要改善？

3. 您任务管理区（办事处）各职能部门（工作）间的关系如何？你平时是如何处理组织内部工作关系的？请举例说明。

4. 您当前的工作主要是对谁负责？有考评机制针对您的工作么？您如

何评论这种状态？

5. 管理区（办事处）对社区的指导主要在哪些方面展开，社区对管理区（办事处）能在多大程度上配合我们的工作，有没有典型事件？我们对社区的考核主要是在哪些层面展开的，有什么具体的效果？您如何看待我们对文明社区啊、模范社区这种评价活动？

6. 您认为当前社区管理中主要存在哪些问题，产生这些问题的原因是什么，如何改善？请具体举例说明。

7. 您如何看待居民自治问题？您觉得我们现在做的哪些工作还应该进一步放手让社区自己去做，哪些工作还需要我们加强力度？

8. 您能不能详细介绍一下我们针对社区的各项财务制度，这个财务制度是什么时候建立的，您如何评价这个财务制度？

9. 您认为我们管理区（办事处）的未来职能发展重点应该是什么？您觉得一个好的社区应该是什么样子的？我们还应该在哪些方面作出积极的努力？

三 村支书、主任访谈要目

第一阶段访谈要目：

1. 请您详细介绍一下我们村的发展历程。其中经历了哪些关键性的事件，在这个事件中哪些人发挥了哪些作用？您觉得影响村子发展的最重要的因素是什么？请详细说明。

2. 您是哪一年开始干村长的，或支部书记的，当时是一种什么样的情景，即您为什么要做这个工作？在没有干这个职务之前，您是如何看待这个职务的，任职以后有何改变？您现在如何看待当前的工作？

3. 您的家人对您当前的工作持何种态度？他们的个人信息。（家庭角色、受教育情况、工作状况、经济收入等）

4. 就您个人来说，在生活中、工作中最让您感到高兴的事情是哪个？为什么？有没有比较烦恼的事情，是什么事情？

5. 您有没有想过自己将来要过一种什么样的生活，能讲解一下么？

第二阶段的访谈：

1. 您能介绍一下您目前工作的主要内容么？如果以一个月为周期，您能详细介绍一下一个月从事的工作吗？最好能举几个例子。一年当中您最忙的时间是什么时候，都是在忙哪些工作？这些工作中最让您头疼的是哪些？

2. 您对村委会其他成员的工作有何评价？如果让街道给他们打分，一般能打多少分，您觉得这个评价是否合适，为什么？如果让村民给他们打分能打多少分，您觉得这个评价是否恰当，为什么？

3. 现在村里各个委员之间工作协调是如何展开的，主要存在哪些方面的问题，您觉得调整到什么状态会更好？

4. 您当前的工作主要是对谁负责？考核制度是如何设定的，您感觉这种考核方式效果如何？如何改进会更好？在"双诺双述双评"制度中，您一般会做哪些承诺，可否让我们看看您的承诺书？

5. 街道，管理区（办事处）对村里的影响主要体现在哪些方面？您是如何看待这些影响？您觉得当前的印章管理制度如何？

6. 社区有了物业管理公司（服务中心）以后，发生了哪些明显的改观？请举例说明。村委与物业服务之间的关系如何，如何保障其服务质量？

7. 村里各类公共设施的投入都是如何议定的，如何解决资金问题？请详细举例说明。村里在居民个人的投入都有哪些？花销有多大？村里每年的收入项目是哪些，收入大约有多少？

8. 当前村委的工资制度是一种什么状态，您如何评论这种工资制度？能调动大家积极性么？

9. 当前的财务制度是一种什么状态，您如何评价？

第三阶段的访谈：

1. 空闲下来的时候，您是否对自己当前的工作有过评价，您怎么评价自己的工作的？

2. 您觉得当前社区治理（管理）存在的主要问题是什么？为什么会有这些问题出现？

3. 您觉得街道（镇）、管理区（办事处）在哪些事情上应该放手让村里去做，哪些事情应该由上边统一来做？

4. 您觉得一个好的社区应该是什么样子的？比如村里应该由什么样的组织来管？村干部应该是什么样的？村民应该是什么样的？村里有重大事

项应该怎么处理？

5. 您是如何看待村民自治问题的？

6. 您觉得当前的社区治理（村务管理）已经在哪些方面与以前有很大不同，会对未来的管理产生什么影响？

7. 当前的工作对您产生了哪些影响？您如何评价这些影响的？

四 物业服务组织访谈要目

1. 物业公司（服务中心）是什么时候建立的，当时为什么要建立物业公司（服务中心），注册了么（就是具体了解一下它的社会身份）？请您介绍一下人员组成的基本状况。

2. 当前，物业服务公司承担的主要任务有哪些？您觉得这些任务之间有矛盾么？

3. 当前，社区里物业管理存在哪些主要问题？哪些问题是特别让您觉得烦心的？

4. 物业管理公司（服务中心）与村里是什么关系，您觉得这种关系有什么好处，有什么不足？

5. 物业管理的经费从哪里来？如何核算收支？物业设施经费从哪里来？

6. 您觉得更为优质的物业服务组织应该是什么样的？

7. 在您的从业经历中，哪些事情让您觉得特别有感受？请您举例说明。

五 村民访谈要目

第一阶段访谈：

主要是对个人情况的了解以及对村的发展历程的个人认识

1. 家庭组成及具体情况（包括家庭成员身份、年龄、学历、职业、爱好，家庭的经济收入状况及结构，家庭的社会网络及亲密的社会关系）。

2. 个人的成长经历、当前状态。

3. 最值得自豪的事及最烦心的事。

4. 村子发展历程，不是要他去拿历史材料而是要他自己梳理他记忆中的村是如何发展起来的。村中发生了哪些事情让他记忆犹新，村中的宗族是一种什么状态，哪些人对村的影响比较大，可以是正面的也可以是负面的。举例说明。

第二阶段的访谈：

主要是对当前村内各类组织运行状态的了解以及对村未来发展的展望

1. 村里的村长、书记是谁，怎么产生的，哪年产生的，您还记得当年的情景么？请仔细说明。马上就要换届选举了，您觉得谁会当选？

2. 村里现在主要为大家做了哪些工作？都是哪个人（职务）做的，您觉得他工作的特点是什么（都是怎么开展工作的）？您觉得村里还应该为大家做哪些事情，有可能做么？

3. 您觉得什么样的人适合做村长、书记，为什么？

4. 现在村里的养老、医疗状况如何，可否详细介绍一下？

5. 您觉得村里对集体的土地持一种什么态度，您怎么看待这个问题？

6. 您觉得村里和镇里、街道里应该是一种什么样的关系？

7. 您如何评论村务监督委员会的工作？您觉得这项工作如何做才会更有效？

8. 您对未来的生活有何期望？

六 报账员访谈要目

1. 您做报账员（会计）多长时间了？当时是在什么情况下做的这个工作？您能够给我们介绍一下您平时工作的基本内容么？能举个例子说明一下工作的基本程序么？

2. 您能给我们解释一下"一事一议财政奖补项目"是怎么回事么？其中村里与记账中心、财政局之间是什么关系？

3. 你觉得"村级集体经济组织清产核资"工作开展的原因是什么？我们在工作中遇到了哪些问题？有哪些问题比较棘手，哪些问题应该引起重视？现在解决了哪些问题？

4. 您能为我们详细解释一下当前财务公开的基本内容和程序么？您觉得这个程序解决了哪些问题，哪些问题没有解决？

5. 您能解释一下当前"三资"管理网络平台的情况么？村里哪些事情需要利用这个平台，如何运行？您如何评价这个平台的工作？

6. 您如何评价村务监督委员会的工作？

7. 您认为当前工作中最麻烦的问题是什么？有办法解决么？哪些问题已经形成程序，程序合理与否？您对当前印章管理的制度有何评价？（理财小组的章是自己掌握的）

8. 您能详细介绍一下村委的工资制度么？您对这种工资制度有何评价？

9. 村里的办实事项目一般是哪些内容？开支程序是怎么样的？

10. 您觉得当前的工作对您个人产生了哪些影响？

参考文献

一　著作

《当代中国》丛书编辑部：《当代中国的劳动力管理》，中国社会科学出版社1990年版。

《新中国六十年统计资料汇编1949—2008》，中国统计出版社2010年版。

曹锦清、张乐天、陈中亚：《当代浙北乡村的社会文化变迁》，上海远东出版社2001年版。

陈潭等著：《治理的秩序：乡土中国的政治生态与实践逻辑》，人民出版社2012年版。

陈伟东：《社区自治：自组织网络与制度设置》，中国社会科学出版社2004年版。

邓正来：《国家与市民社会：中国市民社会研究》，四川人民出版社1997年版。

费孝通：《费孝通文集》（第四卷），群言出版社1999年版。

费孝通：《江村经济》，上海人民出版社2007年版。

费孝通：《乡土中国与生育制度》，北京大学出版社1998年版。

费孝通：《乡土重建》，中国香港文学出版社1947年版。

费孝通：《中国绅士》，惠海鸣译，中国社会科学出版社2006年版。

高贤栋：《南北朝乡村社会组织研究》，山东大学出版社2008年版。

桂勇：《邻里空间：城市基层的行动、组织与互动》，上海书店出版社2008年版。

何俊志、任军锋、朱德米等编译：《新制度主义政治学译文精选》，天津人民出版社2007年版。

何艳玲：《都市街区中的国家与社会：乐街调查》，社会科学文献出版社

2007 年版。

黄树民：《林村的故事》，生活·读书·新知三联书店 1997 年版。

金观涛：《历史的巨镜》，法律出版社 2018 年版。

金观涛、刘青峰：《开放中的变迁——再论中共社会超稳定结构》，法律出版社 2011 年版。

金观涛、刘青峰：《兴盛与危机：论中国社会超稳定结构》，法律出版社 2010 年版。

瞿同祖：《清代地方政府》，范忠信等译，法律出版社 2003 年版。

李路路、李汉林：《中国的单位组织：资源、权力与交换》，浙江人民出版社 2000 年版。

李培林：《村落的终结：羊城村的故事》，商务印书馆 2004 年版。

梁漱溟：《中国文化要义》，上海人民出版社 1949 年版。

梁治平：《清代习惯法》，广西师范大学出版社 2015 年版。

林尚立：《社区民主与治理：案例分析》，社会科学文献出版社 2003 年版。

林万龙：《农村公共物品的私人供给：影响因素及政策选择》，中国发展出版社 2007 年版。

林耀华：《金翼》，生活·读书·新知三联书店 1989 年版。

陆学艺：《改革中的农村与农民——对大寨、刘庄、华西等 13 个村庄的实证研究》，中共中央党校出版社 1996 年版。

吕复：《比较地方自治论》，商务印书馆 1943 年版。

毛丹：《浙江村落共同体的变迁：以萧山尖山下村为例》，浙江大学出版社 2018 年版。

毛寿龙：《西方政府的治道变革》，中国人民大学出版社 1998 年版。

马戎、刘世定、邱泽奇编译：《中国乡镇组织变迁研究》，华夏出版社 2000 年版。

秦晖：《传统十论》，复旦大学出版社 2003 年版。

秦晖：《天平集》，新华出版社 1997 年版。

秦晖：《走出帝制：从晚清到民国的历史回望》，群言出版社 2015 年版。

石发勇：《准公民社区：国家、关系网络与城市基层治理》，社会科学文献出版社 2013 年版。

孙立平：《博弈：断裂社会的利益冲突与和谐》，社会科学文献出版社

2006 年版。

孙立平：《失衡：断裂社会的运作逻辑》，社会科学文献出版社 2004 年版。

王春光：《社会流动和社会重构——京城"浙江村"研究》，浙江人民出版社 1995 年版。

王铭铭：《村落视野中的文化与权力：闽台三村五论》，生活·读书·新知三联书店 1997 年版。

王铭铭：《走在乡土上：历史人类学札记》，中国人民大学出版社 2003 年版。

王铭铭、王斯福编译：《乡土社会的秩序、公正与权威》，中国政法大学出版社 1997 年版。

王铭铭、王斯福编译：《乡土社会的秩序、公正与权威》，中国政法大学出版社 1997 年版。

王先明：《近代绅士：一个封建阶层的历史命运》，天津人民出版社 1997 年版。

王颖：《新集体主义：乡村社会的再组织》，经济管理出版社 1996 年版。

闻钧天：《中国保甲制度》，商务印书馆 1935 年版。

吴晗、费孝通等：《皇权与绅权》，观察社 1948 年版。

吴晓波：《历代经济变革得失》，浙江大学出版社 2013 年版。

吴毅：《村治变迁中的权威与秩序》，中国社会科学出版社 2002 年版。

吴毅：《小镇喧嚣：一个乡镇政治运作的演绎与阐释》，生活·读书·新知三联书店 2018 年版。

吴毅、吴淼：《村民自治在乡土社会的遭遇——以白村为个案》，华中师范大学出版社 2003 年版。

吴国光主编：《九七效应：香港、中国与太平洋》，太平洋世纪研究所，1997 年。

夏建中、〔美〕特里·N. 克拉克等：《社区社会组织发展模式研究：中国与全球经验分析》，中国社会出版社 2011 年版。

项飚：《跨越边界的社区：北京"浙江村"的生活史》，生活·读书·新知三联书店 2000 年版。

项继权：《集体经济背景下的乡村治理：南街、向高和方家泉村村治实证研究》，华中师范大学出版社 2002 年版。

肖如平等：《民国时期的保甲与乡村社会治理——以浙江龙泉县为中心的分析》，社会科学文献出版社 2017 年版。

谢立中：《结构—制度分析，还是过程—事件分析？》，社会科学文献出版社
　2010年版。

徐勇：《乡村治理的中国根基与变迁》，中国社会科学出版社2018年版。

徐勇：《中国农村村民自治》，华中师范大学出版社1997年版。

徐祖澜：《绅权与国家权力关系研究：从明清到民初》，社会科学文献出版
　社2017年版。

阎云翔：《礼物的流动——一个中国村庄中的互惠原则与社会网络》，上海
　人民出版社2000年版。

阎云翔：《私人生活的变革》，上海书店出版社2006年版。

燕继荣：《国家治理及其改革》，北京大学出版社2015年版。

应星：《大河移民上访的故事》，生活·读书·新知三联书店2001年版。

俞可平：《治理与善治》，社会科学文献出版社2000年版。

张静：《基层政权——乡村制度诸问题》，浙江人民出版社2000年版。

张静：《现代公共规则与乡村社会》，上海书店出版社2006年版。

张康之：《走向合作的社会》，中国人民大学出版社2015年版。

张乐天：《告别理想——人民公社制度研究》，上海人民出版社2005年版。

张维迎：《博弈与社会》，北京大学出版社2013年版。

张维迎、林毅夫：《政府的边界》，民主与建设出版社2017年版。

张仲礼：《中国绅士——关于其在19世纪中国社会中作用的研究》，李荣
　昌译，上海社会科学院出版社1991年版。

赵冈：《中国城市发展史论集》，新星出版社2006年版。

赵世瑜：《狂欢与日常》，生活·读书·新知三联书店2002年版。

赵秀玲：《中国乡里制度》，社会科学文献出版社1998年版。

折晓叶：《村庄的再造：一个"超级村庄"的社会变迁》，中国社会科学
　出版社1997年版。

周黎安：《转型中的地方政府：官员激励与治理》（第2版），上海人民出
　版社2017年版。

［韩］河连燮：《制度分析：理论与争议》，李秀峰、柴宝勇译，中国人民
　大学出版社2014年版。

［澳］布伦南、［美］布坎南：《宪政经济学》，冯克利等译，中国社会科
　学出版2004年版。

［德］韩博天：《红天鹅：中国独特的治理和制度创新》，石磊译，中信出版集团 2018 年版。

［德］费迪南·滕尼斯：《共同体与社会：纯粹社会学的基本概念》，林荣远译，商务印书馆 1999 年版。

［德］哈贝马斯：《公共领域的结构性转型》，曹卫东、王晓珏译，上海学林出版社 1999 年版。

［德］柯武刚、史漫飞：《制度经济学：社会秩序与公共政策》，韩朝华译，商务印书馆 2000 年版。

［德］里夏德·范迪尔门：《欧洲近代生活：村庄与城市》，王亚平译，东方出版社 2004 年版。

［德］马克斯·韦伯：《经济与社会》，林荣远译，商务印书馆 2006 年版。

［德］马克斯·韦伯：《支配社会学》，康乐、简惠美译，广西师范大学出版社 2004 年版。

［德］尼可拉斯·卢曼：《权力》，瞿铁鹏译，上海人民出版社 2005 年版。

［法］米歇尔·克罗齐埃：《科层现象》，刘汉全译，上海人民出版社 2002 年版。

［法］米歇尔·克罗齐耶、埃哈尔·费埃德伯格：《行动者与系统——集体行动的政治学》，张月等译，上海人民出版社 2007 年版。

［法］皮埃尔·布迪厄：《实践感》，蒋梓骅译，译林出版社 2006 年版。

［美］埃莉诺·奥斯特罗姆：《公共事务的治理之道——集体行动制度的演进》，余逊达、陈旭东译，上海三联书店 2000 年版。

［美］埃莉诺·奥斯特罗姆、帕克斯、惠特克：《公共服务的制度建构——都市警察服务的制度结构》，宋全喜、任睿译，上海三联书店 2000 年版。

［美］埃莉诺·奥斯特罗姆等：《制度激励与可持续发展：基础设施政策透视》，毛寿龙译，上海三联书店 2000 年版。

［美］贝思·J. 辛格：《实用主义、权利和民主》，王守昌等译，上海译文出版社 2001 年版。

［美］道格拉斯·C. 诺斯：《制度、制度变迁与经济绩效》，刘守英译，上海三联书店 1994 年版。

［美］弗雷德·E. 福尔德瓦里：《公共物品与私人社区——社区服务的市场供给》，郑秉文译，经济管理出版社 2007 年版。

[美] 科思等：《财产权利与制度变迁》，刘守英译，上海三联书店 1996
  年版。

[美] 孔飞力：《中华帝国晚期的叛乱及其敌人：1796—1864 年的军事化与
  社会结构》，谢亮生、杨品泉、谢恩炜译，中国社会科学出版社 1990
  年版。

[美] 罗伯特·D. 帕特南：《使民主运转起来》，王列、赖海榕译，江西人
  民出版社 2001 年版。

[美] 鲍威尔·迪马吉奥：《组织分析的新制度主义》，姚伟译，上海人民
  出版社 2008 年版。

[美] 马克·格兰诺维特：《社会与经济：信任、权力与制度》，王水雄、
  罗家德译，中信出版社 2019 年版。

[美] 马若孟：《中国农民经济：河北和山东的农业发展：1890—1949》，
  史建云译，江苏人民出版社 1999 年版。

[美] 迈克尔·曼：《社会权力的来源》（第一卷），李少军、刘北成译，上
  海人民出版社 2007 年版。

[美] 曼瑟尔·奥尔森：《集体行动的逻辑》，陈郁译，上海人民出版社
  1996 年版。

[美] 莫里斯·弗里德曼：《中国东南的宗族组织》，刘晓春译，上海人民
  出版社 2000 年版。

[美] 魏斐德：《大门口的陌生人：1839—1861 年间华南的社会动乱》，王
  小荷译，新星出版社 2017 年版。

[美] 詹姆斯·S. 科尔曼：《社会理论的基础（上）》，邓方译，社会科学
  文献出版社 2008 年版。

[美] 詹姆斯·科尔曼：《社会理论的基础（下）》，邓方译，社会科学文
  献出版社 1999 年版。

[美] 詹姆斯·马奇、[德] 马丁·舒尔茨、周雪光：《规则的动态演
  变——成文组织规则的变化》，童根兴译，上海人民出版社 2005 年版。

[日] 小岛毅：《中国思想与宗教的奔流：宋朝》，何晓毅译，广西师范大
  学出版社 2014 年版。

[日] 佐佐木毅、[韩] 金泰昌：《中间团体开创的公共性》，王伟译，人
  民出版社 2009 年版。

［意］L. 贝纳沃罗：《世界城市史》，薛钟灵、余靖芝、葛明义、岳青、赵小健译，科学出版社 2000 年版。

［英］安东尼·吉登斯：《社会学》，李康译，北京大学出版社 2009 年版。

［英］安格斯·麦迪森：《中国经济的长期表现（公元 960—2030 年)》，伍晓鹰、马德斌译，上海人民出版社 2008 年版。

［英］齐格蒙特·鲍曼：《共同体》，欧阳景根译，江苏人民出版社 2003 年版。

二　期刊

白锐、刘洪科：《我国城市拆迁政策变迁分析》，《社会主义研究》2010 年第 4 期。

白永秀：《城乡二元结构的中国视角：形成、拓展、路径》，《学术月刊》2012 年第 5 期。

陈熙：《大跃进影响下的城乡人口迁移——以上海市为中心》，《中国经济史研究》2016/1996 年第 2 期。

曹姮钥、康之国：《后"村改居"时期的社区组织治理能力研究》，《天津行政学院学报》2015 年第 3 期。

陈锋：《分利秩序与基层治理内卷化：资源输入背景下的乡村治理逻辑》，《社会》2015 年第 3 期。

陈琳：《协作性治理的概念界定与模式阐析》，《学习月刊》2010 年第 10 期。

陈明：《拆迁安置社区：治理困境与改革路径——基于北京市海淀区 Z 村的调查》，《农村经济》2018 年第 4 期。

陈潭：《迭演博弈、策略行动与村庄公共决策》，《中国农村观察》2009 年第 6 期。

陈伟东：《中国城市社区自治：一条中国化道路——演变历程、轨迹、问题及对策》，《北京行政学院学报》2004 年第 1 期。

程坤鹏、徐家良：《从行政吸纳到策略性合作：新时代政府与社会组织关系的互动逻辑》，《治理研究》2018 年第 6 期。

储建国：《当代中国行政吸纳体系形成及其扩展与转向》，《福建行政学院学报》2010 年第 2 期。

崔智友：《中国村民自治的法学思考》，《中国社会科学》2001 年第 3 期。

杜乘铭：《村民自治的宪政之维》，《武汉大学学报》（哲学社会科学版）2011

年第 4 期。

段成龙：《流动人口对城市社会经济发展的影响》，《科技导报》1997 年第 4 期。

房正宏：《村民自治的困境与实现路径》，《华中师范大学学报》2011 年第 9 期。

冯玉军：《权力、权利与利益的博弈——我国当前城市房屋拆迁问题的法律与经济分析》，《中国法学》2007 年第 4 期。

付春：《新中国建立初期城市化分析》，《天府新论》2008 年第 3 期。

高灵芝：《村改居后集体资产处置的个案剖析》，《长白学刊》2001 年第 4 期。

顾汉龙、冯淑怡、张志林、曲福田：《我国城乡建设用地增减挂钩政策与美国土地发展权转移政策的比较研究》，《经济地理》2015 年第 6 期。

郭亮：《城市拆迁现象透析：利益冲突下的多方博弈》，《现代经济探讨》2011 年第 2 期。

郭小聪、代凯：《政府对公众参与的策略选择——一个"轮流出价博弈"的分析框架》，《中国人民大学学报》2014 年第 4 期。

国家统计局国民经济综合统计司：《新中国六十年统计资料汇编 1949—2008》，转引自陈熙《大跃进影响下的城乡人口迁移——以上海市为中心》，《中国经济史研究》2016 年第 2 期。

国家统计局国民经济综合统计司：《新中国五十五年统计资料汇编 1949—2004》，转引自陈熙《大跃进影响下的城乡人口迁移——以上海市为中心》，《中国经济史研究》2016 年第 2 期。

海云志：《"关系型"强制动员——城市拆迁中私人关系网络的反向利用机制》，《青年研究》2011 年第 5 期。

韩昇：《南北朝隋唐士族向城市的迁徙与社会变迁》，《历史研究》2003 年第 4 期。

郝彦辉、刘威：《制度变迁与社区公共物品生产——从"单位制"到"社区制"》，《城市发展研究》2006 年第 5 期。

贺雪峰、苏明华：《乡村关系研究的视角与进路》，《社会科学研究》2006 年第 1 期。

黄成亮：《村改居社区治理的现实困境及其破解》，《中州学刊》2019 年第

2 期。

黄春蕾：《我国新型城镇化背景下"村改居"社区公共服务供给转型研究——基于济南市的调查》，《天津行政学院学报》2015 年第 4 期。

黄立丰：《断裂、延续与重构："村改居"后新型农村社区党建模式的适应性转变——一个"双轨制"的分析框架》，《社会主义研究》2017 年第 4 期。

黄忠华、牟志一、杜雪君、赵爽爽：《农户拆迁补偿政策偏好实证研究：基于选择实验法的分析》，《山东农业大学学报》2017 年第 5 期。

纪莺莺：《从"双向嵌入"到"双向赋权"：以 N 市社区社会组织为例——兼论当代中国国家与社会关系的重构》，《浙江学刊》2017 年第 1 期。

江国华：《中国宪法中的权力秩序》，《东方法学》2010 年第 4 期。

姜磊：《"村改居"社区集体资产科学管理路径研究——基于公司法现代法人治理结构的视角》，《法治与经济》2018 年第 5 期。

蒋金富：《行政吸纳社会的实践逻辑——基于个案的描述和分析》，《天津行政学院学报》2015 年第 3 期。

李蓓蓓、徐峰：《中国近代城市化率及分期研究》，《华东师范大学学报》（哲学社会科学版）2008 年第 3 期。

李昌平、马士娟、曹雅思：《对"撤村并居"、"农民上楼"的系统思考》，《中国党政干部论坛》2011 年第 3 期。

李程骅：《科学发展观指导下的新型城镇化战略》，《求是》2012 年第 14 期。

李德嘉：《汉代循吏在乡土社会中的德教实践》，《人民法治》2018 年第 14 期。

李国庆：《社区类型与邻里关系特质——以北京为例》，《江苏行政学院学报》2007 年第 2 期。

李汉林：《中国单位现象与城市社区的整合机制》，《社会学研究》1993 年第 5 期。

李路路、王修晓、苗大雷：《"新传统主义"及其后——"单位制"的视角与分析》，《吉林大学社会科学学报》2009 年第 6 期。

李棉管：《"村改居"：制度变迁与路径依赖——广东省佛山市 N 区的个案研究》，《中国农村观察》2014 年第 1 期。

李冉、聂玉霞：《村庄合并后新型农村社区治理的行政化导向及其矫正》，《中国行政管理》2017 年第 9 期。

连宏萍、陈晓兰：《央地关系视角下的土地增减挂钩政策变迁——基于间断均衡理论的考察》，《新视野》2019 年第 4 期。

林聚任、王忠武：《论新型城乡关系的目标与新型城镇化的道路选择》，《山东社会科学》2012 年第 9 期。

林闽钢、尹航：《走向共治共享的中国社区建设——基于社区治理类型的分析》，《社会科学研究》2017 年第 2 期。

林文勋、薛政超：《富民与宋元社会的新发展》，《思想战线》2017 年第 6 期。

刘东亮：《拆迁乱象的根源分析与制度重整》，《中国法学》2012 年第 4 期。

刘磊、吴理财：《我国农村社区建设的过程演变及路径省思——以湖北省的农村社区建设为考查对象》，《江汉学术》2018 年第 6 期。

刘伟红：《边界模糊的治理：集中农转居社区的类单位化自治之路——基于对山东省的调查研究》，《湖北社会科学》2017 年第 1 期。

刘伟红：《盐田模式：政府管理＋社区自治》，《特区实践与理论》2008 年第 1 期。

刘志鑫：《相对剥夺感：影响农民在征地拆迁过程中行为选择的心理因素分析》，《当代经济》2018 年第 11 期。

卢俊秀：《村落社区被动城市化的庇护关系逻辑》，《甘肃社会科学》2015 年第 4 期。

陆学艺：《城乡一体化的社会结构分析与实现路径》，《南京农业大学学报》2011 年第 2 期。

吕斌、何重达：《中国单位制度社会功能的变迁》，《城市问题》2007 年第 11 期。

吕斌、江南、胡映结：《北京市城乡结合部拆迁安置政策评议》，《中国土地》2015 年第 6 期。

吕德文：《媒介动员、钉子户与抗争政治宜黄事件再分析》，《社会》2012 年第 3 期。

吕青：《"村改居"社区秩序如何重建——基于苏南的调查》，《华东理工大学学报》（社会科学版）2015 年第 6 期。

罗新阳：《生态变迁与基层党组织功能转型——基于对城市化进程中"村

改居"社区的分析》,《领导科学》2012 年第 11 期。

罗兴佐、吴静:《拆迁中政府与农民关系的博弈机制与调适策略》,《长白学刊》2016 年第 3 期。

马光川、林聚任:《分割与整合:"村改居"的制度困境及未来》,《山东社会科学》2015 年第 9 期。

马西恒:《创新社会管理背景下的上海社区建设研究》,《科学发展》2013 年第 5 期。

毛寿龙、李玉文:《权力重构、行政吸纳与秩序再生产:网格化治理的逻辑——基于溪口镇的经验探讨》,《河南社会科学》2018 年第 3 期。

牛迎宾:《汉代的基层社会管理影响及其制度特点分析》,《兰台世界》2014 年第 4 期。

彭小兵:《城市拆迁的制度性问题及政策设计》,《求索》2007 年第 4 期。

蒲杰、余斌:《房屋拆迁权的滥用与预防》,《现代法学》2002 年第 4 期。

浦伟忠:《论〈春秋谷梁传〉所反映的社会和国家政治制度》,《孔子研究》1995 年第 4 期。

阮荣平:《农村集中居住:发生机制、发展阶段及拆迁补偿》,《中国人口·资源与环境》2012 年第 1 期。

桑玉成:《从五里桥街道看城市社区管理的体制建设》,《政治学研究》1992 年第 2 期。

沈关宝:《发展现代社区的理性选择》,《探索与争鸣》2000 年第 3 期。

沈松侨:《地方精英与国家权力——民国时期的宛西自治,1930—1943》,《中央研究院近代史研究所集刊》1992 年第 21 期。

施从美、宋虎:《"缠闹政治":征地拆迁中官民互动与博弈的现实场景——兼论枢纽型乡村治理结构的构建》,《江汉论坛》2014 年第 4 期。

宋辉、张璇、苏楠:《农转非新型社区管理的创新问题》,《理论与探索》2013 年第 3 期。

宋喆:《拆迁安置社区治理结构变迁及其机制研究——以南京市 S 新村社区为例》,《南京农业大学学报》(社会科学版)2015 年第 3 期。

宋镇豪:《商代邑制所反映的社会性质》,《中国史研究》1991 年第 1 期。

孙春燕、池慧灵、蒋舟俊:《健全"村改居"社区管理和服务体制研究——基于宜兴市两个"村改居"社区的实证调研》,《江南论坛》2012 年第 6 期。

孙小逸、黄荣贵：《制度能力与治理绩效——以上海社区为例》，《公共管理学报》2012 年第 4 期。

孙晓莉：《中国传统社会与国家同构状态探析》，《求是学刊》2002 年第 1 期。

孙玉刚：《议行分离：社区自治组织性质回归的体制探索——昆明市盘龙区拓东办事处"一委一站制"社区管理模式分析》，《云南行政学院学报》2011 年第 3 期。

滕玉成、牟维伟：《我国农村社区建设的主要模式及其完善的基本方向》，《中国行政管理》2010 年第 12 期。

唐士其：《"市民社会"、现代国家以及中国的国家与社会的关系》，《北京大学学报》（哲学社会科学版）1996 年第 6 期。

田雄、郑家昊：《被裹挟的国家：基层治理的行动逻辑与乡村自主——以黄江县"秸秆焚烧"事件为例》，《公共管理学报》2016 年第 2 期。

田毅鹏：《"典型单位制"的起源和形成》，《吉林大学社会科学学报》2007 年第 4 期。

仝志辉：《村委会和村集体经济组织应否分设》，《华南师范大学学报》（社会科学版）2018 年第 11 期。

汪荣、荣霞：《汉代礼法相融模式的社会控制与社会整合窥探》，《社科纵横》2013 年第 9 期。

王碧红、苏保忠：《比较分析框架下的"村改居"社区居委会的治理研究》，《湖北社会科学》2007 年第 6 期。

王静：《房屋拆迁纠纷解决机制存在的问题及完善》，《行政法学研究》2010 年第 1 期。

王克稳：《论房屋拆迁行政争议的司法审查》，《中国法学》2004 年第 4 期。

王瑞来：《士人流向与社会转型》，《上海师范大学学报》（哲学社会科学版）2014 年第 3 期。

王颖：《上海城市社区实证研究——社区类型、区位结构及变化趋势》，《城市规划汇刊》2002 年第 6 期。

吴承明：《论清代前期我国国内市场》，《历史研究》1983 年第 1 期。

吴晓燕、关庆华：《"村改居"社区治理中社会资本的流失与重构》，《求实》2015 年第 5 期。

吴莹：《空间变革下的治理策略——"村改居"社区基层治理转型研究》，《社会学研究》2017 年第 6 期。

肖滨、方木欢：《寻求村民自治的"三元统一"——基于广东省村民自治新形式的分析》，《政治学研究》2016 年第 3 期。

徐世昌：《将吏法言》（卷五），1919 年。

徐勇：《论城市社区建设中的社区居民自治》，《华中师范大学学报》（人文社会科学版）2001 年第 3 期。

徐勇、沈乾飞：《村民议事会：破解"形式有权，实际无权"的基层民主难题》，《探索》2015 年第 1 期。

徐勇、赵德健：《找回自治：对村民自治有效实现形式的探索》，《华中师范大学学报》（人文社会科学版）2014 年第 4 期。

许远旺：《社区重建中的基层治理转型——兼论中国农村社区建设的生成逻辑》，《人文杂志》2010 年第 4 期。

许远旺、卢璐：《从政府主导到参与式发展：中国农村社区建设的路径选择》，《中州学刊》2011 年第 1 期。

杨贵华：《城市化进程中的"村改居"社区居委会建设》，《社会科学》2012 年第 11 期。

杨贵华：《集体资产改制背景下"村改居"社区股份合作组织研究》，《社会科学》2014 年第 8 期。

杨华：《城郊农民的预期征地拆迁：概况、表现与影响——以荆门市城郊农村为例》，《华中科技大学学报》（社会科学版）2013 年第 2 期。

杨华、姜权权：《征地拆迁：一个农村阶层关系重构过程——基于湖北省荆门市城郊农村的调查》，《中南大学学报》2015 年第 2 期。

杨建顺：《论房屋拆迁中政府的职能——以公共利益与个体利益的衡量和保障为中心》，《法律适用》2005 年第 5 期。

姚进忠：《赋权："村改居"社区服务的路径选择》，《城市问题》2011 年第 10 期。

易成非、姜福洋：《潜规则与明规则在中国场景下的共生》，《公共管理学报》2014 年第 4 期。

应星：《草根动员与农民群体利益的表达机制》，《社会学研究》2007 年第 2 期。

虞晓芬、金细簪：《农转非社区管理中的问题及其解决途径》，《城市问题》2014 年第 6 期。

袁方成：《"两型"社区：农村社区建设的创新模式》，《探索》2010 年第 1 期。

张克俊、付宗平：《"村改居"集体经济面临的困境及出路——以成都市成华区为例》，《农村经济》2015 年第 9 期。

张丽琴：《从"村改居"看村委会的改革走向》，《理论月刊》2008 年第 9 期。

张善喜：《"村改居"社区居委会选举困境与治理路径——以城乡协调发展为视角》，《中国农村观察》2016 年第 4 期。

张杨波：《产权界定、拆迁补偿与群体分化研究——一个来自对两个村庄的经验观察》，《山东社会科学》2017 年第 3 期。

赵晓峰：《"双轨政治"重构与农村基层行政改革——激活基层行政研究的社会学传统》，《北京社会科学》2016 年第 1 期。

郑谦：《相对剥夺感塑造与资源动员耦合下的社会抗争分析——以江苏省扬州市 H 镇的社会冲突为例》，《公共管理学报》2015 年第 1 期。

周大鸣、高崇：《城乡结合部社区的研究——广州南景村 50 年的变迁》，《社会学研究》2001 年第 4 期。

周梦珂：《国家与社会互构："村改居"政策"变通式落实"的实践逻辑——基于 Z 街道"村改居"的案例分析》，《浙江社会科学》2016 年第 5 期。

周雪光：《从"黄宗羲定律"到帝国的逻辑：中国国家治理逻辑的历史线索》，《开放时代》2014 年第 4 期。

周雪光：《逆向软预算约束：一个政府行为的组织分析》，《中国社会科学》2005 年第 2 期。

三 学位论文

胡际权：《中国新型城镇化发展研究》，博士毕业论文，西南农业大学，2005 年。

四 外文

B. H. Baden-Powell, M. A., C. I. E., *The Origin and Growth of Village Communitiesin India*, Batoche Books Kitchener, 2003.

Chester G. Starr, *Individual Land Community: The Rise of the Polis 800 – 500 B. C.*, New York Oxford: Oxford University Press, 1986.

Cornes, R., Sandler, *The Theory of Externalities, Public Goods, and Club Goods*, Cambridge: Cambridge University Press, 1999.

Dempsey, N., Bramley, G., Power, S., Brown, "The Social Dimension of Sustainable Development: Defining Urban Social Sustainability", Sustainable Development 1, 2009.

Ellinas, Suleiman, A. E., "Reforming the Commission: Between Modernization and Bureaucratization", *Journal of Eurpoean Public Policy 7*, 2008.

Gibson, C. C., McKean, M. A., Ostrom, E., *People and Forests: Communities, Institutions, and Governance*, Massachusetts: Institute of Technology, 2000.

Gray, B., "Conditions Facilitating Inter Organizational Collaboration", *Human Relations* 38 (10), 1985.

Harrison, C., *Leadership Theory and Research: A Critical Approach to New and Existing Paradigms*, Palgrave Macmillan Press, 2018.

Hunter, *Social Enterprise for Public Service: How Does the Third Sector Deliver?* The Smith Institute, 2008.

James Boswell, *Life of Johnson*, Oxford: Oxford University Press, 2008 (originally Published in 1787). 转引自 Allen J., Scott, 2017, The Constitution of the City: Economy, Society, and Urbanization in the Capitalist Era. Springer Nature。

Jeffrey Pfeffer, Gerald R. Salancik, *The External Control of Organizations: A Resource Dependence Perspective*, Stanford University Press, 2003.

Jianbo Ma, *The land Development Game in China*, Lexingtong Books, 2013.

Kang Xiaoguan, Han Heng, "Administrative Absorption of Society: A Further Probein to the State-Society Relationship in Chinese Mainland", *Social Sci-*

ences in China，（2），2007.

Macharz, T. R. , *The Commons: Its Tragedies and Other Follies*, California: Hoover Institution Press, 2001.

Moore, E. , Koontz, "Typology of Collaborative Watershed Groups: Citizen-Based, Agency-Based and Mixed Partnerships", *Society and Natural Resources* 16, 2003.

Morris, J. C. , Miller-Stevens, *Advancing Collaboration Theory: Models, Typologies, and Evidence*, Routledge, 2016.

Needham, "Realizing the Potential of Co-production: Negotiating Improvementsin Public Services", *Social Policy & Society*, 2008.

Nelson, N. R. Wright, S. , *Powerand Participatory Development: Theory and Practice*, ITDG Publishing, 2001.

Nowak, M. N. , Coakley, S. , *Evolution, Games, and God: The Principle of Cooperation*, Harvard University Press, 2013.

Orfeo Fioretos, Tulia G. Falleti, Adam Sheingate, *The Oxford Handbook of Historical Institutionallism*, Oxford University Press, 2016.

Orser, W. E. , *Searching for a Viable Alternative: The Macedonia Cooperative Community 1937 – 1958*, New York: Burt Franklin & Company, 1981.

Peter Hammerstein, *Genetic and Cultural Evolution of Cooperation*, The MIT Press, 2002.

Pincione, G. , Teson F. , *Rational Choice and Democratic Deliberation: A Theory of Discourse Failure*, Cambridege University Press, 2006.

Przeworski, *Democracy and Limits of Sel-Government*, Cambridge University Press, 2010.

Robert Axelrod, *The Evolution of Cooperation*, American Association for the Advancement of Acience, 1985.

Roy, K. C. , Tisdell, C. , "Good Governance in Sustainable Development: Theimpact of in Stitutions", *International Journal of Social Economics*, 1998.

Shaw, "Community Development and the Politics of Community", *Community Development Journal*, 2008.

Squazzoni, F. , "Local Economic Development in Itiatives from the Bottom-up:

Therole of Community Development Corporations", *Community Development*, 2008.

Steelman, T. A. , and Carmin, J. , "Community Based Watershed Remediation: Connecting Organizational Resources to Social and Substantive Outcomes", in Toxic Waste and Environmental Policy in the 21st Century United States, ed. by D. Rahm, Jefferson, NC: McFarland, 2002.

Sue Kenny, "Changing Community Development Roles: the Challenges of a Globalizing World", In Rosie R. Meade, Mae Shaw, Sarah Banks, *Politics*, *Power and Community Development*, The University of Chicago Press, 2016.

Thomas F. Remington, "Presidents and Parties: Leadership and Institution – Buildingin Post-Communist Russia ", Julie Newton, William Tompson (eds.), Institutions, Ideas and Leadership in Russian Politics, Hampshire: Palgrave Macmillan, 2010.

Tom, C. , "Post-Socialist Aspirations in a Neo-Danwei", *The China Journal*, 2015.

后　记

　　书稿即将付梓，一种轻松感掺杂着些许的不舍弥漫于心间。本书是我第一个国家社科基金项目的结项成果，在项目开展期间，遇见了太多的人，经历太多的事，以至于现在回想起来仍觉得心中汹涌澎湃。

　　2015年1月，作为山东师范大学派出的青年骨干教师国际培养计划的一员，我来到美国佛罗里达州立大学开始了为期三年的访学。初到佛州，一切都是陌生的，稍事安顿以后，匆忙中修改的国家社科基金申请材料还是委托同事狄雷博士帮忙提交的，当时没有特别的感受，后来才知道调整申请书格式与细节让他费心良多。令人欣喜的是，申请最终获准立项，也为我后来在社区领域的研究创造了更好的条件。不幸的是，我的授业恩师沈关宝教授也在那年深冬离开了人世，远在美国的我未能去三亚送他最后一程，我的爱人代我前往海南，然心中的悲伤久久不能平复。

　　对于一个从事中国社区研究的学者来说，"滞留"美国确实有诸多的不便，国内的社区研究如火如荼，最新的研究成果，特别是纸质版的成果基本上看不到，电子版的文献读到疑问处也无处调查求证，突然之间好像在另一个世界，竟有一种莫名的隔膜感，压得自己极不舒服。

　　为推动项目顺利进行，三年中回国的时间基本都在社区中渡过，带着自己的研究生，还借了其他老师的学生帮忙，连刚刚考上南京大学的康镇博士也被我拉回来帮忙做调研，要不是凭着林闽钢老师一直以来对我的包容，怕是万万不敢把他的学生拉来作帮工的，时至今日仍对林老师的支持心怀感激。盛夏的杭州将暑期的湿热尽数浇濯在我们身上，入秋的苏州也把阵阵凉爽送入心间……年轻的学子们在田野间偶遇着各种方言，头痛得紧锁着眉头……穆程林，我那个女学生，还对照着李培林老师的著作去城中村的商业街作随机访问，竟然发现杭州的城中村也有与广州一样的故事……

在佛罗里达州立大学的图书馆里，除了读书、梳理调查资料，就是发呆，想象大洋那边故乡的故事在如何续写……回国后，终于没有大海阻挡，可以随时深入社区，幸福原来就是在家里的感觉……

书稿的写作出奇地顺利，整个工作竟然在一年的时间里全部完成了。感慨于顺利的同时，也感慨着世间的温暖，从项目立项到实地调研再到理论建构，我收获的不仅仅是对社区实践的系统思考，更收获了厚重的来自亲友、师长、同事们的关爱、支持与帮助，没有他们的支持，我甚至联系不到调研的地点、无法平静地投入写作、无法理顺理论分析的基本框架，在此再次对南京大学林闽钢教授、佛罗里达州立大学布朗教授、山东大学林聚任教授、山东社会科学院李善峰研究员，以及山东师范大学李松玉教授、战建华副教授、韩庆龄副教授、狄雷博士，我的师兄吴祖麒处长、董兆松主任，我的师妹刘洪燕博士，表示深深的谢意！与中国社会科学出版社马明编辑的合作也非常愉快，他给了很多专业的帮助，为我节省了大量的时间，在此也表示深深的谢意！

刘伟红

2022 年 1 月 24 日晚

于泉城济南